能源与环境出版工程

总主编　翁史烈

上海科技专著出版资金资助

机动车可吸入颗粒物排放与城市大气污染

Motor Vehicle Inhalable Particle Emission and Urban Air Pollution

黄震 吕田 李新令 著

上海交通大学出版社
SHANGHAI JIAO TONG UNIVERSITY PRESS

内容提要

本书针对机动车颗粒物排放与城市大气污染，系统论述了机动车颗粒物污染特征，欧美和中国机动车排放法规与机动车颗粒物排放的测试与分析方法，深入探讨了稀释过程对机动车排气颗粒物的影响，压燃式发动机颗粒物排放的主要成分与粒径分布特征，压燃式发动机颗粒物排放形貌、内部结构及其氧化性，机动车颗粒物道路排放特征及其对环境的影响，高速公路环境大气颗粒物理化特性及其来源解析，揭示了机动车颗粒物排放与城市大气污染的关系。

本书可作为高等学校能源与环境类专业教学与科研参考书，也可供从事汽车发动机研发和从事大气污染控制的相关研究、工程技术人员和管理人员参考。

图书在版编目(CIP)数据

机动车可吸入颗粒物排放与城市大气污染/黄震，吕田，李新令著. —上海：上海交通大学出版社，2014

ISBN 978-7-313-10398-7

Ⅰ.①机… Ⅱ.①黄…②吕…③李… Ⅲ.①城市—汽车排气污染—粒状污染物—研究②城市空气污染—研究 Ⅳ.①U471.23②X734.201③X51

中国版本图书馆CIP数据核字(2013)第243952号

机动车可吸入颗粒物排放与城市大气污染

著　　者：黄　震　吕　田　李新令
出版发行：上海交通大学出版社　　地　　址：上海市番禺路951号
邮政编码：200030　　电　　话：021-64071208
出 版 人：韩建民
印　　制：上海天地海设计印刷有限公司　　经　　销：全国新华书店
开　　本：789mm×1092mm　1/16　　印　　张：13.5　　插页：6
字　　数：270千字
版　　次：2014年12月第1版　　印　　次：2014年12月第1次印刷
书　　号：ISBN 978-7-313-10398-7/U
定　　价：68.00元

能源与环境出版工程
丛书学术指导委员会

能源与环境出版工程
丛书编委会

总 序

能源是经济社会发展的基础，同时也是影响经济社会发展的主要因素。为了满足经济社会发展的需要，进入21世纪以来，短短十年间(2002—2012年)，全世界一次能源总消费从96亿吨油当量增加到125亿吨油当量，能源资源供需矛盾和生态环境恶化问题日益突显。

在此期间，改革开放政策的实施极大地解放了我国的社会生产力，我国国内生产总值从10万亿元人民币猛增到52万亿元人民币，一跃成为仅次于美国的世界第二大经济体，经济社会发展取得了举世瞩目的成绩！

为了支持经济社会的高速发展，我国能源生产和消费也有惊人的进步和变化，此期间全世界一次能源的消费增量28.8亿吨油当量竟有57.7%发生在中国！经济发展面临着能源供应和环境保护的双重巨大压力。

目前，为了人类社会的可持续发展，世界能源发展已进入新一轮战略调整期，发达国家和新兴国家纷纷制定能源发展战略。战略重点在于：提高化石能源开采和利用率；大力开发可再生能源；最大限度地减少有害物质和温室气体排放，从而实现能源生产和消费的高效、低碳、清洁发展。对高速发展中的我国而言，能源问题的求解直接关系到现代化建设进程，能源已成为中国可持续发展的关键！因此，我们更有必要以加快转变能源发展方式为主线，以增强自主创新能力为着力点，规划能源新技术的研发和应用。

在国家重视和政策激励之下，我国能源领域的新概念、新技术、新成果不断涌现；上海交通大学出版社出版的江泽民学长著作《中国能源问题研究》(2008年)更是从战略的高度为我国指出了能源可持续的健康发展之路。为了“对接国家能源可持续发展战略，构建适应世界能源科学技术发展趋势的能源科研交流平台”，我们策划、组织编写了这套“能源与环境出版工程”丛书，其目的在于：

一是系统总结几十年来机械动力中能源利用和环境保护的新技术新成果；

二是引进、翻译一些关于“能源与环境”研究领域前沿的书籍，为我国能源与环境领域的技术攻关提供智力参考；

三是优化能源与环境专业教材，为高水平技术人员的培养提供一套系统、全面的教科书或教学参考书，满足人才培养对教材的迫切需求；

四是构建一个适应世界能源科学技术发展趋势的能源科研交流平台。

该学术丛书以能源和环境的关系为主线，重点围绕机械过程中的能源转换和利用过程以及这些过程中产生的环境污染治理问题，主要涵盖能源与动力、生物质能、燃料电池、太阳能、风能、智能电网、能源材料、大气污染与气候变化等专业方向，汇集能源与环境领域的关键性技术和成果，注重理论与实践的结合，注重经典性与前瞻性的结合。图书分为译著、专著、教材和工具书等几个模块，其内容包括能源与环境领域内专家们最先进的理论方法和技术成果，也包括能源与环境工程一线的理论和实践。如钟芳源等撰写的《燃气轮机设计》是经典性与前瞻性相统一的工程力作；黄震等撰写的《机动车可吸入颗粒物排放与城市大气污染》和王如竹等撰写的《绿色建筑能源系统》是依托国家重大科研项目的新成果新技术。

为确保这套“能源与环境”丛书具有高品质和重大的社会价值，出版社邀请了杜祥琬院士、黄震教授、王如竹教授等专家，组建了学术指导委员会和编委会，并召开了多次编撰研讨会，商谈丛书框架，精选书目，落实作者。

该学术丛书在策划之初，就受到了国际科技出版集团 Springer 和国际学术出版集团 John Wiley & Sons 的关注，与我们签订了合作出版框架协议。经过严格的同行评审，Springer 首批购买了《低铂燃料电池技术》(*Low Platinum Fuel Cell Technologies*)，《生物质水热氧化法生产高附加值化工产品》(*Hydrothermal Conversion of Biomass into Chemicals*)和《燃煤烟气汞排放控制》(*Coal Fired Flue Gas Mercury Emission Controls*)三本书的英文版权，John Wiley & Sons 购买了《除湿剂超声波再生技术》(*Ultrasonic Technology for Desiccant Regeneration*)的英文版权。这些著作的成功输出体现了图书较高的学术水平和良好的品质。

希望这套书的出版能够有益于能源与环境领域里人才的培养，有益于能源与环境领域的技术创新，为我国能源与环境的科研成果提供一个展示的平台，引领国内外前沿学术交流和创新并推动平台的国际化发展！

翁史烈

2013年8月

前　言

随着汽车越来越多地走入普通家庭，我国汽车的产销量高速增长，2009年我国汽车销量首次超过美国，达到1 364万辆；2011年11月我国汽车保有量首次突破1亿辆；2012年我国汽车产销量双双突破1 900万辆；2013年我国汽车销量再创新高，达到2 198万辆，产量达到了2 211万辆。我国汽车产销量已连续五年居世界首位。汽车在给工作和生活带来便捷的同时，也带来了严峻的能源与环境问题。汽车是我国大气污染的主要贡献者，是造成灰霾、光化学烟雾污染的重要原因。

作为大气环境中颗粒物的主要污染源，汽车排气颗粒物粒径细小，在环境空气中持续的时间长，具有很强的吸附能力，表面吸附着有机碳和多种致癌物质，可以渗透到人体支气管和肺泡内，甚至可以穿透人体肺泡进入血液，引起哮喘、肺癌和心血管机能障碍等疾病，对人类危害很大。汽车排出的细颗粒亦是造成能见度下降的主要原因，大气中的细颗粒物对光的散射和吸收能够发生显著的消光作用，大幅降低了有效视距。机动车颗粒物污染防治的紧迫性日益凸显。

本书是作者及其研究团队近年来在机动车排气颗粒物及其对大气环境污染研究方面成果的总结与结晶。本书围绕机动车颗粒物排放污染，包括颗粒物“源排放”、颗粒物由“排气管”到“道路”和“道路”到“环境”三阶段变化特征分析，主要内容包括机动车颗粒物污染特征，欧美和中国机动车排放法规，机动车颗粒物排放的测试与分析方法，稀释过程对机动车排气颗粒物的影响，压燃式发动机颗粒物排放的主要成分与粒径分布特征，压燃式发动机颗粒物排放形貌、内部结构及其氧化性，机动车颗粒物道路排放特征及其对环境的影响，高速公路环境大气颗粒物理化特性及其来源解析等。

本书内容还包含了刘炜、许朕和管斌等的博士论文工作和相关研究工作，以及作者研究团队在人才培养与科学研究方面的相关研究成果。在此特别感谢国家自然科学基金委员会和上海交通大学对本书科研工作的大力支持。感谢香港理工大学张镇顺教授对本书研究工作的贡献。感谢上海科技专著出版资金的资助，感谢上海交通大学出版社热情、细致的编辑工作。

鉴于机动车颗粒物排放与城市大气污染的研究是一个新兴的前沿研究领域，国内外尚缺乏相关学术著作。希望本书的出版有助于我国灰霾和$PM_{2.5}$污染治理，有益于能源与环境保护专业人才培养。

限于著者的知识视野和学术水平，书中难免存在不当之处，恳请读者批评、指正。

黄　震

目　　录

第1章 绪 论

1.1 机动车颗粒物排放对环境和健康的影响

随着我国国民经济的持续快速发展，能源消费的不断攀升，发达国家历经近百年出现的环境问题在我国近二三十年集中出现，尤其是近年来，我国多个地区连续的灰霾天气开始受到民众的广泛关注。中国气象局最新发布的《霾的观测与预报等级》中将灰霾定义为：大量极细微的干尘粒等均匀地浮游在空中，使水平能见度小于10km的空气普遍有混浊现象，使远处光亮物微带黄、红色，使黑暗物微带蓝色，因此霾也被称作"灰霾"。霾和雾具有比较相似的视觉特征，两者的本质区别在于雾主要成分为水气，而霾则主要是由空气中大量悬浮颗粒形成的，后者对公众具有更大的危害。$PM_{2.5}$作为造成灰霾天气的"元凶"之一，引起了社会广泛的关注。国家环保部于2012年发布的《环境空气质量标准》中已明确将$PM_{2.5}$纳入我国的空气质量监测体系，并将于2016年在全国范围内执行[1]。2013年，通过对京津冀、长三角和珠三角等区域内地级及以上城市的空气质量进行评估发现，除舟山外，其余各城市的$PM_{2.5}$平均排放浓度无一达标[2]，因此加强对$PM_{2.5}$的污染防治工作已经成为我国环境保护领域的重要任务。

所谓$PM_{2.5}$，是指悬浮在空气中的直径小于2.5μm的细小颗粒物。由于这些颗粒物质量轻，很难自然沉降到地面上，长期在空中漂浮，进而与空气中的水气结合，严重降低大气能见度。研究表明，$PM_{2.5}$主要来自人类的各类大气污染源，包括机动车尾气，工业和电厂锅炉，工业工艺过程，扬尘、餐饮、秸秆燃烧等。随着机动车保有量的迅猛增长，道路交通源污染物排放在大气污染中所占比例不断上升。机动车颗粒物排放已被公认为是城市大气环境中$PM_{2.5}$的主要来源之一。以2011年为例，北京市的$PM_{2.5}$中来自机动车排放的比例达到22%，高于燃煤等其他污染来源[3]，而在上海和广州，机动车排放占城市$PM_{2.5}$的比例也分别达到$\frac{1}{4}$左右[4, 5]。机动车作为流动源，污染物排放较分散，且排放主要集中在城市主要道路两侧和交通密集区域，与行人的距离很近，同样的排放量，行人对机动车排放污染物的摄入量远高于对电厂等工业排放源污染物的摄入量，机动车颗粒物排放相对其他颗粒物排放源对人体健康有着更严重的危害。因此对机动车的颗粒物排放进行有效控制是实现城市空气质量改善之关键。

大量的研究表明，$PM_{2.5}$浓度的增加对气候变化、城市大气能见度和人体健康均有着明显的负面作用。大气颗粒物可以通过散射和吸收太阳辐射与地面长波辐射改变地气系统的辐射平衡从而直接影响气候，也可以作为云凝结核通过改变云的宏、微观特性，特别是改变云的生命期和光学特性来间接影响气候[6]。城市能见度降低与大气中细颗粒 $PM_{2.5}$的浓度有着显著的相关性[7-10]。研究人员对澳大利亚布里斯班大气消光系数和 $PM_{2.5}$的化学成分的关系进行回归分析[8]，发现该地区消光系数和 $PM_{2.5}$质量浓度相关，特别是与 $PM_{2.5}$中的煤烟、硫酸盐和非土壤钾的质量有关。研究还发现，$PM_{2.5}$是导致韩国首尔地区能见度下降的主要因素[9]，该地区灰霾天气时 $PM_{2.5}$的浓度是晴朗天气时的 2～4 倍。

除影响气候变化和大气能见度外，大气 $PM_{2.5}$更与居民的健康息息相关[11-17]。世界卫生组织(World Health Organization，WHO)发布的报告显示，无论是发达国家还是发展中国家，目前绝大多数的城市和农村人口均遭受到颗粒物对人体健康的影响。WHO 在 2005 年出版的《空气质量准则》中就曾经指出，当 $PM_{2.5}$年均浓度达到 35 μg/m³ 时，人的死亡风险比 10 μg/m³ 时增加了近 15%[18]。美国癌症协会(ACS)对美国各大城市 50 万成人暴露于不同水平大气污染后的生存状况进行了分析[11]，发现大气 PM_{10}每增加 100 μg/m³，人群总死亡发生的危险就增加 4.0%。国内外有关 $PM_{2.5}$和人的死亡关系的流行病理学资料调查分析结果表明，大气中 $PM_{2.5}$浓度每提高 100 μg/m³，居民死亡发生率增加就超过 12%[19]。颗粒物对人体的危害具有明显的粒径特征，图 1-1 为不同粒径吸入颗粒在人体内的吸入特性，由图可见，颗粒在人体呼吸系统的沉积作用包括扩散沉积和碰撞沉积两种

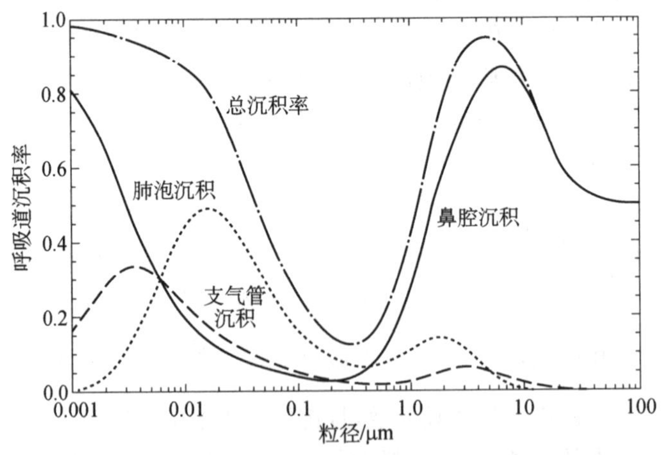

图 1-1　不同粒径的吸入颗粒在人体内呼吸系统的沉积[14]

机理，粒径在 2.5 μm 以上的大颗粒物主要发生碰撞沉积作用，粒径小于 0.1 μm 的颗粒主要发生扩散沉积作用。吸入颗粒经过鼻腔进入支气管前阶段通常同时存在扩散沉积和碰撞沉积两种沉积作用，粒径在 2.5 μm 以上的颗粒主要通过碰撞沉积作用在鼻腔内被吸收掉，一定量极细的颗粒，如 0.01 μm 以下也会在扩散沉积作用下在鼻腔内被吸收掉，而大量粒径在 0.1 μm 以下的细颗粒物会通过扩散沉积作用进入支气管和肺泡中，这表明大部分 $PM_{2.5}$ 颗粒能够深入人体肺部，对人体健康造成危害。细颗粒相对大颗粒具有较大的比表面积，通常能富集众多有毒痕量元素（如 As, Se, Pb, Cr 等）和有机物（如多环芳烃 PAHs、二噁英）等污染物，这些污染物多为致癌物质，与肺癌的发病率直接相关[20]。$PM_{2.5}$ 会引发包括咳嗽、呼吸困难、哮喘、慢性支气管炎等呼吸系统的疾病，并导致心律失常、心脏病等心血管方面的疾病[21-29]。

由机动车排放产生的颗粒粒径大多处于 20～500 nm 的区间内[30]，属于超细颗粒的范畴，具有极强的穿透能力，能沉积至肺部深处，同时其巨大的比表面积为毒性物质的吸附提供了有效场所，因而能够将更多致癌、致突变物质带入人体内。机动车颗粒物进入人体呼吸系统后或经由表面吸附的活性基团自行释放，或通过与各类细胞的相互作用产生大量活性氧簇，使细胞内的氧化平衡被破坏，导致氧化应激显著增加，最终引发细胞炎症反应甚至基因损害[31]。近年来的研究表明，柴油机颗粒物能引起肺部功能减弱、过敏性哮喘和肺炎等急慢性呼吸道疾病，并存在诱发肺癌的可能[32-36]。WHO 通过调查发现长期暴露在柴油机尾气的人群患肺癌的概率比普通人高 20%～40%[18]。2012 年 6 月，WHO 将柴油废气确定为致癌物，并将柴油废气的致癌危害等级提升至最高级。因此有必要对柴油机和汽油机颗粒物的生成机理进行深入研究，掌握影响其理化特性的主要因素，从而为寻求有效降低机动车颗粒物排放的策略与方法提供技术支撑和理论指导。

1.2 机动车颗粒物排放污染三阶段变化特征

机动车颗粒物排放污染，即从颗粒物在发动机缸内燃烧生成到最终形成大气 $PM_{2.5}$，主要包括颗粒物“源排放”、颗粒物由“排气管”到“道路”和“道路”到“环境”三个阶段。颗粒物的“源排放”主要受机动车燃料和发动机燃烧条件等因素影响；“排气管”到“道路”阶段，颗粒数浓度粒径分布主要受稀释作用影响，同时还受到成核、凝结和凝并等动力学作用影响；“道路”到“环境”的变化过程，主要受车况、路况以及气象条件的影响。

图 1-2（彩图见附录）揭示了发动机缸内燃料燃烧到大气 $PM_{2.5}$ 形成整个变化过程。具体步骤为：高温缺氧条件下，燃料在燃烧室内燃烧形成大量的碳粒，碳粒在发动机排气行程部分被氧化[37]，没有被氧化的碳粒发生凝并作用形成大的碳粒

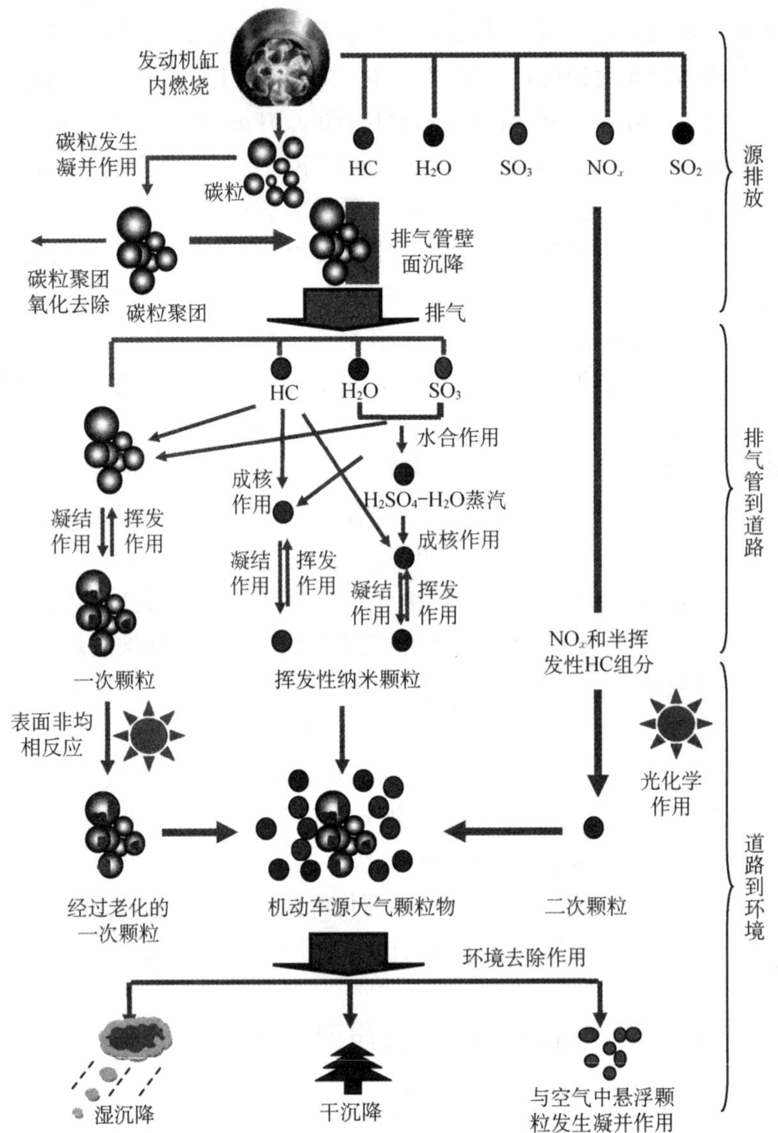

图 1-2 发动机缸内燃烧到大气 $PM_{2.5}$ 的整个变化过程

聚团,这部分颗粒构成了排气颗粒中的积聚模态粒子[38-39],部分来不及发生凝并增大的碳粒以核模态粒子的形式排出机外。当排气温度较高时,部分碳粒聚团会继续被氧化,并且由于热沉积作用,颗粒会在排气管壁面上沉积[40],一定条件下,颗粒在壁面上的沉积和颗粒从壁面上解吸会达到平衡。由排气管直接排出的碳粒或碳粒聚团(包括部分金属组分)通常称为一次颗粒。

排气进入环境空气的初始阶段,或排气进入稀释通道时,排气在稀释作用下发生成核、凝结和挥发作用，气相组分和一次颗粒之间发生转化，排气中的硫酸和半挥发性 HC 组分由于稀释冷却而凝结于一次颗粒表面，其中硫酸和半挥发性 HC 组分发生成核和凝结作用会形成新的颗粒，新形成的颗粒被称为挥发性纳米颗粒。大量挥发性纳米颗粒和少量的碳粒构成了核模态粒子。由于成核、凝结和挥发作用与半挥发性组分的饱和有关，因此挥发性纳米颗粒的形成受稀释空气的温度和湿度等参数的影响较大。

经过大气稀释的一次颗粒和挥发性纳米颗粒进一步向大气环境背景传输过程中，在光化学作用下，颗粒容易与环境空气中来自机动车或其他污染来源的 SO_2，HC 和 NO_x 等气体发生表面反应，同时尾气挥发性有机物碳氢(HC)和氮氧化物(NO_x)在大气光化学作用下生成二次颗粒，而经过表面反应的一次颗粒、二次颗粒以及其他背景颗粒共同形成了大气 $PM_{2.5}$ 颗粒。$PM_{2.5}$ 颗粒最终在干、湿沉降作用下，或与空气中的悬浮颗粒发生凝并作用而最终消逝。

本书首先围绕颗粒物“源排放”、颗粒物由“排气管”到“道路”和“道路”到“环境”三个阶段变化特征的相关概念作介绍。

1.2.1 机动车颗粒物“源排放”特征

机动车颗粒物“源排放”特征主要包括两部分内容：颗粒物的燃烧生成机理及排气颗粒的物理化学性质表征。

1.2.1.1 颗粒物缸内生成机理

碳粒(soot)的形成、发展并最终形成颗粒物是一个十分复杂的过程。图 1-3(彩图见附录)为 Dec 等提出的传统柴油喷入缸内的燃烧模型和 soot 最初形成的区域[41]。当燃油从喷油器嘴端喷出时，燃油喷雾与周围的空气混合，在离喷油嘴端一定距离时，喷雾油束内部形成了较浓的预混合气反应区域。碳粒最初的先驱

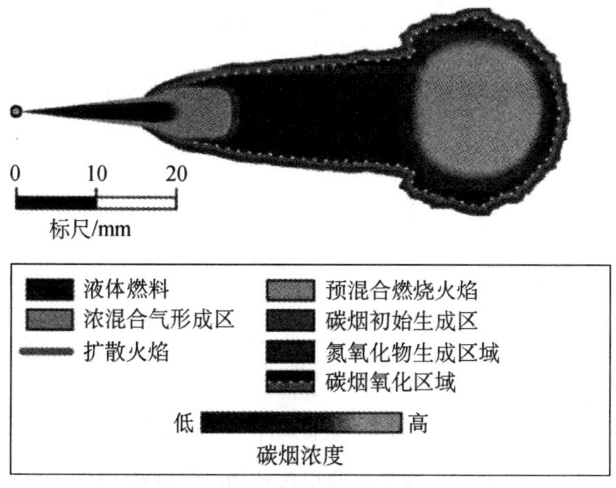

图 1-3 燃烧模型示意图[41]

体，例如乙烯、乙炔、PAH 等就在此较浓的预混合区域内形成[42]。如图 1-3，碳烟先驱体继续移动到喷雾前端高温缺氧区域，这些活性先导分子不断脱氢形成原子级的碳粒子，逐渐聚合成直径为 2 nm 左右的碳烟晶核（碳核）；碳核随后通过表面吸附气相烃和碰撞凝结而聚合成更大的碳粒，进而形成直径为 10～50 nm 的碳粒基元。在燃烧后期，碳粒基元经过聚集作用积聚成直径在 1 μm 以下的球团状或链状的多孔性聚合物，并且在其表面吸附了可溶性有机物（SOF）以及硫酸盐（SO_4^{2-}）或硝酸盐（NO_3^-），从而形成了颗粒物排放。详细的颗粒物形成过程如图 1-4 所示。

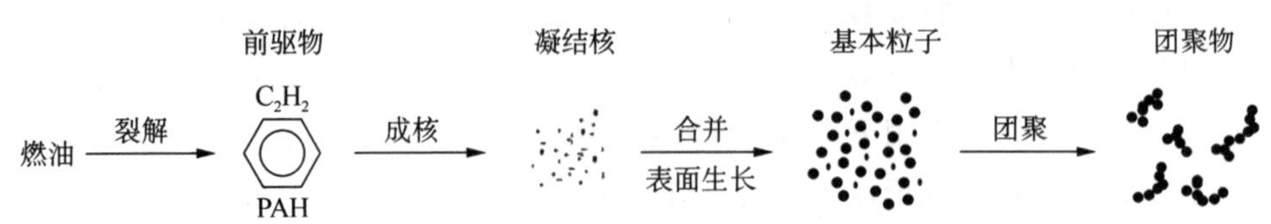

图 1-4　燃料燃烧过程颗粒物形成示意图[42]

1.2.1.2　机动车排放颗粒物的物理化学特征

随着现代分析测试方法的不断提高，目前已经能够对颗粒物数量浓度、形貌及内部结构，氧化活性和详细化学成分等理化特性作较为全面系统的分析。对机动车颗粒物理化特性的认识，是理解颗粒物生成机理、寻求降低机动车颗粒物排放控制方法的重要基础。

1）颗粒物主要成分及其粒径分布特征

典型柴油机颗粒物数量、质量浓度的粒径分布规律如图 1-5 所示，发动机排放颗粒物一般按照其粒径大小分为核模态颗粒物（nuclei mode, $D_p < 0.05$ μm）、

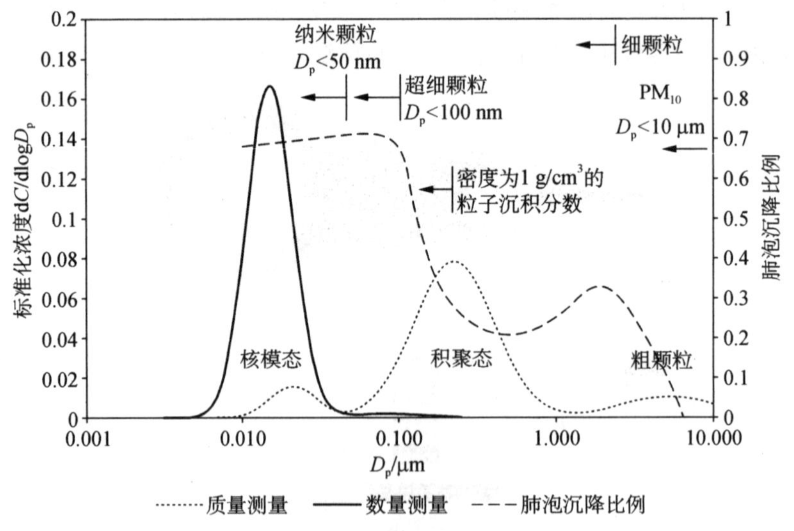

图 1-5　典型柴油机颗粒物粒径分布[43]

积聚模态颗粒物(accumulation mode，0.05 μm < D_p < 1 μm)以及粗粒子模态颗粒物(coarse mode，D_p > 1 μm)。从图可见，颗粒物数量浓度主要集中在0.05 μm以下，该范围包含了全部的核模态颗粒物，它主要是由半挥发性有机物和硫酸盐构成；而质量浓度则主要集中在0.05～1 μm之间，为积聚模态颗粒物粒径范围，它是排气颗粒物经碰撞或凝结等过程后形成的，包括碳粒及吸附在其表面的碳氢化合物和硫酸等组分。不同粒径段的颗粒物对人体的危害也各不相同。不同粒径的吸入颗粒在人体内的沉积特性存在差异，越细的颗粒，越容易吸入人体呼吸系统，对人体的危害越大[27-28]。

2) 颗粒物形貌及其微观结构特征

机动车排放的颗粒物是由数十、数百、甚至数千个基本颗粒组成的聚合体，呈链状或絮状，如图1－6所示。1978年加拿大著名学者、劳伦廷大学(Lanrentian University)天体物理系教授 Haye[44]最早采用分形理论研究粉体颗粒的形貌特征，之后一些学者也将分形理论用以描述柴油机排气微粒的形貌特征[45-46]。分形维数(fractal dimension)的确定方法有图像分析法、当量直径测量法、光散射方法以及迭代法等[47]。图像分析法是确定颗粒物分形维数最直观的方法，它是根据微粒的扫描电镜(scanning electron microscope，SEM)或透射电镜(transmission electron microscope，TEM)图像来描绘颗粒物的结构特征。一般来说，分形维数越高，基本颗粒之间堆积越紧密，颗粒聚团越趋近于正圆；分形维数越低，基本颗粒的排列越松散。

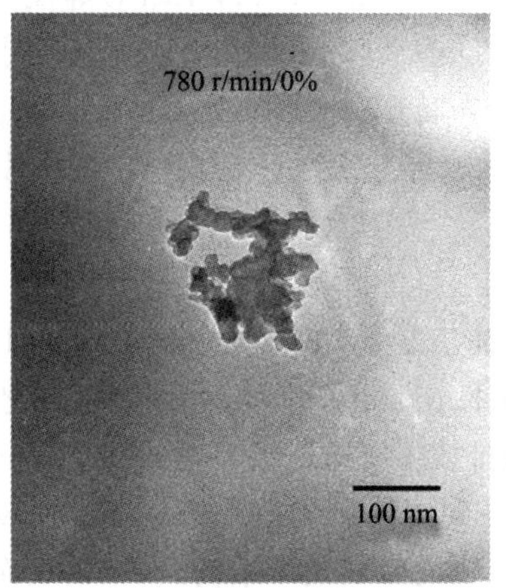

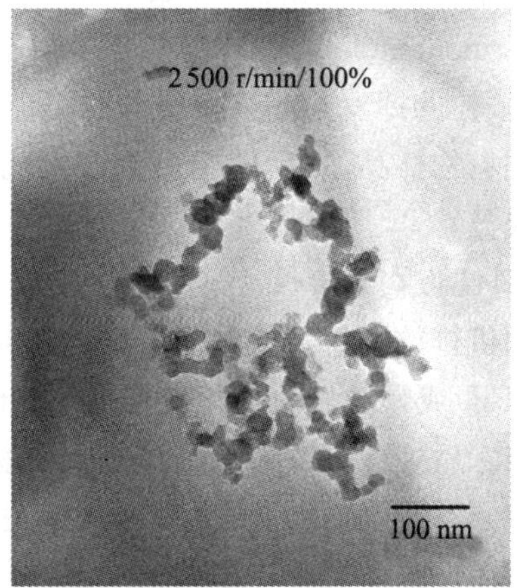

图1－6 典型柴油机颗粒物的TEM图像[46]

使用高分辨率透射电镜(HRTEM)对直喷式柴油机不同工况下构成颗粒物的微观结构进行观察[48]可以发现，典型的柴油机基本颗粒由大量碳微晶呈“壳-核”状排列组成。如图1－7所示，内核居于基本颗粒的中央，直径大约为10 nm，由单个或多个内部碳微晶无序排列的球形碳粒组成，而外壳则是由许多微晶碳层呈同心圆状排列组成。

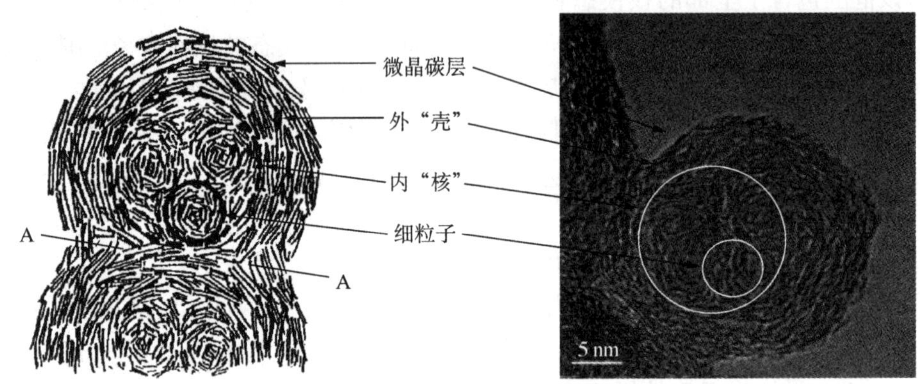

图 1－7　典型柴油机颗粒物的内部结构[57]

3）颗粒物挥发性

机动车颗粒物排放中的挥发性成分主要包括硫酸盐及碳氢成分，其中挥发性的碳氢成分又包括了上百种的复杂碳氢化合物，如一些具有强烈致癌作用的多环芳烃等。因此，颗粒物挥发性是评价颗粒物危害程度的重要标准之一。

通常采用离线和在线两种手段测试颗粒物挥发性。在线测量方法一般将在线颗粒粒径谱分析仪，如电迁移颗粒粒径分析仪（scanning mobility particle sizer, SMPS）和静电低压撞击器（electrical low pressure impactor, ELPI）等仪器与热扩散管（thermodenuder, TD）相结合，比较 TD 前后颗粒物数量浓度及尺寸分布特征，获得颗粒的挥发与非挥发组分的粒径分布特征；离线测量方法一般是先使用滤膜收集颗粒物样品，然后使用热重或索氏萃取等方法区分颗粒物中的挥发性与非挥发性成分。

4）颗粒物氧化活性

柴油机排放颗粒物通常需要结合颗粒捕集装置，如颗粒捕集器（diesel particle filter, DPF）或颗粒氧化催化转换器（particle oxidation catalyst, POC），才能满足排放标准。后处理方式去除柴油机颗粒物排放主要通过颗粒物的捕捉及氧化来实现，因此颗粒物被氧化的难易程度直接关系到尾气净化效果的好坏。一般说来颗粒物氧化活性的强弱由三个因素决定：颗粒物的微观纳米结构，颗粒物表面的活性基团以及颗粒物中挥发性物质的含量。氧化活性直接关系到被捕集的颗粒物在 DPF 和 POC 中的氧化特性。

热重分析法（thermal gravimetric analysis, TGA）是常用的颗粒物氧化活性的评价方法，在程序控制升温下考查氧气或空气氛围颗粒物质量随温度的变化，基于热重曲线获得转化反应所对应的初始着火温度（T_i）、反应终了温度（T_h）、最大失重

量 ΔM_{max} 和各温度点所对应的相对转化率等参数，进而评价颗粒物的氧化活性。

5）颗粒物化学组分

柴油机颗粒物主要来自燃油和润滑油的不完全燃烧，其成分主要包括碳烟、未燃润滑油、未燃燃料、硫酸盐、水分和少量金属飞灰等[49]，图 1－8 为典型柴油机尾气颗粒的组分构成。未燃燃料和润滑油包含了正构烷烃、芳烃、脂肪酸以及霍烷甾烷等上千种组分，成分十分复杂，目前已经明确的百余种有机组分仅占总有机组分的不到 5%，即大部分物种，尤其大量的痕量组分仍不明确。

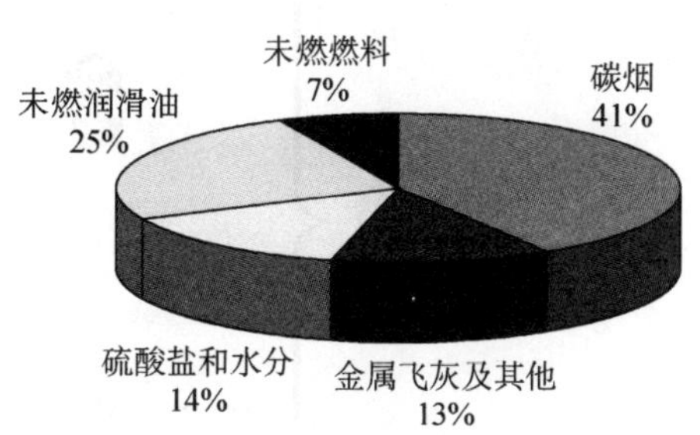

图 1－8 典型柴油机排放的颗粒物成分[49]

柴油机颗粒物中的碳质组分，根据其成因不同可分为有机碳（organic carbon, OC）和元素碳（element carbon, EC）两部分。由未燃燃油、未燃润滑油和含氧有机物构成的碳质组分称为有机碳（OC），由炭黑构成的碳质组分称为元素碳（EC）。OC/EC 常采用热光反射法（thermal optical-reflection, TOR）进行测试，TOR 法分为两个阶段，第一阶段在氦气环境下，逐步加热样品，使颗粒中挥发性不同的 OC 组成逐级蒸发转变成为有机气体，该阶段的温度加热梯度为 140℃，280℃，480℃和 580℃，分别对应 OC1，OC2，OC3 和 OC4 组分；第二阶段则将工作气体切换为含 2%氧气的氦气，通过进一步升温，将颗粒的 EC 氧化为 CO_2，该阶段的温度加热梯度为 580℃，740℃和 840℃，分别对应 EC1，EC2 和 EC3 组分。

一般将 EC1 定义为 char-EC（焦炭），将 EC2＋EC3 定义为 soot-EC（烟炱）。char-EC 的氧化速率明显高于 soot-EC。在含氧环境中约 520℃时，char-EC 首先开始氧化，而 soot-EC 则需要达到 620℃时才开始氧化，直至 850℃石墨碳才被氧化，这表明 char-EC 主要通过燃料的裂解形成，一般在燃烧温度较低时生成，而 soot-EC 则由高温时的气-粒作用形成。

1.2.2 机动车颗粒物从“排气管”到“道路”阶段的污染特征

机动车颗粒物由“排气管”到“道路”阶段表现为热排气进入冷稀释空气，碳氢和硫酸等在冷却条件下发生凝结、成核等气溶胶动力学作用，一方面半挥发性和低挥发性有机组分碳氢以及硫酸在碳烟聚团表面吸附凝结，导致碳烟聚团的结构形态和化学组分发生变化；另一方面半挥发性和低挥发性有机组分碳氢和硫酸等气体自身发生成核作用产生挥发性纳米颗粒，因此该阶段颗粒的化学构成和结构形态会发生显著变化[50]，如图 1－9（彩图见附录）所示。

“排气管”到“道路”阶段的研究一方面可以借助道路观测实验，另一方面也可

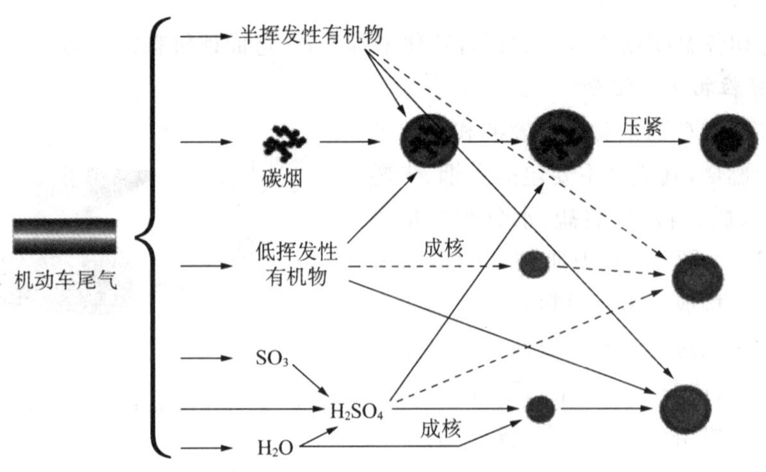

图 1-9 排气稀释过程中颗粒动力学变化[50]

以通过实验室稀释通道模拟实际道路环境的污染特征，两者结合有助于更加深入认识机动车颗粒物污染特性。道路测试通常在道路两侧布置采样点，采样口距地面 1.5 m 左右，道路测试与车流、风速、环境温度、湿度以及街道配置等因素有关，比较难于控制测试条件，但能够反映真实道路环境条件下机动车颗粒物的污染特征。实验室稀释通道实验可以模拟实际道路环境的污染特征，且容易控制稀释温度、湿度、稀释比和混合时间等参数，同时实验在发动机台架和机动车转毂实验台上完成，可实现发动机运行工况的灵活控制。

1.2.3 机动车颗粒物从“道路”到“环境”阶段的污染特征

机动车排气经过环境空气稀释后，在大气湍流的作用下继续向环境背景传输扩散。在此阶段常伴随光化学作用发生，导致 SO_2，HC 和 NO_x 等气体在一次颗粒表面发生非均相表面反应，同时 NO_x 和 VOC 气体在光化学作用下也会发生成核作用，形成大量新的二次颗粒。经过表面反应的一次颗粒、二次颗粒以及其他来源颗粒混合最终形成大气 $PM_{2.5}$ 颗粒物。大气 $PM_{2.5}$ 颗粒通常根据不同的粒径段又被分为四个模态，即核模态(nucleation mode)、爱根模态(aitken mode)、积聚模态(accumulation mode)和粗粒子模态(coarse particle mode)[51]。粒径小于 0.025 μm 的颗粒物通常称为核模态颗粒物，主要由低挥发性物质在大气中形成分子团簇，经过凝结和凝并长大。粒径在 0.025～0.1 μm 的颗粒物称为爱根模态，主要来源于燃烧过程所产生的一次气溶胶粒子。同时，气体分子通过化学反应均相成核形成的核模态颗粒物会通过凝并增长形成爱根模态。0.1～1 μm 的颗粒物称为积聚模态，主要由核模态和爱根模态凝并形成。大于 1 μm 的颗粒物称为粗粒子模态，主要来源于机械过程造成的扬尘、海盐和风沙等一次气溶胶颗粒。

通过对机动车排气颗粒从“道路”到“环境”阶段的研究能够了解机动车大气环

境的效应，即通过大气 $PM_{2.5}$ 污染物现场观测，通过分析 $PM_{2.5}$ 采样的化学组分，获得 $PM_{2.5}$ 的污染来源，由于“道路”到“环境”阶段具有较大的时间和空间尺度，因此需要考虑颗粒的传输扩散和动力学变化效应，本书对颗粒物动力学模型、传输扩散模型以及源解析方法作了介绍。

1.2.3.1 稀释扩散过程中颗粒物演化过程的数值模拟研究

国外开展了较多关于稀释扩散过程中颗粒物演化过程的数值模拟研究。包括气溶胶动力学模型和扩散模型两个方面。

1) 气溶胶动力学模型

气溶胶动力学主要描述气溶胶的形成和变化过程，文献报道的气溶胶动力学模型主要有 MULTIMONO 和 MONO32 模型、AEROFOR2 模型、GATOR 模型等。Pirjola 等[52]开发的气溶胶动力学模型 MULTIMONO 和 MONO32 模型考虑了气相化学和气溶胶动力学。模型包括以下过程：①气体和颗粒的排放；②气相化学反应；③气体和颗粒的干沉降；④两相 H_2SO_4-H_2O 和三相 H_2SO_4-H_2O_2-NH_3 均相成核；⑤H_2SO_4，H_2O，HNO_3，NH_3 和有机挥发组分等多组分在颗粒上的凝结；⑥颗粒各模态颗粒间或相同模态间颗粒的凝并。AEROFOR2 模型是一个包括大气化学和气溶胶动力学的组合拉格朗日型的箱模型，颗粒由可溶性和非可溶性物质组成，颗粒数量可以内部和外部混合，模型包括气相化学，水和硫酸等的成核以及硫酸、铵盐和水等的均相成核，多成分在先前颗粒上的浓缩，SO_2 在颗粒上的吸收，颗粒在各模态内部和各模态之间的碰并以及颗粒的沉降。GATOR 模型[53]包括处理碰并、气相液相化学、化学平衡、由于浓缩和分解引起的颗粒增长、蒸发、均相非均相成核、干湿沉积和沉降。

2) 街道峡谷扩散模型

街道峡谷是城市地区典型的街道配置形式，由于其通风差、污染物不易扩散，峡谷内往往形成高浓度的空气污染，因此街道峡谷内的空气污染物的流动和扩散问题受到广泛关注。这方面的研究主要包括模拟研究和现场观测两个方面。建立描述街道峡谷内污染物传输扩散的数值模型是模拟研究的前提，根据模型所依据的物理和数学原理以及模型的复杂程度不同，可将污染物扩散模型归为两类：参数模型和计算流体动力学(computational fluid dynamics, CFD)模型。

参数模型包括经验和半经验模型，参数模型一般是采用高斯公式或回归方法得到污染物的分布函数，并通过实验对公式中的参数进行计算或修正，参数模型计算公式一般比较简单。常用的参数模型有高斯模型，CPBM，OSPM，AEOLIUSQ 和 SLAQ 等。CPBM(the canyon plume box model)[54]采用箱模型同高斯模型(gaussian plume models)相结合，考虑风、机动车诱导以及太阳辐射产生湍流，计算机动车排气在街道峡谷内的扩散。英国气象局开发的 AEOLIUSQ 模型[55]和丹麦气象局开发的 OSPM(operational street pollution model)均用于计算街道峡谷机动车排气扩散，两个模型基于相同的计算公式，模型需要输入机动车流量、地面粗糙度、风速风向、街道配置等参数。SLAQ（street level air quality）是由Micallef[56]开发的用于计算街道峡谷内机动车产生的不同粒径颗粒浓度分布的计算模型，所涉及颗粒包括机动车排气管，机动车诱导产生的再悬浮以及由于机动车排放 SO_2 产生的二次颗粒。

CFD模型是采用数值方法分析包括流场、传热或化学反应等复杂系统所采用的模型方法。CFD方法模拟污染物传输扩散的控制方程包括质量守恒方程、动量守恒方程以及污染物浓度输运方程，为了方程闭合，需要加入状态方程和牛顿黏性剪切方程，同时要确定方程组的边界条件，并且要考虑湍流影响，湍流模型分为雷诺平均纳维斯托克斯（reynolds averaged navier-stokes，RANS）方程如k-e模型以及大涡模拟（large eddy simulation，LES）模型等。

目前国内外开展了较多关于街道峡谷内气体污染物的传输和扩散规律研究[57-66]，发现当峡谷顶端风向与街道交角超过30°时，峡谷内会产生一个或多个旋涡。并发现上峡谷几何布局、日光照射产生的热效应以及运动车辆产生的机械湍流等因素对峡谷内旋涡的数量和旋涡强度产生显著的影响，从而影响污染物的浓度。图1-10、图1-11给出了非对称型街道峡谷内汽车排放污染物浓度分布的现场观测和数值模拟研究，发现低建筑物一侧的污染物浓度远高于高建筑物一侧的污染物浓度[63]。

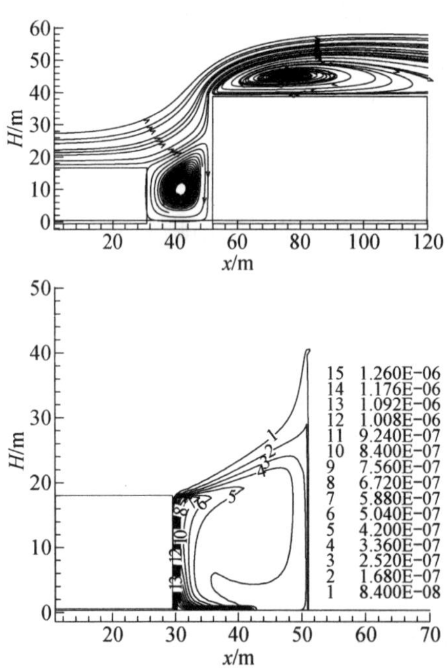

图1-10　递升型街道峡谷内的风场和污染物扩散

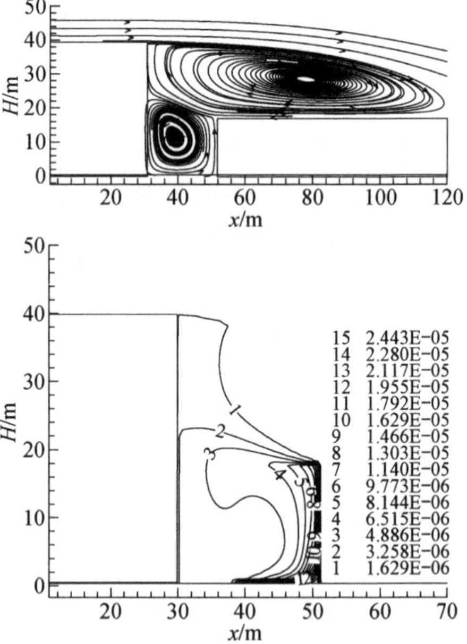

图1-11　递降型街道峡谷内的风场和污染物扩散

1.2.3.2　大气颗粒物源解析

在真实的大气环境下，大气颗粒物除来自机动车排放外，还来自工业和电厂锅炉，工业工艺过程，扬尘、餐饮、秸秆燃烧等本地污染源以及外源性输入污染物等。因此，区分不同排放源对大气悬浮颗粒物的贡献比例是大气颗粒物污染研究的重要内容之一。

区分不同来源污染物贡献比例最常用的方法是源解析模型法（sources apportionment）。源解析的主要方法可分为两类受体模型和扩散模型。受体模型就是通过对大气颗粒物环境和排放源样品的化学或显微分析来确定各类污染源对受体的贡献值的一系列源解析技术。受体模型一般适用于城区尺度，通过在源和受体处测量的颗粒物的化学物理特征，确定对受体有贡献的源和对受体的贡献值。与扩散模型相比，受体模型不依赖于污染源排放条件、气象、地形等因素，不用追踪颗粒物的迁移过程，避开了应用扩散模型所遇到的困难，因而获得广泛的发展。经过多年的发展，在国内外大气颗粒物源解析中，受体模型的种类很多，包括化学质量平衡（CMB）模型、主成分分析（PCA）、正定矩阵分析（PMF）、因子分析（FA）、目标转换因子分析（TTFA）、多元线性回归（MLR）等，其中CMB模型和PMF模型的应用最为广泛[67]，下面分别介绍一下这两种模型。

1）CMB模型

CMB模型由Miller等人[68]于1972年第一次提出，它的基本原理是质量守恒，通过物种丰富度和源贡献的乘积之和来表达环境化学浓度。其主要基于以下假设：①可以识别出对环境受体中的大气颗粒物有明显贡献的所有污染源类，并且各源类所排放的颗粒物的化学组成有明显的差别；②各源类所排放的颗粒物的化学组成相对稳定，化学组分之间无明显影响；③各源类所排放的颗粒物之间没有相互作用，在传输过程中的变化可以被忽略；④所有污染源成分谱是线性无关的；⑤污染源种类低于或等于化学组分种类；⑥测量的不确定度是随机的、符合正态分布。那么在受体上测量的总物质浓度就是每一源类贡献浓度值的线性加和。

由于CMB方法原理清楚，易于接受，是应用最为广泛的模型之一。但在使用该模型进行源解析时要求各地区要经常监测源样品和受体样品，列出排放清单，不断更新本地区排放源成分谱，工作量大，技术要求高。

2）PMF模型

正定矩阵分析法是由Paatero和Tapper在1993年提出的一种有效的数据分析方法[69]，首先利用权重确定出颗粒物化学组分中的误差，然后通过最小二乘法来确定出颗粒物的主要污染源及其贡献比率。与其他方法相比，具有不需要测量源成分谱，分解矩阵中元素非负，可以利用数据标准偏差来进行优化等特点。该方法已经成功地对北京、香港、泰国和西班牙等国家和地区大气中颗粒物的来源进行过研究[70-74]。

1.3 欧美和中国的机动车排放法规

汽车在带给人们工作和生活便利的同时，也产生了严峻的能源与环境问题，其中汽车尾气排放已成为大气环境中的最大污染源之一。大量研究数据表明，一些地区频繁发生的灰霾、酸雨以及光化学烟雾等严重的区域性大气污染问题与汽车尾气排放所产生的复合型污染物密切相关。汽车尾气排放直接影响到人们的健康，汽车尾气污染已成为城市大气污染最突出、最紧迫的问题之一。因此，欧美国家对汽车排放提出了越来越严厉的要求和限制，制定并不断地提高汽车尾气排放标准。目前，全球汽车排放法规主要形成了两大体系，即欧洲体系和美国体系。许多其他地区的国家通常采用这两个体系的法规作为其排放法规体系。

1.3.1 轻型车排放法规

1.3.1.1 欧洲轻型车排放法规

欧洲轻型车排放法规是由欧洲经济共同体(European Economic Community，EEC)或欧盟(European Union，EU)参与国强制实施的。1970 年由欧洲经济委员会(Economic Commission for Europe，ECE)制定了统一的排放法规，供欧洲各国使用。欧洲对于轻型车的排放法规欧 1 开始于 1992 年，并针对柴油车和汽油车实行不同的法规限制，如表 1－1 所示。

表 1－1 欧洲轻型车排放标准[75]

等级	实施时间	测试循环	CO	HC	HC+NO_x	NO_x	PM	PN
			g/km					个/km
压燃式(柴油车)								
欧 1	1992.07	NEDC	2.72	—	0.97	—	0.14	—
欧 2	1996.01		1.0	—	0.7	—	0.08	—
欧 3	2000.01		0.64	—	0.56	0.50	0.05	—
欧 4	2005.01		0.50	—	0.30	0.25	0.025	—
欧 5a	2009.09		0.50	—	0.23	0.18	0.005	—
欧 5b	2011.09		0.50	—	0.23	0.18	0.005	6.0×10^{11}
欧 6	2014.09	WHTP	0.50	—	0.17	0.08	0.005	6.0×10^{11}
点燃式(汽油车)								
欧 1	1992.07	NEDC	2.72	—	0.97	—	—	—
欧 2	1996.01		2.2	—	0.5	—	—	—

(续表)

等级	实施时间	测试循环	CO	HC	HC+NO_x	NO_x	PM	PN
			g/km					个/km
欧 3	2000.01	NEDC	2.30	0.20	—	0.15	—	—
欧 4	2005.01		1.0	0.10	—	0.08	—	—
欧 5	2009.09		1.0	0.10	—	0.06	0.005	—
欧 6	2014.09	WHTP	1.0	0.10	—	0.06	0.005	6.0×10^{11}

为进一步控制机动车颗粒物排放,欧洲于 2009 年 9 月实施的欧 5 法规中对轻型汽油车增加了 PM 的限制,为 5 mg/km。而对于 2011 年实施的柴油车欧 5 第二阶段(欧 5b),在 5 mg/km 的颗粒物质量(PM)排放限值的基础上新增加了对颗粒物数量(particle number, PN)的限制,为 6×10^{11} 个/km。鉴于直喷汽油机(gasoline direct injection, GDI)较高的 PM 排放,在 2014 年 9 月开始实施的汽油车欧 6 标准中增加了对 GDI 的 PN 限制,为 6×10^{11} 个/km。此外,欧 5/6 对轻型车排放耐久性的要求由欧 3/4 的 80 000 km 增加至 160 000 km。

由于燃油中硫含量对排放控制技术具有重要的影响,从 2000 年开始,欧洲汽油中硫含量要求不超过 150 mg/kg,并于 2005 年将硫含量要求进一步降低至 50 mg/kg,2009 年开始强制执行无硫(小于 10 mg/kg)汽油标准。对于柴油,从 2000 年开始,欧洲车用柴油标准要求硫含量不超过 350 mg/kg,十六烷值不低于 51 mg/kg,2005 年硫含量又降至 50 mg/kg,2009 年开始执行无硫(小于 10 mg/kg)柴油标准。

对于排放测试循环,欧 3 之前,欧洲轻型车在底盘测功机上采用欧洲城市驾驶工况(ECE)+欧洲高速公路驾驶工况(extra urban driving cycle, EUDC)测试循环进行排放物测试,而从欧 3 开始,又要求在 ECE+EUDC 测试循环的基础上增加冷启动测试,形成了新欧洲驾驶循环(new european driving cycle, NEDC),为了配合欧 6 法规的推行,从欧 6 开始将全球轻型车统一测试规程(worldwide harmonized light vehicles test procedure, WHTP)作为轻型车新的排放测试循环。

1.3.1.2 美国轻型车排放法规

美国从 20 世纪 60 年代开始为限制汽车尾气对环境的污染,就制定并颁布了相关的汽车排放限值法规,目前美国是世界上控制汽车排放标准最为严格的国家,至今有加州和联邦两个不同的法规。

美国联邦于 1991 年颁布了第一阶段(Tier 1)轻型车排放法规,如表 1-2 所示,从 1994 年至 1997 年逐步实施,并于 1998 年至 2003 年全面实行 Tier 1 法规。从 2004 年开始实施第二阶段(Tier 2)排放法规,如表 1-3 所示,2004 年至 2009 年逐步实施,并于 2010 年至 2016 年开始全面执行 Tier 2 排放法规。Tier 2 排放法规的适用范围在 Tier 1 的基础上增加了部分车型，扩大到小型乘用车、轻型皮卡和车辆总质量(gross vehicle weight，GVW)不大于 4 540 kg 的中型乘用车。Tier 2 法规根据污染物排放限值的高低依次把排放水平分成 11 个认证等级(Bin)，其中 8 个为长期有效，3 个为阶段有效以及一个 NO_x 排放的平均车队标准。汽车制造商可以根据 Tier 2 法规，在认证具体车型时可任意选择 8 个等级之一，生产不同排放水平的车辆，根据车型的自身特点有针对性地降低排放，增加了排放控制的灵活性和选择性，但所有车辆总体上必须满足一定的排放限制，即车队平均 NO_x 排放不能大于 0.435 g/km 的平均标准；过渡期有排放限值更加宽松的附加临时认证等级(第 9 等级、第 10 等级和第 11 等级)，这些等级在 2008 年之后终止；美国联邦将于 2017 年至 2025 年逐步实行第三阶段(Tier 3)排放标准，如表 1-4 所示，Tier 3 又分为 7 个等级，其等级序号以非甲烷有机气体(non-methane organic gases，NMOG)+NO_x 排放限值之和(mg/mi)表示，另外，Tier 3 所要求的整车排放耐久性由 Tier 2 的 192 000 km 增加到 240 000 km。

美国联邦轻型车排放法规对有害排放物的限制与欧洲相比主要有如下两点差异：①用非甲烷有机气体(nonmethane organic gases，NMOG)代替 HC，并且与 NO_x 分开限制；②增加了对非常规排放甲醛(HCHO)的限制。尽管美国联邦轻型车法规还没有提出对 PN 的限值，但 Tier 3 法规中对 PM 的限值非常严格，为 1.875 mg/km，这比欧 6 的 5 mg/km 限值低 62.5%，Tier 3 同时还要求 2022 年以后所有销售的轻型车都必须满足此法规要求。

表 1-2　美国联邦 Tier 1 排放标准[75]

车型	50 000 mi/5 年						100 000 mi/10 年[a]					
	THC	NMHC	CO	NO_x^b 柴油	NO_x 汽油	PM[c]	THC	NMHC	CO	NO_x^b 柴油	NO_x 汽油	PM[c]
	g/mi											
乘用车	0.41	0.25	3.4	1	0.4	0.08	—	0.31	4.2	1.25	0.6	0.10
LLDT，LVW<1 687.5 kg	—	0.25	3.4	1.0	0.4	0.08	0.80	0.31	4.2	1.25	0.6	0.10
LLDT，LVW>1 687.5 kg	—	0.32	4.4	—	0.7	0.08	0.80	0.40	5.5	0.97	0.97	0.10
HLDT，ALVW<2 587.5 kg	0.32	—	4.4	—	0.7	—	0.80	0.46	6.4	0.98	0.98	0.10
HLDT，ALVW>2 587.5 kg	0.39	—	5.0	—	1.1	—	0.80	0.56	7.3	1.53	1.53	0.12

注：LVW—loaded vehicle weight，车辆装载后总质量；
ALVW—adjust LVW，调整后的车辆装载后总质量(整备质量和车辆额定总质量的平均数值)；
LLDT—light light-duty truck，小型轻型载重车；
HLDT—heavy light-duty truck，大型轻型载重车。
a—大型轻型载重车的所有排放标准和轻型载重车的总碳氢化合物排放标准是基于 192 000 km/11 年的使用期限；
b—更加宽松的柴油车 NO_x 限值适用到 2003 年；
c—PM 限值只适用于柴油车。

表 1-3　美国联邦 Tier 2 排放标准[75]

等级序号	中间寿命(50000 mi/5 年)					整个寿命(120000 mi/10 年)				
	NMOG[a]	CO	NO_x	PM	HCHO	NMOG[a]	CO	NO_x^b	PM	HCHO
	g/mi									
阶段有效等级										
11	—	—	—	—	—	0.28	7.3	0.9	0.12	0.032
10	0.125	3.4	0.4	—	0.015	0.156	4.2	0.6	0.08	0.018
9	0.075	3.4	0.2	—	0.015	0.090	4.2	0.3	0.06	0.018
长期有效等级										
8	0.100	3.4	0.14	—	0.015	0.125	4.2	0.20	0.02	0.018
7	0.075	3.4	0.11	—	0.015	0.090	4.2	0.15	0.02	0.018
6	0.075	3.4	0.08	—	0.015	0.090	4.2	0.10	0.01	0.018
5	0.075	3.4	0.05	—	0.015	0.090	4.2	0.07	0.01	0.018
4	—	—	—	—	—	0.070	2.1	0.04	0.01	0.011
3	—	—	—	—	—	0.055	2.1	0.03	0.01	0.011
2	—	—	—	—	—	0.010	2.1	0.02	0.01	0.004
1	—	—	—	—	—	0.000	0.0	0.00	0.00	0.000

注：a—对于所有柴油车，NMOG(非甲烷有机气体)为 NMHC(非甲烷碳氢化合物)；
　　b—对于 Tier 2 的车辆，一般厂家车队的 NO_x 排放标准为 0.04 g/km。

表 1-4　美国联邦 Tier 3 排放标准[75]

等级序号	整个寿命(150000 mi)			
	NMOG+NO_x	PM	CO	HCHO
	mg/mi	mg/mi	g/mi	mg/mi
Bin 160	160	3	4.2	4
Bin 125	125	3	2.1	4
Bin 70	70	3	1.7	4
Bin 50	50	3	1.7	4
Bin 30	30	3	1.0	4
Bin 20	20	3	1.0	4
0	0	0	0	0

美国加州的轻型车排放标准历来比美国联邦的要求更加严格，被公认为世界上排放限制最严格的排放法规。加州排放法规有 3 个阶段的排放标准，排放水平分为 3 个等级，即低排放（low emission vehicles，LEV）、极低排放（ultra-low emission vehicles，ULEV）以及超极低排放（super ultra-low emission vehicles，SULEV）。2003 年采用第一阶段 LEV 标准，如表 1－5 所示；从 2004 年至 2010 年逐步过渡到第二阶段 LEV Ⅱ标准，如表 1－6 所示，并于 2011 年至 2014 年全面实施 LEV Ⅱ标准。LEV Ⅱ扩展和提高了车队平均排放标准，要求汽车制造商每年降低车队排放，另外，LEV Ⅱ也进一步提高了蒸发排放物标准；从 2015 年至 2025 年逐步过渡到 LEV Ⅲ标准，如表 1－7 所示。LEV Ⅲ标准将 NMOG 与 NO_x 合在一起进行限制，并引入了车队平均排放限制的要求，如图 1－12 所示；LEV Ⅲ所要求的整车排放耐久性由 LEV Ⅱ的 192000 km 增加至 240000 km。虽然 LEV Ⅲ标准曾建议的将 PN 限制在 1.865×10^{12} 个/km 以内没有被采纳，但 LEV Ⅲ法规将对轻型车 PM 的排放限制到极为严格的水平，如表 1－8 所示，从 2025 年开始，轻型车的 PM 限值必须达到 0.625 mg/km，这比欧 6 排放法规中 PM 限值 4.5 mg/km（PM 质量排放测量方法，PMP）还要低 86.1%，LEV Ⅲ排放标准规定至 2028 年所有所售车辆必须满足此限值。

表 1－5　美国加州 LEV 排放标准[75]

车型	50000 mi/5 年					100000 mi/10 年				
	NMOG[a]	CO	NO_x	PM	HCHO	NMOG[a]	CO	NO_x	PM	HCHO
	g/mi									
乘用车										
Tier 1	0.25	3.4	0.4	0.08	—	0.31	4.2	0.6	—	—
TLEV	0.125	3.4	0.4	—	0.015	0.156	4.2	0.6	0.08	0.018
LEV	0.075	3.4	0.2	—	0.015	0.090	4.2	0.3	0.08	0.018
ULEV	0.040	1.7	0.2	—	0.008	0.055	2.1	0.3	0.04	0.011
LDT1，LVW<1687.5 kg										
Tier 1	0.25	3.4	0.4	0.08	—	0.31	4.2	0.6	—	—
TLEV	0.125	3.4	0.4	—	0.015	0.156	4.2	0.6	0.08	0.018
LEV	0.075	3.4	0.2	—	0.015	0.090	4.2	0.3	0.08	0.018
ULEV	0.040	1.7	0.2	—	0.008	0.055	2.1	0.3	0.04	0.011

（续表）

车型	50000 mi/5 年					100000 mi/10 年				
	NMOG[a]	CO	NO_x	PM	HCHO	NMOG[a]	CO	NO_x	PM	HCHO
	g/mi									
LDT2，LVW>1687.5 kg										
Tier 1	0.32	4.4	0.7	0.08	—	0.40	5.5	0.97	—	—
TLEV	0.160	4.4	0.7	—	0.018	0.200	5.5	0.9	0.10	0.023
LEV	0.100	4.4	0.4	—	0.018	0.130	5.5	0.5	0.10	0.023
ULEV	0.050	2.2	0.4	—	0.009	0.070	2.8	0.5	0.05	0.013

注：a—NMOG 非甲烷有机物。

表 1-6 美国加州乘用车和轻型货车 LEV Ⅱ 排放标准[75]

车型	50000 mi/5 年					120000 mi/11 年				
	NMOG	CO	NO_x	PM	HCHO	NMOG	CO	NO_x	PM	HCHO
	g/mi									
LEV	0.075	3.4	0.05	—	0.015	0.090	4.2	0.07	0.01	0.018
ULEV	0.040	1.7	0.05	—	0.008	0.055	2.1	0.07	0.01	0.011
SULEV	—	—	—	—	—	0.010	1.0	0.02	0.01	0.004

表 1-7 美国 LEV Ⅲ 排放标准[75]

车型	排放等级	150000 mi			
		NMOG+NO_x	CO	HCHO	PM
		g/mi	g/mi	mg/mi	g/mi
所有 PCs，LDTs≤3825 kg	LEV160	0.160	4.2	4	0.01
	ULEV125	0.125	2.1	4	0.01
	ULEV70	0.070	1.7	4	0.01
	ULEV50	0.050	1.7	4	0.01
	SULEV30	0.030	1.0	4	0.01
	SULEV20	0.020	1.0	4	0.01
MDVs，3825～4500 kg	LEV395	0.395	6.4	6	0.12
	ULEV340	0.340	6.4	6	0.06
	ULEV250	0.250	6.4	6	0.06
	ULEV200	0.200	4.2	6	0.06

（续表）

车型	排放等级	150 000 mi			
		NMOG+NO_x	CO	HCHO	PM
		g/mi	g/mi	mg/mi	g/mi
MDVs，3 825～4 500 kg	SULEV170	0.170	4.2	6	0.06
	SULEV150	0.150	3.2	6	0.06
MDVs，4 500～6 300 kg	LEV630	0.630	7.3	6	0.12
	ULEV570	0.570	7.3	6	0.06
	ULEV400	0.400	7.3	6	0.06
	ULEV270	0.270	4.2	6	0.06
	SULEV230	0.230	4.2	6	0.06
	SULEV200	0.200	3.7	6	0.06

注：PC—passenger car，乘用车；LDT—light-duty truck，轻型载重车；MDV—medium-duty vehicle，中型车。

表 1-8　美国加州 LEV Ⅲ的 PM 排放标准[75]

车型	PM	逐步过渡时间
	mg/mi	
轿车、轻型卡车、中型客车	3	2017—2021 年
	1	2025—2028 年
中型车(3 825～4 500 kg)	8	2017—2021 年
中型车(4 501～6 300 kg)	10	2017—2021 年

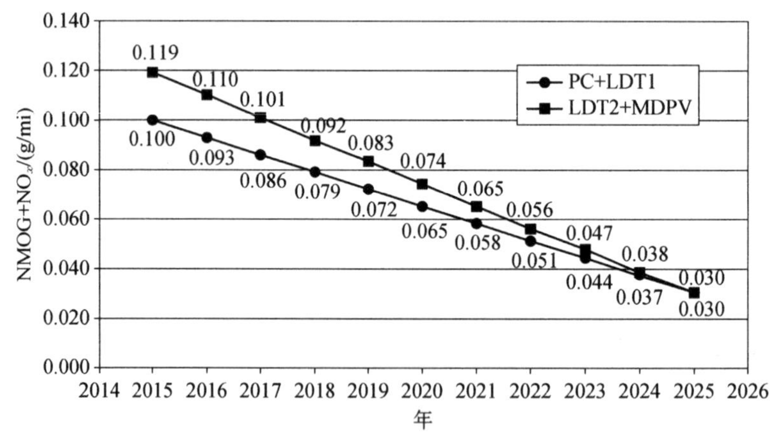

图 1-12　LEV Ⅲ车队平均 NMOG+NO_x 标准[75]

其中：PC—乘用车，<3 825 kg；LDT1—轻载车 1，<1 687.5 kg；LDT2—轻载车 2，1 687.5～3 825 kg；MDPV—重型乘用车，3 825～6 300 kg。

值得注意的是,美国的排放限值适用于所有的发动机,无论发动机使用什么燃料,即燃料中性。也就是说,使用汽油、柴油或替代燃料的发动机都必须达到同样的标准。为配合实施相应的排放法规,美国于 2004 年开始限制汽油中硫含量为 30 mg/kg,到 2015 年将汽油中硫含量限制为<10 mg/kg;美国从 1993 年 10 月开始限制柴油中(道路车和非道路车)硫含量不得超过 500 mg/kg(低硫柴油,low sulfur),而从 2006 年 6 月开始供应硫含量不超过 15 mg/kg 的超低硫柴油(ultra low sulfur diesel, ULSD)。美国轻型车目前采用转毂实验台上按联邦测试程序(federal test procedure-75, FTP-75)循环进行排放物测试。除了 FTP-75 测试循环外,还增加了联邦实验补充排放测试规程(supplemental federal test procedure, SFTP),并于 2000 年至 2004 年逐步执行,SFTP 包括用于测量激进式公路行驶时的排放(US06)和市区行驶并运行空调系统时的排放(SC03)。

1.3.1.3 中国轻型车排放法规

中国大陆轻型车的排放法规基本参照欧洲标准执行,但实施时间滞后 6~8 年。从 2000 年开始实施国 1 排放标准,北京和上海分别于 2008 年和 2009 年提前实施了第四阶段轻型柴油车排放标准,全国范围内第四阶段轻型柴油车排放标准因油品等各种原因,从原计划的 2011 年 7 月 1 日几度推迟实施,最终于 2013 年 7 月 1 日正式实施。北京于 2012 年实施了第五阶段排放标准,而上海于 2014 年 4 月 30 日起实行了国 5 排放法规,2016 年 1 月 1 日将在全国范围内实行国 5 排放标准。

为了提高汽油的清洁性,改善汽车尾气排放,2006 年我国颁布实施《车用汽油》质量标准 GB17930—2006,硫含量从 800mg/kg 降低到 500mg/kg;为了进一步降低硫、芳烃、烯烃等有害物质的含量,减少尾气排放,2011 年 5 月 12 日又颁布了实施《车用汽油》质量标准 GB17930—2011,其中,车用汽油Ⅲ(国Ⅲ)的硫含量从 500mg/kg 降到 150mg/kg,烯烃从 35%降到 30%。车用汽油Ⅳ(国Ⅳ)的硫含量从 150mg/kg 降到 50mg/kg,烯烃从 30%降到 28%。

直至目前,世界各国汽车排放限制标准仍不统一,对于取样方法,测量仪器已比较趋于一致,但由于行驶工况各不相同,限值也都不同,只能按同一限制水平、各国执行年限进行比较。而各种标准中,尤以美国加州的标准最为严格。

1.3.2 重型车排放法规

欧美从 20 世纪 70 年代末开始提出了重型车的排放标准。对于重型车,主要也分为美国体系和欧洲体系,其中美国以 3 855 kg、欧洲以 3 500 kg 划定重型车界限,而其中又以重型柴油车为主。

1.3.2.1 欧洲重型车排放法规

欧洲重型柴油车的排放法规在不同阶段的限值及实施时间如表 1-9 和表 1-10

所示。欧Ⅵ法规将全面采用世界统一稳态测试循环(world harmonious steady cycle, WHSC)和世界统一瞬态测试循环(world harmonious transient cycle, WHTC)。WHSC和WHTC测试循环比欧洲稳态循环(european steady cycle, ESC)和欧洲瞬态循环(european transient cycle, ETC)测试循环中低负荷点更多,

表 1-9 欧洲重型柴油车稳态测试循环排放标准[75]

等级	实施时间	测试循环	CO	HC	NO_x	PM	PN	烟度
			g/kWh				1/kWh	1/m
欧Ⅰ	1992,≤85 kW	ECE R-49	4.5	1.1	8.0	0.612		
	1992,>85 kW		4.5	1.1	8.0	0.36		
欧Ⅱ	1996.10		4.0	1.1	7.0	0.25		
	1998.10		4.0	1.1	7.0	0.15		
欧Ⅲ	1999.10 仅 EEV	ESC 与 ELR	1.5	0.25	2.0	0.02		0.15
	2000.10		2.1	0.66	5.0	0.10[a]		0.8
欧Ⅳ	2005.10		1.5	0.46	3.5	0.02		0.5
欧Ⅴ	2008.10		1.5	0.46	2.0	0.02		0.5
欧Ⅵ	2013.01	WHSC	1.5	0.13	0.40	0.01	8.0×10^{11}	

注:ESC—European steady cycle,欧洲稳态循环;WHSC—world harmonious steady cycle,世界统一稳态测试循环;ELR—European load response test,欧洲负荷响应实验;EEV—enhanced environmentally friendly vehicles,环境友好汽车;ECE R-49—欧洲经济委员会(Economic Commission for Europe, ECE)法规 49 号,亦称"欧洲 13 工况循环"。

角标:a—对单缸排量<0.75 L 和额定功率转速>3 000 r/min 的发动机,e_3[PM] = 130 mg/kWh。

表 1-10 欧洲重型柴油车和气体燃料车瞬态测试循环排放标准[75]

等级	实施时间	测试循环	CO	NMHC	CH_4[a]	NO_x	PM[b]	PN[e]
			g/kWh					1/kWh
欧Ⅲ	1999.10,仅 EEV	ETC	3.0	0.40	0.65	2.0	0.02	
	2000.10		5.45	0.78	1.6	5.0	0.16[c]	
欧Ⅳ	2005.10		4.0	0.55	1.1	3.5	0.03	
欧Ⅴ	2008.10		4.0	0.55	1.1	2.0	0.03	
欧Ⅵ	2013.01	WHTC	4.0	0.16[d]	0.5	0.46	0.01	6.0×10^{11}

注:ETC—European transient cycle,欧洲瞬态循环;WHTC—world harmonious transient cycle,世界统一瞬态测试循环。

角标:a—仅对气体发动机(欧Ⅲ—Ⅴ:仅天然气发动机;欧Ⅵ:天然气+液化石油气发动机);

b—在阶段欧Ⅲ—Ⅳ不适用于气体燃料发动机;

c—对于每缸排量<0.75 L 并且额定功率转速>3 000 r/min 的发动机:e_3[PM] = 0.21 g/kWh;

d—对于柴油机为 THC;e—对于柴油发动机,对于点燃式发动机 PN 限值待定。

这意味着发动机排气温度会更低，对发动机缸内净化和后处理催化反应系统提出了更高的要求。2013年1月实施的欧Ⅵ法规大幅加严了对PM的限制，将WHSC和WHTC中PM限值统一为0.01g/kWh，这在欧Ⅴ的基础上降低了50%以上，此外，欧Ⅵ法规开始对颗粒物数量PN进行限制，稳态测试循环限值为8.0×10^{11}/kWh，瞬态测试循环限值为6.0×10^{11}/kWh。

欧Ⅵ法规附件条款中规定，在WHSC和WHTC中氨泄漏体积分数不超过10×10^{-6}，并在实施过程中可能会限制NO_2组分的比例。欧Ⅵ法规规定在型式认证测试中增加非循环排放(off-cycle emissions, OCE)测试，该测试参照工况区不超标(not-to-exceed, NTE)方法，先在发动机运行工况平面上划出控制区，再把控制区分成若干网格单元，随机选择3个网格单元并在每个网格单元中选5个测试工况进行测试[75]。

1.3.2.2 美国重型车排放法规

美国联邦和加州在1988年至2003年间制定了不同的重型柴油车排放法规。从2004年开始美国联邦标准与加州的排放标准实行统一，但是加州在2005年至2007年间要求进行额外的补充排放测试(13-Mode supplemental emissions test, SET)和NTE测试。US 2004法规主要是把NO_x限值降低到3.22～3.35g/kWh，并提供了两种可选的限值；US 2007法规规定PM, NO_x和NMHC的排放限值分别为0.013g/kWh, 1.49g/kWh和0.19g/kWh；从2010年开始实行的US 2010法规中在US 2007基础上进一步将NO_x的限值降低82.6%，达到0.26g/kWh，如表1-11所示。目前加州空气资源委员会(California Air Resources Board, CARB)正在开发进一步降低重型车的NO_x至0.026g/kWh的先进技术，这比当今世界上最为严格的CARB和EPA的NO_x限值还要低90%。

表1-11 美国重型柴油机排放法规[75]

等级	实施时间	测试循环	CO	NMHC	NO_x	PM
			g/kWh			
US 2004(选择一)	2004	FTP	20.7	—	3.22	0.119
US 2004(选择二)	2004	FTP	20.7	1.19	3.35	0.119
US 2007	2007	FTP	19.2	0.19	1.49	0.013
US 2010	2010	FTP	9.6	0.19	0.26	0.013

US 2010法规的排放限值基于FTP重型车瞬态测试循环，但法规要求除了FTP瞬态测试循环外，还需要SET测试和NTE测试，SET测试的限值与FTP的相同，NTE测试的限值为FTP的1.5倍或1.25倍。

1.3.2.3 中国重型车排放法规

中国的重型柴油车排放标准也基本参照欧洲标准。北京于2008年实施了国Ⅳ排放标准，中国大陆范围内已于2013年7月1日实施国Ⅳ，国Ⅳ标准中NO_x的排放限值为3.5g/kWh，ESC和ETC测试循环中PM的排放限值分别为20mg/kWh和30mg/kWh。北京于2012年10月1日执行了第五阶段排放法规，法规中增加了WHTC测试循环，WHTC测试循环中第五阶段的NO_x和PM的排放限值分别为2.5g/kWh和30mg/kWh[76]。上海于2014年4月30日已实行国Ⅴ排放标准。

此外，环境保护部发布的《车用压燃式、气体燃料点燃式发动机与汽车车载诊断(On-Board Diagnostics，OBD)系统技术要求》(HJ 437—2008)规定在ETC测试循环中氨泄漏的体积分数平均值不超过2.5×10^{-5}[77]。中国于2009年发布的《车用柴油》标准(GB19147—2009)规定自2010年1月1日起硫含量为350mg/kg。为了配合国Ⅳ和国Ⅴ排放法规的实施，环境保护部2011年2月14日又发布了《车用柴油有害物质控制标准》(GWKB1.2—2011)，该标准规定在国Ⅳ和国Ⅴ阶段柴油硫含量应分别不高于50mg/kg和10mg/kg。

参考文献

[1] 国家环境保护部.环境空气质量标准.2012,GB3095—2012.

[2] 国家环境保护部.2013中国环境状况公报.2014年6月.

[3] 北京：机动车排放在$PM_{2.5}$本地来源中占比上升，中国新闻网，http://www.chinanews.com/gn/2014/04-15/6065349.shtml

[4] 机动车尾气排放占$PM_{2.5}$来源1/4专家：燃油要提升标准，文汇报，http://sh.eastday.com/m/20120419/u1a6498313.html

[5] 广州中心城区工业排放为$PM_{2.5}$头号来源，南方都市报，http://finance.sina.com.cn/china/dfjj/20140214/033918207800.shtml

[6] 刘毅，周明煜.北京及近中国海春季沙尘气溶胶浓度变化规律的研究[J].环境科学学报，1999,19:642-647.

[7] Shendrikar A D, Steinmetz W K. Integrating nephelometer measurements for the airbome fine particulate matter ($PM_{2.5}$) mass concentrations [J]. Atmos. Environ, 2003,37:1383-1392.

[8] Chan Y C, Simpson R W, Mctainsh G H, et al. Source apportionment of visibility degradation problems in Brisbane (Australia) using the multiple linear regression techniques [J]. Atmos. Environ, 1999,33:3237-3250.

[9] Kim K W, Kim Y J, Oh S J. Visibility impairment during Yellow Sand periods in the urban atmosphere of Kwangju [J]. Korea. Atmos. Environ, 2001,35:5157-5167.

[10] 王玮,潘志,刘红杰,等.交通来源颗粒物粒径谱分布及其与能见度关系[J].环境科学研究,2001,14:17-22.

[11] Pope C A, Thun M J, Namboodriri M M, et al. Particulate air pollution as a predictor of mortality in a prospective study of US adults [J]. American Journal of Respiratory and Critical Care, 1995,151:669-674.

[12] Joellen L, Toxico L. Effects of Emissions from Diesel Engines [M]. New York: Elsevier Science Publishing Co, Inc, 1982.

[13] Spix H R, Anderson J, Schwartz M A. Short term effects of air pollution on hospital admissions of respiratory diseases in Europe A quantitative summary of APHEA project results [J]. Arch. Environ. Health, 1998,53:54-64.

[14] Hinds W C. Respiratory deposition. In: Hinds, W. C. (Ed.), Aerosol Technology: Properties, Behavior, and Measurement of Airborne Particles. , 2nd ed [M]. New York: Wiley, 1999.

[15] Pope Ⅲ C A, Dockery D W, Spengler J D. Respiratory health and PM10 pollution: a daily time series analysis [J]. Am. Rev. Respir. Disease, 1991,144:668-674.

[16] 魏复盛,胡伟,腾恩江,等.空气污染与儿童呼吸系统患病率的相关分析中国[J].环境科学,2000,20:220-224.

[17] 胡伟,魏复盛,Zhang J.室内燃煤与大气污染对儿童肺功能的交互影响[J].环境与健康杂志,2004,21:275-278.

[18] WHO. Diesel fuel and exhaust emissions. International Program on Chemical Safety. Geneva, Switzerland,1996.

[19] 钱孝琳,阚海东,宋伟民.大气细颗粒物污染与居民每日死亡关系的 Meta 分析[J].环境与健康杂志,2005,22:246-248.

[20] 戴海夏.上海市大气细颗粒物污染特征及人群健康效应研究[D].复旦大学,2003.

[21] Oberdörster G, Ferin J, Lehnert B E. Correlation between particle size and in vivo particle persistence and lung injury [J]. Environmental Health Perspectives, 1994,102(5):173-179.

[22] Oberdörster G, Gelein R M, Ferin J, et al. Association of particulate air pollution and acute mortality Involvement of ultrafine particles [J]. Inhalation Toxicology, 1994,7:111-124.

[23] Oberdörster G, Utell M J. Ultrafine particles in the urban air to the respiratory track and beyond [J]. Environmental Health Perspectives. 2002,110:A440-A441.

[24] Pekkanen J, Timonen K L, Ruuskanen J, et al. Effects of ultra-fine and fine particlesin urban air on peak flow expiratory flow among children with asthmatic symptoms [J]. Environmental Research, 1997,74(1):24-33.

[25] Peters A, Wichmann H E, Tuch T, et al. Respiratory effects are associated with the number of uhrafine particles [J]. American Journal of Respiratory and Critical Care

Medicine, 1997,155(4):1376－1383.

[26] Serlta F, Kyono H. Pulmonary clearance and lesions in rats after a single inhalation of uhrafine metallic nickel at dose levels comparable to the threshold limit value [J]. Industrial Health,1999,37(4):353－363.

[27] Nygaard U C, Samuelsen U, Aase A, et al. The capacity of particles to increase allergic sensitization is predicted by particle number and surface area, not by particle mass [J]. Toxicol Science, 2004,82:515－524.

[28] Harder V, Gilmour P, Lentner B, et al. Cardiovascular responses inunrestrainsd WKY rats to inhaled ultrafine carbon particles [J]. Toxicol, 2005,17(1):29－42.

[29] 赵金镯,宋伟民.大气超细颗粒物的分布特性及其对健康的影响[J].环境与职业医学, 2007,24(1):76－79.

[30] Kagawa J. Health effects of diesel exhaust emissions—a mixture of air pollutants of worldwide concern [J]. Toxicology, 2002, 181:349－353.

[31] Riedl M, Diaz-Sanchez D. Biology of diesel exhaust effects on respiratory function [J]. Journal of Allergy and Clinical Immunology, 2005, 115(2):221－228.

[32] Fadeel B, Orrenius S. Apoptosis: a basic biological phenomenon with wide-ranging implications in human disease [J]. Journal of internal medicine, 2005,258(6):479－517.

[33] Fullmer J J, Khan A M, Elidemir O, et al. Role of cysteinyl leukotrienes in airway inflammation and responsiveness following RSV infection in BALB/c mice [J]. Pediatric allergy and immunology, 2005,16(7):593－601.

[34] Holgate S, Davies D, Puddicombe S, et al. Mechanisms of airway epithelial damage: epithelial-mesenchymal interactions in the pathogenesis of asthma [J]. European Respiratory Journal, 2003,22(44):24－29.

[35] Proskuryakov S Y, Gabai V, Konoplyannikov A. Necrosis is an active and controlled form of programmed cell death [J]. Biochemistry, 2002,67(4):387－408.

[36] 吕元明,叶舜华.柴油机排放颗粒物有机组分的致突变试验[J].上海实验动物科学, 1997,4:210－212.

[37] Heywood J B. Internal combustion engine fundamentals [M]. New York: McGraw-Hill Publishing Co. , 1988.

[38] Luo L, Pipho M J, Ambs J L, et al. Particle growth and oxidation in a Direct-Injection diesel engine [J]. Society of Automotive Engineers (SAE) Technical Paper, 890580.

[39] Kittelson D B, Pipho M J, Ambs J L. Particle concentrations in a diesel cylinder: comparison of theory and experiment [J]. Society of Automotive Engineers (SAE) Technical Paper, 861569.

[40] Kittelson D B, Johnson J H. Variability in particle emission measurements in the

heavy duty transient test [J]. Society of Automotive Engineers (SAE) Technical Paper, 910738.

[41] Dec J E. A conceptual model of DI diesel combustion based on laser-sheet imaging. SAE 970873.

[42] Tree D R, Svensson K I. Soot processes in compression ignition engines [J]. Progress in Energy and Combustion Science, 2007, 33(3): 272 - 309.

[43] Wei Q, Kittelson D B, Watts W F. Single Stage Dilution Tunnel Performance[C]. SAE 2001 - 01 - 0201.

[44] Haye B E 著,徐新阳,康雁,陈旭等译. A Random Walk Through Fractal Dimensions [M]. 沈阳:东北大学出版社,1994.

[45] 董素荣,宋崇林,崔兰,等. 柴油机燃烧形成微粒的形态特性及微量元素分析[J]. 内燃机学报,2008,26:499 - 505.

[46] Lee K O, Zhu J Y. Sizes, graphitic structures and fractal geometry of Light-duty diesel engine particulates [C]. SAE 2003 - 01 - 3169.

[47] Lapuerta M, Martos F J, Herreros J M. Effect of engine operating conditions on the size of primary particles composing diesel soot agglomerates [J]. J. Aerosol Sci., 2007, 38: 455 - 466.

[48] Ishiguro T, Takatori Y, Akihama K. Microstructure of diesel soot particles probed by electron microscopy: First observation of inner core and outer shell [J]. Combust. Flame, 1997, 108: 231 - 234.

[49] Kittelson D B. Engines and nanoparticles: a review [J]. Journal of Aerosol Science, 1998, 29(5 - 6): 575 - 588.

[50] Schneider J, Hockn N, Weimer S. Nucleation particles in diesel exhaust: composition inferred from in situ mass spectrometric analysis [J]. Environmental Science & Technology, 2005, 39: 6153 - 6161.

[51] Hussein T. Indoor and outdoor aerosol particle size characterization in Helsinki [J]. Report Series in Aerosol Science, 2005, 74: 1 - 35.

[52] Pirjola L. Effects of the increased uvradiation and biogenic voc emissions on ultrafine sulphate aerosol formation [J]. Journal of Aerosol Science, 1999, 30: 355 - 367.

[53] Jakobson M Z, Lu R, Turco R P, et al. Development and application of a new air pollution modelling system—Part I: Gas-phase simulations [J]. Atmospheric Environment, 1996, 30: 1939 - 1963.

[54] Johnson W B, Ludwig F L, Dabberdt WF, et al. An urban diffusion simulation model for carbon monoxide [J]. Journal of the Air Pollution Control Association, 1973, 23: 490 - 498.

[55] Yamartino R J, Wiegand G. Development and evaluation of simple models for the turbulence and pollutant concentration fields within an urban street canyon [J].

Atmospheric Environment, 1986,20:2137 - 2156.

[56] Micallef A, Colls J J. Measuring and modelling the airborne particulate matter mass concentration field in the street environment: model overview and evaluation [J]. Science of the Total Environment, 1999,235:199 - 210.

[57] 谢拯,黄震. 城市街道峡谷机动车排气污染扩散的研究现状[J]. 吉林工业大学自然科学学报,2001,31(4):91 - 95.

[58] 谢晓敏. 街道峡谷内气流运动与污染物扩散研究[D]. 上海交通大学,2005.

[59] Sini J F, Anquetin S, Mestayer P G. Pollutant dispersion and thermal effects in urban street canyons [J]. Atmospheric Environment, 1996,30(15):2659 - 2677.

[60] Hong huang. A two dimensional air quality model in urban street canyon: evaluation and sentivity analysis [J]. Atmospheric environment, 2000,34:689 - 698.

[61] Baker J, Walker H L, Cai X M. A study of the dispersion and transport of reactive pollutants in and above street canyons—A large eddy simulation [J]. Atmospheric Environment,2004,38(39):6883 - 6992.

[62] Xia J Y. Leung DYC. Pollutant dispersion in urban street canopies [J]. Atemopheric Environment. 2001,35:2033 - 2043.

[63] 叶春,王嘉松,李新令,等. 街道峡谷内汽车排放污染物浓度分布的观测与数值模拟[J]. 环境化学,2006,25(3),363 - 366.

[64] Xie X M, Huang Z, Wang J S. Impact of building configuration on Air Quality in street canyon [J]. Atmospheric Environment, 2005,39:4519 - 4530.

[65] Xie X M, Huang Z. Impact of Aspect Ratio and Surface Heating on Pollutant Transport in Street Canyons [J]. Journal of Mechanical Science and Technology, 2007,21:1338 - 1343.

[66] Chan T L, Dong G. Validation of a two-dimensional pollutant dispersion model in an isolated street canyon [J]. Atmospheric Environment, 2002,36:861 - 872.

[67] 顾泽平. 大气细颗粒物有机质组分的变化规律及其在源解析中的应用[D]. 上海大学,2009.

[68] Miller M S, Friedlander S K, Hidy G M. A chemical element balance for the Pasadena aerosol [J]. Colloid Inter face Science, 1972,39:652 - 176.

[69] Paatero P, Tapper U. Positive matrix factorization: A non-negative factor model with optimal utilization of error estimates of data values [J]. Environmetrics, 1994,5:111 - 126.

[70] 戴树桂,朱坦,白志鹏. 受体模型在大气颗粒物源解析中的应用和进展[J]. 中国环境科学,1995,15:252 - 257.

[71] Lee E, Chan C K, Paatero P. Application of positive matrix factorization in source apportionment of particle pollutants in Hong Kong [J]. Atmos. Environ, 1999,33: 3201 - 3212.

[72] Prendes P, Andrade J M, Lopez-Mahia P, et al. Source apportionment of inorganic ions in airborne urban particles from Coruna city(N. W. of Spain)using positive matrix factorization [J]. Talanta, 1999,49:165 - 178.

[73] Chueinta W, Hopke P K, Paatero P. Investigation of source of atmospheric aerosol at urban and suburban residential areas in Thailand by positive matrix factorization [J]. Atmos. Environ, 2000,34:3319 - 3329.

[74] Yu S, Zhang Y H, Xie S D, et al. Source apportionment of $PM_{2.5}$ in Beijing by positive matrix factorization [J]. Atmos. Environ, 2006,40:1526 - 1537.

[75] DieselNet Website: http://www.dieselnet.com/.

[76] 国家环境保护总局,国家质量监督检验检疫总局. 点燃式发动机汽车排气污染物排放限值及测量方法(双怠速法及简易工况法)[M]. 北京:中国环境科学出版社,2005.

[77] 国家环境保护总局,国家质量监督检验检疫总局. 车用压燃式、气体燃料点燃式发动机与汽车排气污染物排放限值及测量方法(中国Ⅲ、Ⅳ、Ⅴ阶段)[M]. 北京:中国环境科学出版社,2007.

[illegible] Andrade J M, Lopez-Mahia P, et al. Source apportionment [illegible] in airborne urban particulate [illegible] Coruna city (N. W. [illegible]) [illegible] 1998 [illegible]
[illegible]

第2章　机动车颗粒物排放的测试与分析方法

机动车颗粒物理化特性的分析主要包括颗粒物的数量、质量浓度、主要成分、形貌、微观结构、氧化活性、挥发性特征等。由于其复杂的理化特性，机动车排气颗粒的测量极易受到采样及分析方法的影响，因此，建立正确的采样及分析方法是获得机动车颗粒物排放有效信息的必要前提。

2.1　机动车颗粒物排放的采样方法及系统

美国环境保护局(EPA)提出并被各国公认的机动车排气颗粒的定义为：稀释冷却至51.7℃以下的机动车排气流过带有碳氟化合物涂层的玻璃纤维滤纸或以碳氟化合物为基的薄膜滤纸时，被滤纸过滤下来的所有物质。因此，测量机动车排气颗粒需要对排气进行稀释，然后再用滤纸取样。排气稀释过程是对发动机排气排出后被大气稀释的一种模拟，低温的稀释空气将排气中可能进行的化学反应终止，并将高温排气冷却至大气环境温度，使得通常采用的大气颗粒物采样方法及在线颗粒物测量仪器也可用于对发动机排气颗粒的检测。在排气稀释过程中，部分气态未燃烃会凝结，成为排气颗粒的一部分，直接影响到测量结果的准确性、重复性以及所测的颗粒物排放评价指标的可比性，设计合理的排气稀释系统是机动车排气颗粒物测量关键步骤之一[1]。

机动车排气颗粒的测试方法主要有全流定容稀释采样系统(constant volume sampling, CVS)和部分流稀释采样系统(partial flow sampling system, PFSS)。目前人们普遍接受PFSS可以代替CVS测试稳态下的颗粒，但是CVS是评价瞬态循环下颗粒测试的基准方法。对于PFSS测试瞬态循环，国家环保部于2008年6月24日发布第24号公告，对GB 17691—2005的方案进行了修改。其中增加了ISO16183—2002作为GB 17691—2005的补充。只要满足ISO16183—2002的要求，也可以使用部分流进行瞬态颗粒物的排放测试[2]。由于部分流稀释取样系统具有制造成本低、体积小、使用成本低等优点，因此得到广泛的应用。根据不同的稀释方法，部分流稀释系统又可分为稀释通道型和喷射型两类，下面对这两种稀释系统的工作原理与搭建方法作详细介绍。

2.1.1 通道型稀释取样系统设计

按照车用压燃式发动机排气污染物排放限值及测量方法 GB17691—2001 对分析和取样系统的要求[3]，并参考文献[4-8]的设计思想，设计了两级部分流颗粒稀释取样系统。图 2-1 为颗粒测试系统总体结构示意图。测试系统由颗粒稀释取样系统和颗粒分析测试仪构成。

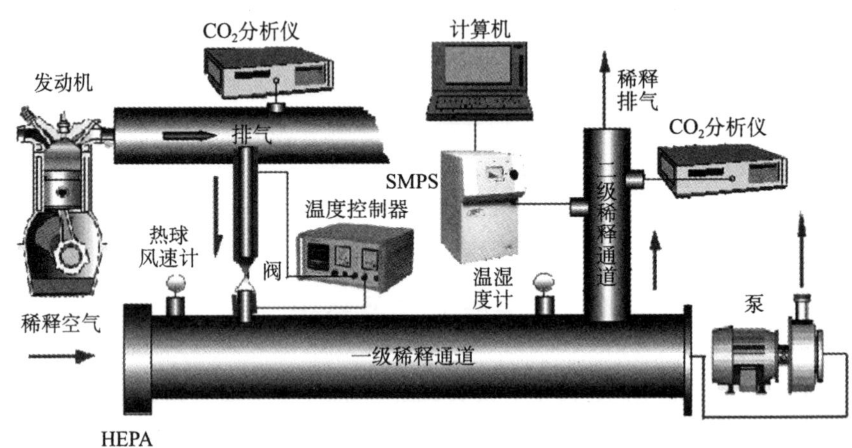

图 2-1 颗粒测试系统

2.1.1.1 两级稀释通道工作原理

利用离心风机作为抽气的动力，将柴油机的部分排气以及经过高效空气过滤器(HEPA)过滤的空气吸入初级稀释通道内，在混合孔处相互混合。从混合孔到稀释排气取样管入口处的距离为 10 倍管径，保证取样探头的混合气混合均匀。将稀释排气取样管内的稀释混合气引入二级稀释通道内进一步进行稀释，将经过二级通道稀释后的混合气引入颗粒测试装置进行测试。在排气取样管和初级与二级稀释排气取样管下游装有取样探头，经管路与四通阀连接。这样通过四通阀就可以分别测出排气和初级与二级稀释混合气中 CO_2 的浓度，分别计算出初级和二级通道的稀释比；稀释比的计算方法如下：

$$DR = \frac{[CO_2]_{exhaust} - [CO_2]_{background}}{[CO_2]_{diluted} - [CO_2]_{background}} \tag{2-1}$$

排气取样管采用热球风速仪测量通道内的流速，采用温湿度计测量通道内的温度和湿度，采用 U 形管测量通道内的真空度。

2.1.1.2 颗粒稀释取样系统设计要求

根据法规要求、测试设备的测试条件以及实验要求，稀释通道需要满足以下要求：

(1) 有必要的引气装置，保证足够的废气引入初级稀释通道内；

(2) 引入的稀释空气需要进行过滤,保证稀释气中的颗粒不影响测试结果;

(3) 初级和二级通道内气流有较高的湍流度,保证排气在通道内充分混合;

(4) 初级要有足够的长度,保证采样气体可代表通道内充分混合后的气体;

(5) 初级通道的稀释比例、稀释空气湿度、气体在通道内的停留时间均可在较大的范围内调节;

(6) 防止颗粒和气体在排气引入管壁面发生热沉积,排气引入管温度保持在150℃以上;

(7) 保证经二级稀释后的颗粒浓度既满足颗粒测试设备的要求,又要高于通道内背景颗粒的浓度。

2.1.1.3　颗粒稀释取样系统的构成

颗粒稀释取样系统由通道主体构件、控制构件和测试构件三部分构成(表 2-1,表 2-2),通道主体构件由以下部分构成。

1) 取样探头

法规要求:取样探头应逆气流安装在排气管中心线上,安装点应满足上面的流动条件。其最小内径应为 4 mm。这里取样探头内径为 16 mm。

2) 排气引入管

法规要求,颗粒物取样传输应加热或隔热,以便使传输管内的气体温度不低于150℃,若排温低于 150℃,则不得低于排气温度。直径应大于或等于探头直径,但不得超过 25 mm。进口平面的长度不得超过 1000 mm。颗粒物样气的出口应位于稀释通道的中心线上,并朝向下游。排气引入管直径太小,其表面积大,容易导致壁面沉积,直径过大,排气引入量大,需要大量空气进行稀释,这里确定排气引入管内径为 16 mm,长 2.5 m。

3) 高效空气过滤器

稀释空气进入通道前,首先需要过滤,对于超细颗粒,需要采用高效空气过滤器(HEPA)进行过滤去除,实验采用的空气过滤器可以 99.99%地去除 0.3 μm 以下的颗粒,最大风量为 1000 m^3/h。

4) 初级稀释通道

测试法规要求,稀释通道内气体流动状态为湍流(雷诺数 $Re > 4000$),稀释通道要有足够的长度以便排气与稀释空气充分混合。对部分流取样形式,管径最小为 75 mm。发动机排气顺气流引入稀释通道,通过一个混合孔板与稀释空气完全混合,为保证排气有充足的时间在稀释通道内与空气混合均匀,而且能够使稀释通道内发生成核、凝并和凝结等反应达到相对平衡,使稀释排气性能趋于稳定,要求排气引入稀释通道的入口处和颗粒取样处之间为 10 倍管径。稀释通道直径越小,系统越小,但是系统比表面积增大,容易导致颗粒沉积,因此对于部分取样型,法规要求管径最小为 75 mm;稀释通道直径越大,为达到规定的湍流状态,就需要大流量的空气进行稀释。根据发动机的排量、通道的排气引入量和合适的稀释比(10～20),可计算稀释通道内径为 150 mm,全长为 2.3 m,从排气引入管混合口处到颗粒取样探头间距离为 1.5 m。

5) 初级稀释通道用离心风机和节流孔板

要达到法规要求的湍流状态(法规要求雷诺数 $Re > 4000$),通道内的设计风量必须满足一定条件,可由下式计算:

$$Re = \frac{ud}{v} \tag{2-2}$$

当 $Re > 4000$, $v = 17.85 \times 10^{-6}\ \mathrm{m^2/s}$, 风量 $Q > 30.26\ \mathrm{m^3/h}$, 要得到充分的湍流,使排气混合均匀,就必须增大稀释通道的雷诺数,提高稀释通道内气体流速,文献中的稀释取样系统[6-10]的雷诺数通常为 $10^4 \sim 10^5$,本系统主要满足六缸机排量的测试,综合各种因素,大致确定通道内流量为 300～400 $\mathrm{m^3/h}$,雷诺数为 $1.5 \times 10^4 \sim 2.0 \times 10^4$。在此系统中,为了满足足够排气引入稀释通道,利用节流孔板的节流增速降压的原理提高混合孔口处的真空度,节流孔板的使用会改变稀释通道的流动阻力性能,引起风机风量改变,又会导致流速改变,从而改变了节流真空度,因此孔板和风机的选型需要综合考虑,经过选取不同风机和孔板,进行对比选择,最后选用 9-19-3.15A 型高压离心风机,风机额定流量为 810 $\mathrm{m^3/h}$,风机风压为 1953 Pa,节流孔板内径为 40 mm。

6) 稀释排气取样探头和稀释排气取样管

法规要求,稀释排气取样探头逆气流安装于稀释空气和排气混合均匀的地方,即在距离排气进入稀释通道 10 倍管径的地方,其内径最小为 12 mm,排气取样管不需要加热,其长度不超过 1020 mm。取样探头内径为 16 mm。

7) 二级稀释通道

由于经初级通道稀释后的混合气的温度和浓度仍较高,不能满足颗粒测试设备的浓度和温度量程,因此需要将初级通道中的部分混合气引入二级通道内进一步进行稀释。将部分一级通道内的混合气和经过高效空气过滤器过滤后的空气同时引入二级通道内。二级通道内径为 72 mm,全长为 1.6 m,从排气引入管混合口处到颗粒取样探头间距离为 1 m,二级通道同样采用 40 mm 内径的节流孔板引气。为保证气体在通道内快速均匀混合,需要增大通道内的湍流度,因此在距离排气引入管混合口平面上游 400 mm 处安装一均匀分布 4 mm 小孔的不锈钢板来增大管内的湍流度。

控制构件有如下 6 种。

1) 废气引入量控制

在排气引入管上安装耐高温蝶阀,通过调节阀门的开度,控制进入通道内的废气量。

2）排气引入管壁面温度控制

排气引入管是颗粒测试系统中比较重要的一部分，排气引入管的设计原则是应该采用较短的不锈钢管，同时还应该采用保温绝热的原则以减少温度梯度，减少热泳沉积和惯性力沉降，同时减少随后可能发生粒子再入的可能性。实验中排气引入管的长度大于法规要求的长度（1 m），因此必须加热，采用由电加热带、继电器、热电偶和温控仪构成的温度控制装置使排气管壁面温度保持在 300℃以上。

3）混合气湿度和温度控制

采用硅胶去除稀释空气中的水气，使空气湿度低于 10%，通过向通道内加入水蒸气调节通道内的湿度；通过向通道内引入热空气调节通道内的温度。

4）初级通道流量和背压控制

通过调节与风机相接的变频器的工频，调节风机转速从而调节进入通道内稀释空气量和通道背压，或通过调节通道末端靠近风机处蝶阀的开度，调节通道内稀释空气量和通道背压。

5）二级通道废气引入量控制

在二级通道废气引入管上安装蝶阀，通过调节阀门的开度，控制进入通道内的废气量。

6）二级通道流量和背压控制

通过调节通道末端靠近风机处蝶阀的开度，调节通道内稀释空气量和通道背压。

表 2-1　稀释取样系统主要构件参数

构件	参　数
初级通道管道	卫生级不锈钢管，通径 154 mm，壁厚 2 mm，总长 2.3 m
二级通道管道	卫生级不锈钢管，通径 76 mm，壁厚 2 mm，总长 1.6 m
排气引入管	卫生级不锈钢管，通径 19 mm，壁厚 1.5 mm，总长 2.5 m
二级通道废气引入管	卫生级不锈钢管，通径 19 mm，壁厚 1.5 mm，总长 0.6 m
采样气体引入管	聚四氟乙烯，通径 6 mm，壁厚 1 mm，总长 1 m
风机	型号：9-19-3.15A 离心风机；功率：0.75 kW；全压：1918～1953 Pa 额定风量：810 m^3/h
节流孔板	不锈钢，内径 40 mm
高效空气过滤器 HEPA	最大风量：1000 m^3/h；净化效率：99.99%去除 0.3 μm 颗粒 长×宽×高：320 mm×320 mm×220 mm
变频调速器	型号：VLT 6000 HVAC；频率范围：0～50 Hz
电加热带	RDC 型，最高耐热温度 450℃

测试构件中，采用热球风速仪测试通道内的流速，采用U形管压差计测试通道内的真空度，采用温湿度测试仪测试通道内的温湿度，所用测试仪器参数如表2-2所示。

表2-2 所用测试仪器参数

仪器	参数
热球风速仪	型号：QDF-3热球式风速仪，风速范围：0～30 m/s
温湿度测试仪	型号：AZ-8701；温度测量范围：-20～50℃；湿度测量范围：0～100%，响应时间：5 s
气体排放仪	型号：PROVIT5600；CO_2浓度范围：0.01%～100%
温控仪	型号：XMT8018；温度范围：0～800℃，响应时间：≤0.5 s
铠装热电偶	温度范围：0～800℃
U形管压差计	压力范围：0～500 mm水柱

2.1.2 喷射型稀释系统

喷射型稀释系统与通道型稀释系统的区别主要在于稀释气体的使用，通道型稀释系统使用常压的清洁空气作为稀释气体，而喷射型稀释系统使用压缩空气作为稀释气体。喷射型稀释器结构如图2-2所示，其工作原理如下：压缩空气通过环形喷射孔进入稀释器内腔，环形喷射孔与烟气进口的喷嘴相连接，压缩空气高速通过环形喷射孔时在喷嘴处产生负压，诱导烟道内烟气从进气部分通过喷嘴进入稀释器内腔，烟气和稀释气体在环形喷射孔处混合，进一步在稀释器内腔充分混合。在压缩空气压力为0.2 MPa时，第一级稀释器能提供的稀释比约为10，在整个采样过程中，稀释比稳定。喷射型稀释器出口有两个，分别为采样和多余气体出口。

图2-2 喷射型稀释通道结构示意图[9]

图2-3为采用喷射型稀释器的颗粒物采样系统示意图。为达到合适的稀释比，可采用多级串联的方式，总稀释比为各级稀释比的乘积。稀释通道与排气管的

连接管道通过电加热控制在 190℃，以避免挥发性碳氢成分在连接管壁面上凝结，出于同样考虑，初级稀释通道外壁及初级稀释所用的压缩空气亦加热保温在 190℃。如图 2－3 所示，可根据不同稀释比的需要，将颗粒物测试仪器放接在稀释通道不同的位置。

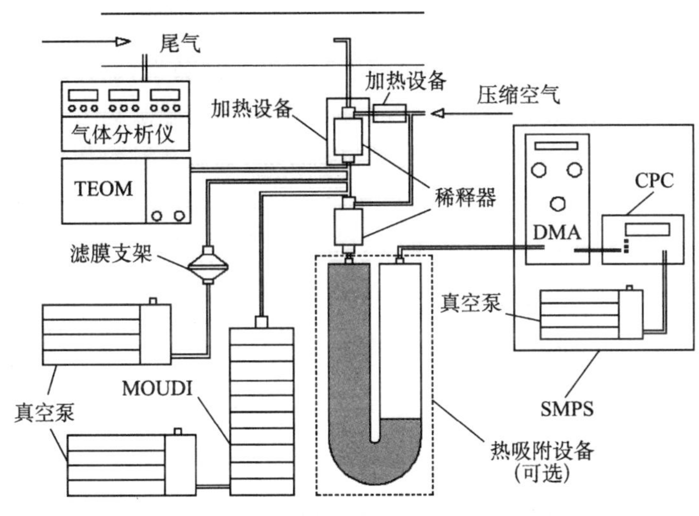

图 2－3　采用喷射型稀释器的采样系统图

对比两种不同稀释方法下柴油机排气颗粒的粒径分布特征发现[10]，喷射型稀释系统对核模态的超细颗粒有着较强的抑制作用(见图 2－4)，这主要是发动机排气在喷射型稀释器内相对较短的滞留时间所致，排气中未燃碳氢成分是核模态超细颗粒物的主要组成部分，较短的滞留时间使得排气中未燃碳氢成分无足够时间形成核模态超细颗粒物。

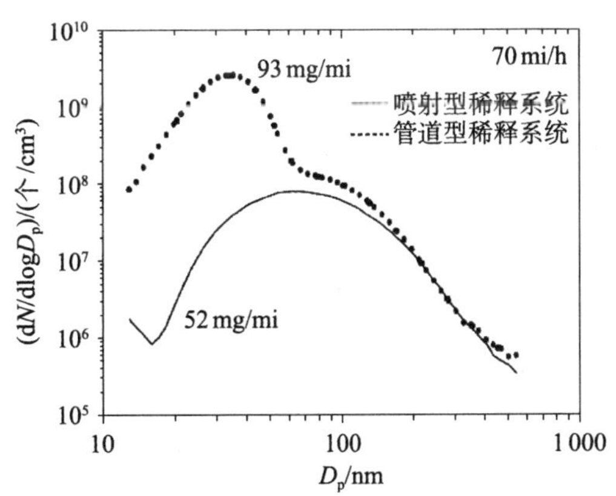

图 2－4　使用喷射型稀释系统与管道型稀释系统时柴油机排气颗粒物粒径分布比较[10]

2.2 机动车排气颗粒物的分析原理与方法

2.2.1 排气颗粒物的质量浓度及其粒径分布分析

颗粒物质量浓度的测量可采用离线与在线两种方法进行，离线测量方法是通过滤膜采集排气颗粒之后对滤膜称重获得颗粒物排放数据，而在线测量则可即时读出机动车排气颗粒的浓度特征。当前，排气颗粒的滤膜采集可通过区分粒径的颗粒物采样器获得不同粒径范围内的颗粒物样品，如微孔颗粒物分级撞击采样器(micro orifice uniform deposition impactors, MOUDI)和电称低压冲击器(electrical low pressure impactor, ELPI)等，其原理均是惯性碰撞式采样器，下面以MOUDI为例说明其区分颗粒物粒径的工作原理。

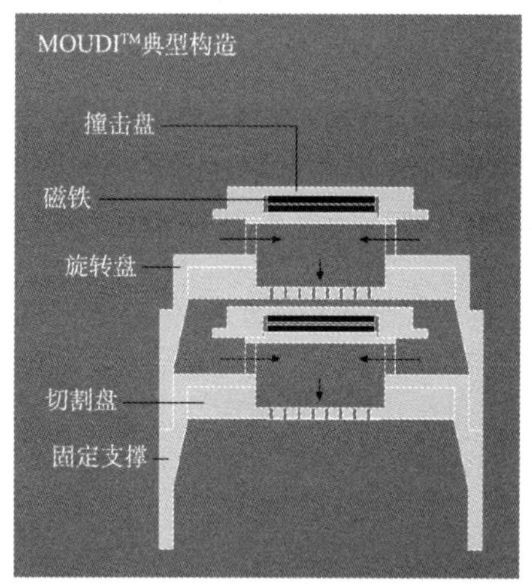

图 2-5 MOUDI 采样器结构示意图[11]

MOUDI采样器内部有串通相连的多级，构造如图2-5所示。每级内部都放置一张采样膜，从上至下每级入口的孔径按空气动力学计算的结果逐渐减小。导游颗粒物的气流从采样器入口以恒定流速被吸入后，依次通过不同孔径的小孔后被加速，撞击到每级的采样膜上，大于此级切割粒径的颗粒物由于惯性较大而被吸附保留在膜上，而小于此切割粒径的颗粒物由于惯性较小而随气流绕过采样膜后进入入口口径更小的下一级，如此流程直至最小的粒子被收集到最后的滤膜上。

110R型MOUDI采样器共有10个切割粒径，可采集>10 000 nm, 10 000~5 600 nm, 5 600~3 200 nm, 3 200~1 800 nm, 1 800~1 000 nm, 1 000~560 nm, 560~320 nm, 320~180 nm, 180~100 nm, 100~56 nm和<56 nm 11种粒径的颗粒物样品。当使用铝箔滤膜采集颗粒物样品时，滤膜上须均匀喷洒凝胶，以防止颗粒物在采样盘上弹起。然而由于凝胶会影响样品碳成分分析的结果，当滤膜样品用于碳分析时，多使用不易造成颗粒弹起的石英或玻璃纤维滤膜，不喷洒凝胶。同时，所用的石英或玻璃纤维滤膜采样前须在马福炉中500℃烘烤4 h以去除滤膜中所包含的含碳杂质。为获得可靠样品重量，采样前后，滤膜须在温度及干湿度可控的环境下平衡24 h再用天平多次测量，以获得可靠的称重数据。本实验样品在温度21~22℃、湿度40%~45%的可控环境下放置后使用微量电子天平(型号

XS105)称重。

机动车排气颗粒物的质量浓度也可使用微量振荡天平(tapered element oscillating microbalance，TEOM)在线测得。本实验所用的TEOM型号为R&P公司的1105型,其结构如图2-6所示。TEOM的核心部件为一上小下大的硬质玻璃空心锥管,下端固定,上端可以自由摆动,TEOM专用可换式滤膜放置于按一定频率振荡的锥形管顶端,当空气样品流经滤膜时,颗粒物积累在该滤膜上。由空心锥管和采样滤膜所构成的弹性振荡体系当微粒聚集于滤膜上时,锥形管的自然振荡频率相应减少。根据质量和频率间的相关变化,电子系统能连续监测频率的变化,并经微处理器计算出滤膜上所积累的颗粒物总质量和质量浓度。

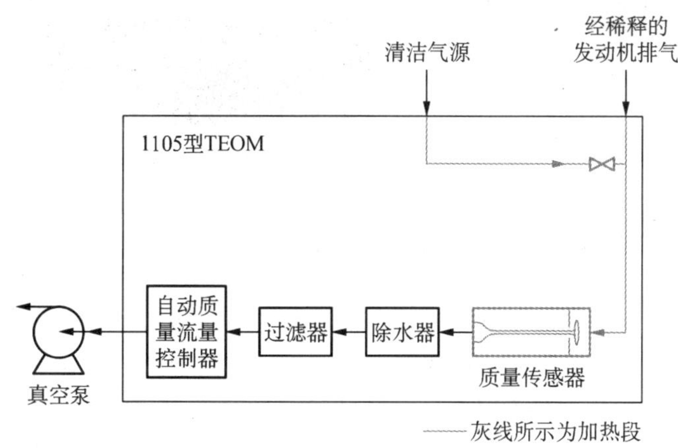

图 2-6　TEOM 结构示意图[12]

2.2.2　排气颗粒物的数量浓度及其粒径分布分析

颗粒物数量浓度的测量通常使用扫描迁移率粒度分析仪(scanning mobility particle sizer，SMPS),该系列设备能够比较准确地测量直径最低只有几个纳米、最高浓度到10^8个/cm^3的超细微粒的粒径分布和数量浓度。SMPS由微分迁移率分析仪(differential mobility analyzer，DMA)和凝结粒子计数器(condensation particle counter，CPC)组成。DMA是一种基于静电分级的设备(见图2-7,彩图见附录),其原理就是不同粒径的颗粒物在电场作用下具有不同的迁移率。如图2-7(a)所示,经过中性器荷电后的气溶胶从上向下流动,靠近中心高压电棒的是鞘流层,两种空气以层流状态流动,互不掺混。中心电极棒带高压负电,在圆筒内产生一个静电场。在电场力驱动下,带正电荷的粒子开始穿过鞘流层向中心运动。粒子就沿整个电极棒沉淀,沉淀的具体位置就由电迁移率、气流流速和DMA的几何形状决定。电迁移率高的粒子沉淀到棒的上面部分,电迁移率低的粒子被收集

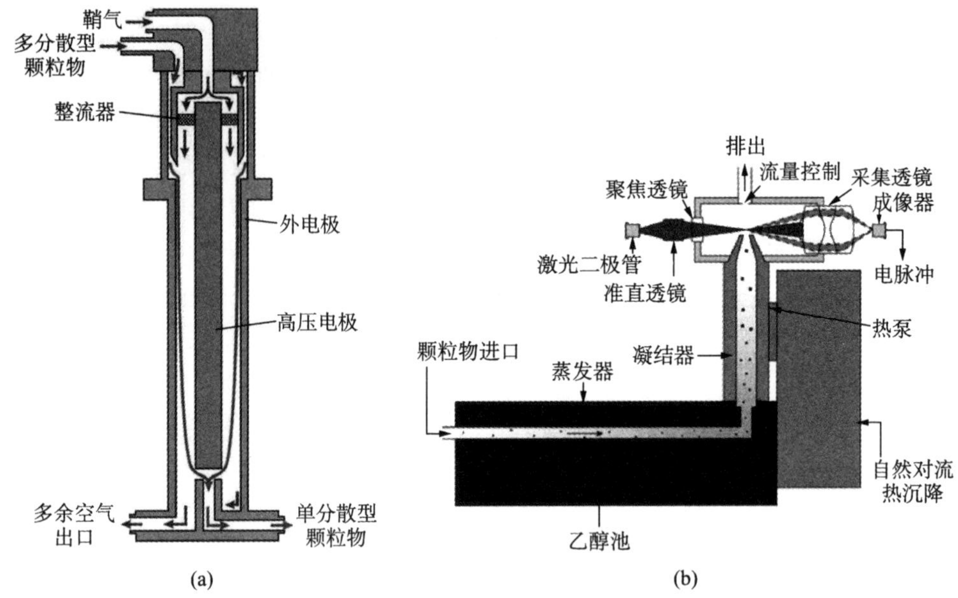

(a) (b)

图 2-7 DMA(a)及 CPC(b)工作原理示意图[13]

到棒的下面部分。只有很小范围的一部分单谱粒子不被沉淀,它们穿过一个狭缝被收集到底部一个收集棒上。这些粒子再被传输到其他感应器确定其浓度。

CPC 主要功能是测量 DMA 分级后的粒子数量浓度,图 2-7(b)显示了 CPC 的主要原理和结构。计数器的主要机理在于将乙醇或丁醇等饱和蒸汽冷凝在粒子上形成大得多的液滴,通过凝聚作用,粒子的直径将长大 100～1 000 倍,纳米级的微粒就能成长到微米级,再通过光学检测器就能测出微粒数量。

除此之外,ELPI 也是测量颗粒物数量浓度粒径分布的常用仪器。与 SMPS 系列仪器不同,ELPI 根据动力学粒径将颗粒物从 0.003～10 μm 分成 13 级,其粒径区分原理与 MOUDI 相同。图 2-8 为 ELPI 的结构示意图,样气在区分粒径之前,先经过单正极性荷电器,电晕放电产生的离子使样气中的颗粒带电,之后带电颗粒根据其空气动力学直径进行分级。撞击器各级之间绝缘,每一级单独连接一个静电电流放大器。收集在各撞击器级中的带电颗粒会产生一个电流,电流值可由相应通道的静电计测量并记录,同时根据公式算得一定粒径范围内颗粒物的实时数目浓度[14]。相比 SMPS, ELPI 的一大优势是可将样品颗粒物进行收集用于其他分析,但其粒径区分精度有所不及。

2.2.3 排气颗粒物的热重分析

颗粒物样品的热物性特征通常由热重分析仪(thermogravimetric analysis, TGA)获得,其主要工作过程是在程序控制温度下,测量物质的质量与温度的关

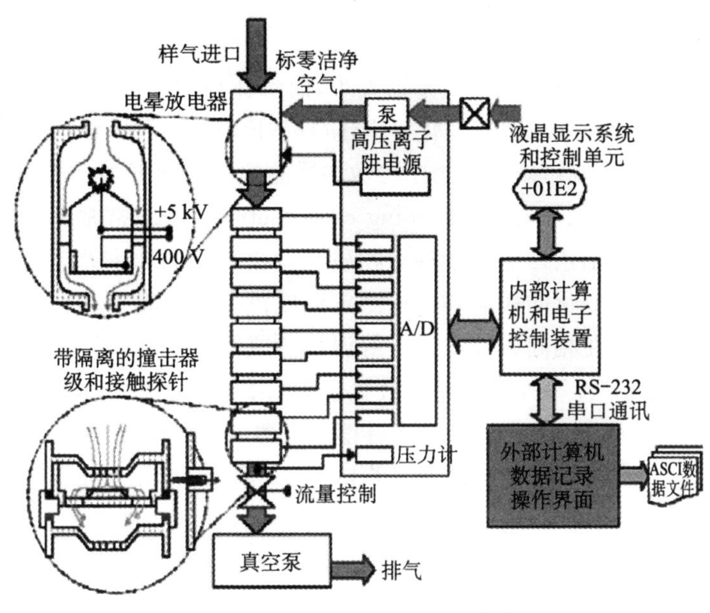

图 2-8　ELPI 工作原理图[14]

系。热重分析装置基本构成如图 2-9 所示。加热炉中的样品在升温程序的作用下重量发生变化，所引起的天平位移量转化成电磁量，微小的电量经过放大器放大后，送入记录仪记录，电量的大小正比于样品的重量变化量。当被测物质在加热过程中有升华、汽化、分解出气体或失去结晶水时，热重曲线发生变化。通过分析热重曲线，即可得出被测物质在多少度时失去了多少物质。热重分析在程序控制升温下得到一条光滑连续的热重曲线后，即可很直观地判定出转化反应所对应的初始着火温度（T_i）、反应终了温度（T_h）、最大失重量 ΔMmax 和各温度点所对应的相

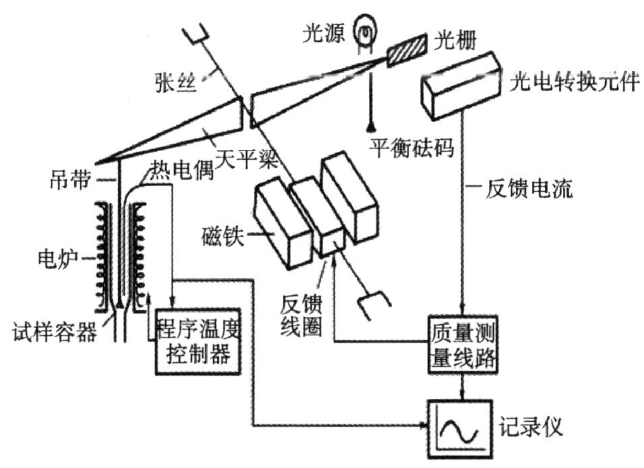

图 2-9　热重装置工作原理图[15]

对转化率,每一条热重曲线都代表着一个完整的反应历程。热重曲线定性或定量分析的依据在于热重曲线出现的平台和阶梯,平台代表测试样品的质量不发生变化,阶梯高度(平台间距离)代表失重量大小,而阶梯斜度与实验条件有关,在给定的实验条件下,阶梯斜度取决于变化过程,阶梯斜度越大,反应速率越高,由此通过适当的动力学方程变换可求得动力学参数如样品的活化能 E 等[15-16]。

差示扫描量热(differential scanning calorimetry, DSC)常常和热重分析结合使用,它是在程序控温条件下测量输给物质与参比物质的功率差与温度关系的一种技术,是将有物相变化的样品和在所测定温度范围内不发生相变且没有任何热效应产生的参比物,在相同条件下进行等温加热或冷却,当样品发生相变时,在样品和参比物之间就产生一个温度差。放置于它们下面的一组差示热电偶即产生温差电势,经差热放大器放大后送入功率补偿放大器,功率补偿放大器自动调节补偿加热丝的电流,使样品和参比物之间温差趋于零,两者温度始终维持相同。此补偿热量即为样品的热效应,以电功率形式显示于记录仪上。一般来说,样品热效应的最大值与热损失率最大值出现的温度一致,可定义此温度为样品的氧化温度,作为衡量样品氧化活性强弱的重要标志[16]。

发动机排气颗粒物主要由挥发性、半挥发性的有机成分及不挥发的干碳烟组成。一般认为,颗粒物中的挥发性物质在小于 400℃的惰性气体(如氩气、氮气等)氛围内即可全部挥发,而不挥发的碳烟(soot)成分,则需要在高于 400℃的含氧氛围下才能全部氧化,通过热重分析记录颗粒物样品在不同温度阶段的重量损失情况,即可得出样品中挥发性物质及不挥发性物质所占的比例。如表 2-3 所示,设置热重分析仪的升温程序,即可将颗粒物样品分为挥发性物质与非挥发性物质两个部分,类似的分析方法在 Boehman 等[17]和 Mustafi 等人[18]的文献中亦有应用。图 2-10 为一典型的颗粒物样品的热重分析曲线,由图看出,颗粒物样品在<400℃

表 2-3　热重分析升温程序

1	初始气体环境:氩气
2	绝热保持 10 min
3	以 3℃/min 升温至 45℃
4	以 10℃/min 升温至 400℃
5	改变气体环境为空气
6	以 10℃/min 升温至 800℃
7	绝热保持 10 min

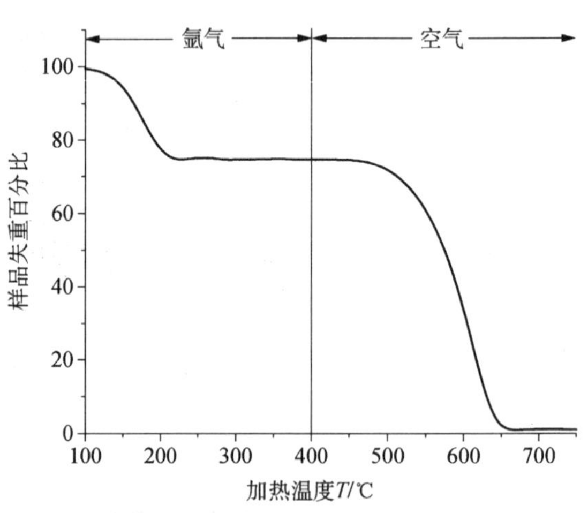

图 2-10　典型柴油机颗粒物样品热重分析曲线

和 400～800℃范围内分别有两次明显的质量损失。本书热重实验使用一台配有同步差热计量的热重分析仪(TGA/DSC)，型号为 Netzsch - STA 449。

2.2.4　排气颗粒物的挥发性分析

热重分析方法可以在离线的情况下分析颗粒物所含挥发性物质的质量比例，而挥发性颗粒物数量比例的测量方法则是通过比较发动机尾气经过热吸附管(thermodenuder，TD)前后 SMPS 所测得的颗粒物数量浓度及其尺寸分布特征来实现。热吸附管由加热管和吸附管两部分组成(见图 2 - 11)，通过加热管的加热，颗粒物中的挥发性物质成分成为气态，进而可被吸附管中的活性炭成分吸收，以获得去除挥发性物质条件下排气颗粒物的数量尺寸分布。图 2 - 12 为特定工况下燃用超低硫柴油排气颗粒在热吸附管不同温度设置下 SMPS 结果与未经过热吸附管结果的对比。可以看出在室温 25℃，热吸附管未加热的条件下，排气颗粒经过热吸附管仍出现了数量浓度的下降，一般认为这是由于排气颗粒在热吸附管中的扩散损失造成的。随着温度的升高，排气颗粒中的挥发性成分逐步被热吸附管所吸收，颗粒物数量浓度进一步下降，当热吸附管温度上升到 260 ℃左右时，颗粒物数

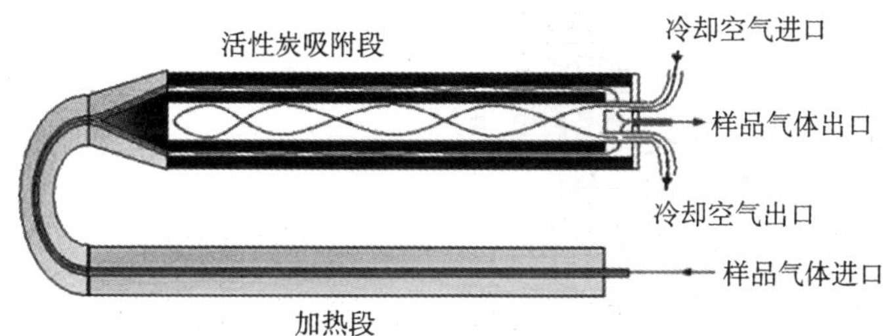

图 2 - 11　热吸附管(thermodenuder)构造示意图

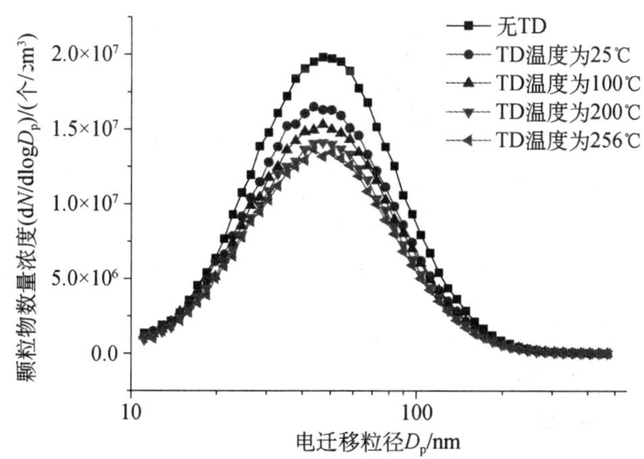

图 2 - 12　不同温度条件下热吸附管对颗粒物数量尺寸分布的影响

量浓度基本稳定，此时排气颗粒中的挥发性成分完全为热吸附管所吸收。为获得准确的挥发性颗粒物损失，实验中热吸附管温度设置为 275 ℃，热吸附管后的 SMPS 结果均经过了扩散损失修正。修正系数为未经过热吸附管颗粒物数量浓度与热吸附管 25℃数量浓度在不同粒径下的比值[19]。

2.2.5 排气颗粒物的形貌结构分析

碳烟是机动车颗粒物的最主要成分，而碳烟是由大量长短不一的微晶碳层以不同的形式排列团聚而成。现代显微技术已可以在纳米尺度对物质的结构做详尽的观察，通常使用透射电镜观察机动车排气颗粒的形貌及内部微晶碳层的排列结构。图 2－13 是透射电镜系统的结构示意图，其主要由置于真空中的电子枪、聚光镜、物样室、物镜、衍射镜、中间镜、投影镜、荧光屏和成像系统组成。电子枪所发出

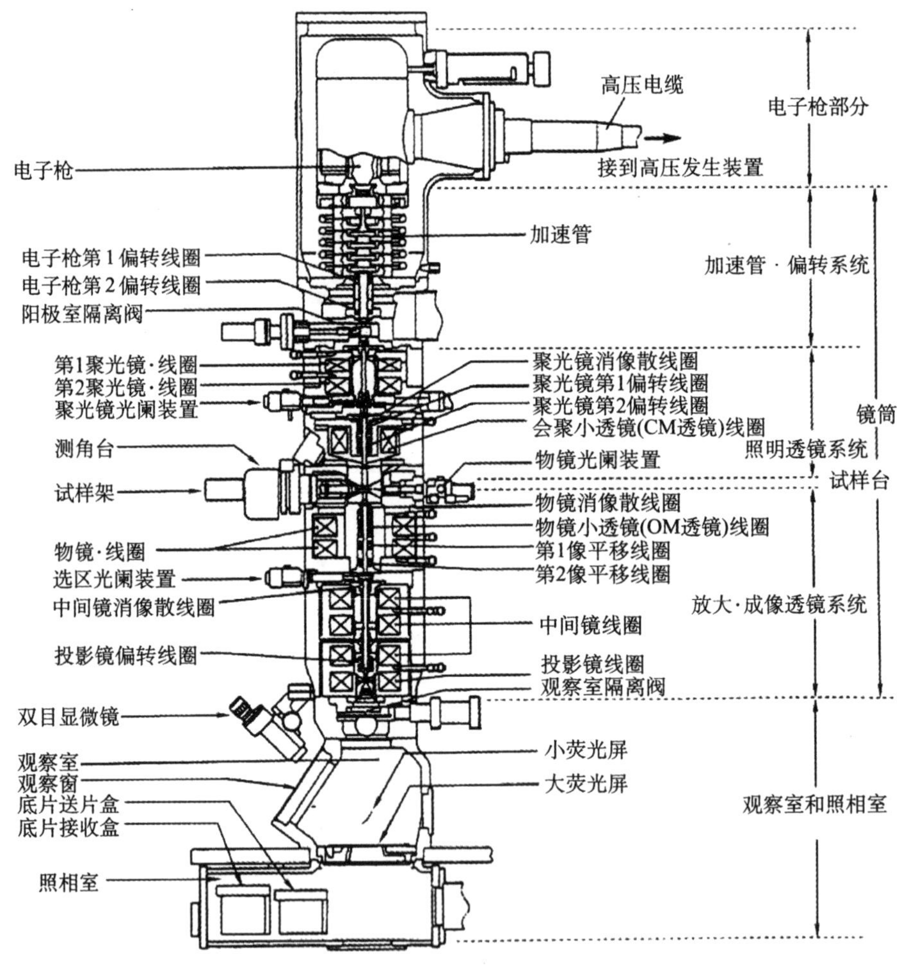

图 2－13　透射电镜主要构成

的电子束经过加速和聚集投射到非常薄的样品上，电子与样品中的原子碰撞而改变方向，从而产生立体角散射。散射角的大小与样品的密度、厚度相关，因此可以形成明暗不同的影像，影像将在放大、聚焦后在成像器件（如荧光屏、胶片以及感光耦合组件）上显示出来。由于电子的德布罗意波长非常短，透射电子显微镜的分辨率比光学显微镜高很多，可以达到 0.1～0.2 nm，放大倍数为几万到百万倍，甚至可以用于观察仅仅一列原子的结构。本实验所用透射电镜为 Tecnai G2 20 S-TWIN 型电镜，其主要参数见表 2-4。

表 2-4　Tecnai G2 20 S-TWIN 型电镜主要参数

最高工作电压	200 kV
电子源	LaB6 灯丝或钨灯丝
点分辨率	0.24 nm
线分辨率	0.14 nm
放大倍数	25×—1030 k×
样品倾斜角	±40°

超声制备法是常用的电镜样品前处理方法，主要步骤如下：采集经过稀释的排气颗粒物样品于滤膜上，然后将附有颗粒物样品的一小块滤膜置于无水乙醇中，通过超声振荡，使得颗粒物样品分散于无水乙醇之中，将少量包含颗粒物样品的溶液移至透射电镜专用的铜网上，待乙醇完全挥干后即可对颗粒物样品进行电镜分析。此外，热泳采样技术也是火焰及发动机颗粒物排放采样的常用方法，详细介绍可见 Dobbins 等人的文献[20]。

定量分析颗粒物样品的形貌及其内部结构参数须借助专业图形分析软件。图像处理的具体步骤如下：如图 2-14 所示，基本颗粒直径的测量是通过手动选取边界清晰的单个颗粒，软件自动统计其相应直径获得。颗粒物内部的纳米结构表现为无数平直或扭曲的碳层（见图 2-15）。颗粒物纳米结构的定量分析是基于对碳层的长度（L_a）、扭曲度（T_f）和碳层间距（D_s）三种参数的统计而得。三种参数的测量方法在 Vander Wal[21] 等和 Shim[22] 等人的文献中有详细介绍，此处简述如下：首先使用图像

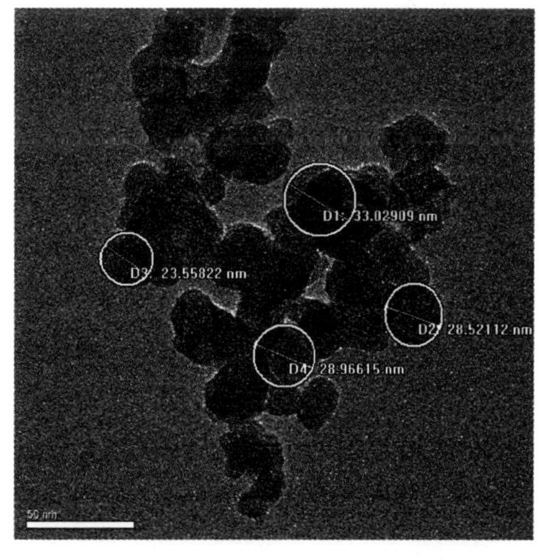

图 2-14　基本颗粒的确定及直径测量

处理软件,从颗粒物的高分辨电镜图样中选取碳层清晰可见的局部进行数值化处理,通过快速傅里叶变换将电镜图像转化为频域信号,使用高斯滤波方法过滤掉干扰信号后再经过傅里叶反变换重新获得图像信息,然后对反变换后的图像进行二值化处理,图像由灰度图转换为仅有黑白两色,这使得碳层信息在图像中更加明显。最后再通过图像骨骼化处理,使得碳层图像变为仅有 1 像素宽度的线条,以便对碳层结构参数进行统计。图 2-15 显示在图像处理各阶段电镜图样的变化。如图 2-16 所示,L_a 为碳层长度,通过软件自动统计每一碳层的像素数从而获得碳层长度;碳层扭曲度 T_f 是碳层长度 L_a 与碳层两端间直线距离 d 的比值;碳层间距 D_s 的确定是通过选取多对相邻碳层,然后通过软件统计其间距的平均值。为确保统计的精确度,碳层长度小于 0.4 nm,碳层间距小于 0.3 nm 或大于 0.45 nm 的数值作为图像处理误差舍弃。对于每一种样品条件,基本颗粒物直径的统计是基于电镜图样中随机选取的 150~250 个拥有清晰边界的单个球形颗粒物直径的均值。颗粒物内部结构参数的统计是基于相应条件下 25~30 个基本颗粒的高分辨率电

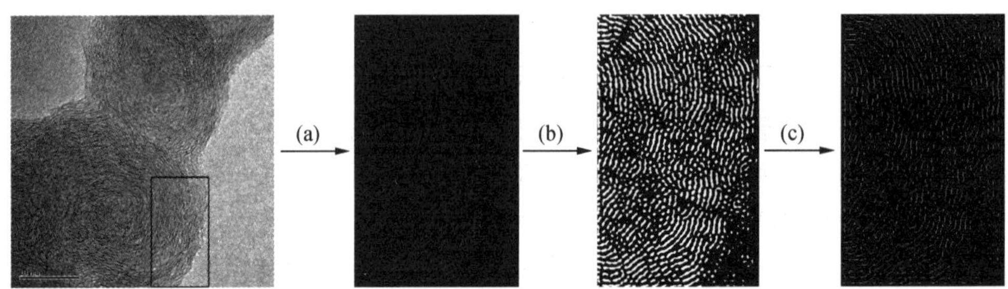

图 2-15　HRTEM 图像处理方法:在选取合适的图像区域后(见图中方框),依次进行以下三步处理:(a)傅里叶变换,滤波,傅里叶反变化;(b)图像二值化处理;(c)图像骨骼化处理

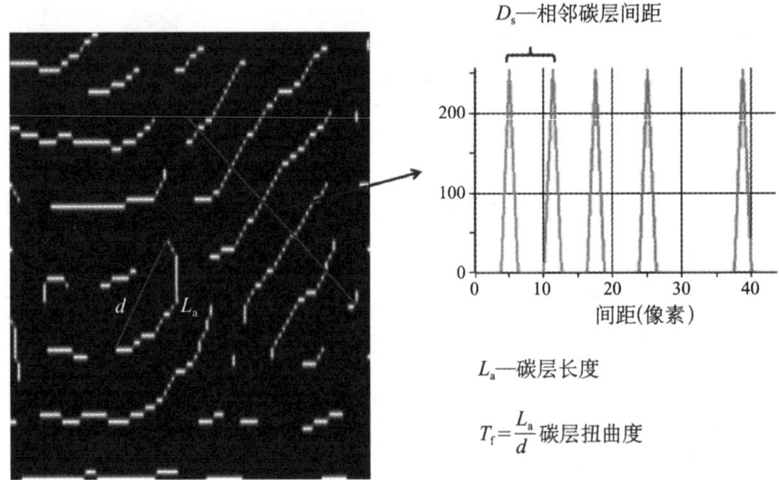

图 2-16　碳层的长度(L_a)、扭曲度(T_f)和碳层间距(D_s)三种参数统计方法

镜图样的统计。

2.2.6 排气颗粒物的主要化学组分分析

2.2.6.1 水溶性无机离子

颗粒物中水溶性无机离子成分通常使用离子色谱法测定，离子色谱法分离的原理是基于离子交换树脂上可离解的离子与流动相中具有相同电荷的溶质离子之间进行的可逆交换和分析物溶质对交换剂亲和力的差别而被分离。图2-17为离子色谱法的流程示意图。

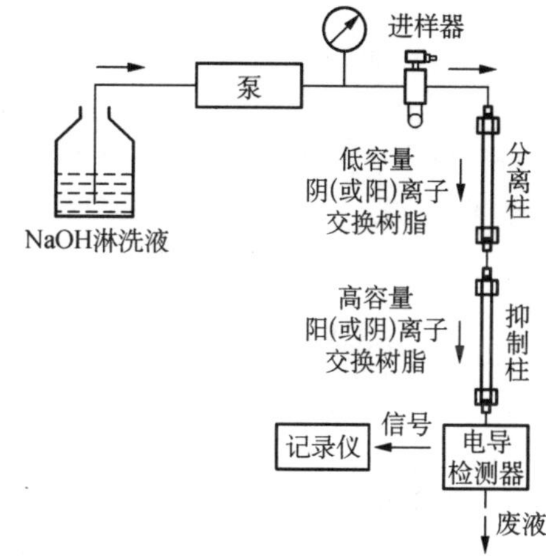

图2-17 离子色谱法流程示意图

水溶性无机离子检测使用一台Metrohm离子色谱仪进行，所检测的无机离子包括K^+，Mg^{2+}，Ca^{2+}，Na^+，NH_4^+，Cl^-，NO_3^-和SO_4^{2-}。颗粒物样品的前处理过程简述如下：首先剪取附有颗粒物样品的采样滤膜及空白滤膜的1/4，使用去离子水超声萃取30 min，使得颗粒物中的无机盐成分完全溶于去离子水中，再使用孔径为450 nm的滤膜过滤萃取液，去除萃取液中的杂质，并最终将萃取液调节至50 mL，用于离子色谱分析。阴离子检测用Metrosep A SUPP 5—250/4.0分离柱，淋洗液为3.2 mmol/L Na_2CO_3，1.0 mmol/L $NaHCO_3$，流速为0.70 mL/min。阳离子检测用Metrosep C 2-150/4.0色谱柱，淋洗液为4 mmol/L酒石酸，0.75 mmol/L吡啶二羧酸，流速为1 mL/min。实验中无机离子的回收率在75%～130%范围内。K^+，Mg^{2+}，Ca^{2+}，Na^+，NH_4^+，Cl^-，NO_3^-和SO_4^{2-}的最低检测限分别为0.002 mg/L，0.01mg/L，0.07 mg/L，0.02 mg/L，0.001 mg/L，0.07 mg/L，0.009 mg/L和0.02 mg/L。在重复实验中，测量标准差小于5%，空白滤膜检测值作为检测背景从样品测量结果中扣除。

2.2.6.2 多环芳烃

多环芳烃(PAHs)是机动车颗粒物排放中典型的有机成分之一，由于其强烈的致癌作用而引起人们的格外重视。图2-18列出了美国环保局(US EPA)规定的优先控制的16种PAHs结构，分别为包含2～3个苯环的小分子量PAHs(LMW-PAHs)：萘(naphthalene，Nap)、二氢苊(acenaphthylene，AcPy)、苊(acenaphthene，Acp)、芴(fluorene，Flu)、菲(phenanthrene，PA)和蒽(anthracene，Ant)；包含4个苯环的中等分子量PAHs(MMW-PAHs)：荧蒽(fluoranthene，FL)、芘(pyrene，Pyr)、苯并(a)蒽(benzo(a)anthracene，BaA)、屈

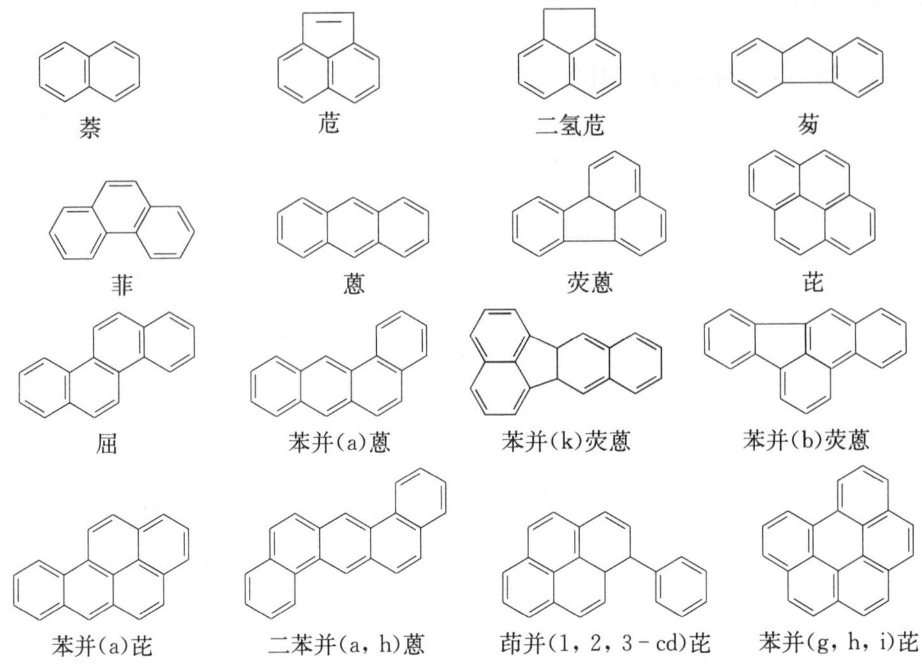

图 2－18 US EPA 优先控制的 16 种 PAHs 的结构

(chrysene, CHR);包含 5～6 个苯环的高分子量 PAHs(HMW－PAHs):苯并(b)荧蒽(benzo(b)fluoranthene, BbF)、苯并(k)荧蒽(benzo(k)fluoranthene, BkF)、苯并(a)芘(benzo(a)pyrene, BaP)、二苯并(a, h)蒽(dibenzo(a, h)anthracene, DBA)、茚并(1,2,3－cd)芘(indeno(1,2,3,－cd)pyrene, IND)、苯并(g, h, i)芘(benzo(g, h, i)perylene, BghiP)。

颗粒物样品中的多环芳烃成分的分析多采用气质联用色谱仪(GC/MS)。气相色谱的流动相为惰性气体,气-固色谱法中以表面积大且具有一定活性的吸附剂作为固定相。当多组分的混合样品进入色谱柱后,由于吸附剂对每个组分的吸附力不同,经过一定时间后,各组分在色谱柱中的运行速度也就不同。吸附力最弱的组分最容易被解吸下来,最先离开色谱柱进入检测器,而吸附力最强的组分最不容易被解吸下来,因此最后离开色谱柱。如此,各组分得以在色谱柱中彼此分离,顺序进入检测器中被检测、记录下来。质谱分析是一种测量离子荷质比(电荷-质量比)的分析方法,其基本原理是使试样中各组分在离子源中发生电离,生成不同荷质比的带正电荷的离子,经加速电场的作用,形成离子束,进入质量分析器。在质量分析器中,再利用电场和磁场使其发生相反的速度色散,将它们分别聚焦而得到质谱图,从而确定其质量。

在使用 GC/MS 分析前,需要对颗粒物样品做前处理。前处理方法简述如下:首先将滤膜上的颗粒物样品通过萃取方法溶于有机溶液中。样品萃取使用加速溶剂萃取仪(ASE150),仪器工作压力为 0.9 MPa,工作温度为 80℃,萃取溶液使用二氯甲烷和正己烷的混合液(3∶1, v/v)。萃取后包含有颗粒物样品有机可溶成分的萃取溶液被浓缩至 4 mL,5 种氘代内标物添加于浓缩液中用以确定样品相关成分的回收率。5 种氘代内标物分别为 Acenaphthene-D10, Chrysene-D12, Perylene-D12, Phenanthrene-D10 和 Naphthalene-D8(PAH-Mix 31deuterated),然后使用活性硅胶柱对样品浓缩液进行分类提纯。活性硅胶柱在使用前已使用 50 mL 正己烷淋洗以去除可能包含的有机干扰成分。吸收于活性硅胶中的目标 PAHs 成分,使用 20 mL 含有 20%二氯甲烷的正己烷溶液洗脱。将含有目标 PAHs 的洗脱液再使用旋转蒸发仪及氮吹仪定容至 200 μL 用于 GC/MS 分析。质谱仪 MS 采用选择离子工作模式(SIM),离子源温度设定为 280℃。色谱仪所用的色谱柱型号为 Rtx - 5MS(30 m×0.25 mm,涂层厚度为 0.25 μm),色谱仪使用不分流进样,每次进样量为 2 μL,进样使用氦气做载气,载气流量为 1 mL/min。色谱升温程序如下:首先在 80℃保持 1 min,然后以 15℃/min 的速率升温至 140℃,再以 5℃/min 速率升温至 300℃,最后在 300℃保持 5 min。实验通过氘代内标物确定 PAHs 样品回收率,样品回收率在 40%～117%之间。16 种 PAHs 的最低检测限分别为 Nap(0.62 μg/mL), AcPy (0.33 μg/mL), Acp (0.28 μg/mL), Flu (0.15 μg/mL), PA (0.08 μg/mL), Ant (0.13 μg/mL), FL (0.24 μg/mL), Pyr (0.49 μg/mL), BaA(0.10 μg/mL), CHR (0.02 μg/mL), BbF (0.57 μg/mL), BkF (0.05 μg/mL), BaP (0.04 μg/mL), DBA (0.35 μg/mL), IND (0.09 μg/mL)和 BghiP (0.17 μg/mL)。

2.2.6.3　有机碳、元素碳

颗粒物中有机碳(organic caron, OC)、元素碳(element carbon, EC)成分的分析通常使用将热解法与光学法结合起来的方法,根据所利用的光学原理不同,可分为热光透射法(TOT)和热光反射法(TOR)。本实验所用的 DRI Model 2001A 热光碳分析仪采用 IMPROVE(interagency monitoring of protected visual environment)分析协议规定的热光反射法(thermal optical reflection, TOR)将颗粒物碳成分区分为 OC1～OC4, OP 和 EC1～EC3 八种成分。该方法首先将样品在无氧的纯氦气环境中逐步(温度梯度)加热,将滤纸上的颗粒态碳转化为二氧化碳;然后再将样品在含 2%氧气的氦气环境下逐步加热,使得样品中的元素碳释放出来。上述各个温度梯度下产生的 CO_2,经氧化锰(MnO_2)催化,于还原环境下转化为可通过火焰离子化检测器(FID)检测的甲烷(CH_4)。样品在加热过程中,部分有机碳可发生碳化现象而形成黑炭,使滤膜变黑,导致热谱图上的有机碳和元素碳峰不易区分。因此,在测量过程中,采用 633 nm 的氦-氖激光监测滤纸的反光光强,利用光强的变化明确指示出元素碳氧化的起始点。有机碳碳化过程中形成的碳化物称之为聚合碳(OP)。纯氦气环境下加热的温度梯度分别为 140℃, 280℃, 480℃和 580℃,分

别对应 OC1，OC2，OC3 和 OC4 成分。含氧氛围下温度梯度分别为 580℃，740℃ 和 840℃，对应 EC1，EC2 和 EC3 成分的检测。因此，当一个样品完成测试时，有机碳和元素碳的 8 个组分同时给出（见图 2-19），IMPROVE 协议将有机碳定义为（OC1＋OC2＋OC3＋OC4＋OP），将 EC 定义为（EC1＋EC2＋EC3－OP）。与 TOR 方法不同，TOT 则是使用透射方法确定有机碳与元素碳的分界点。

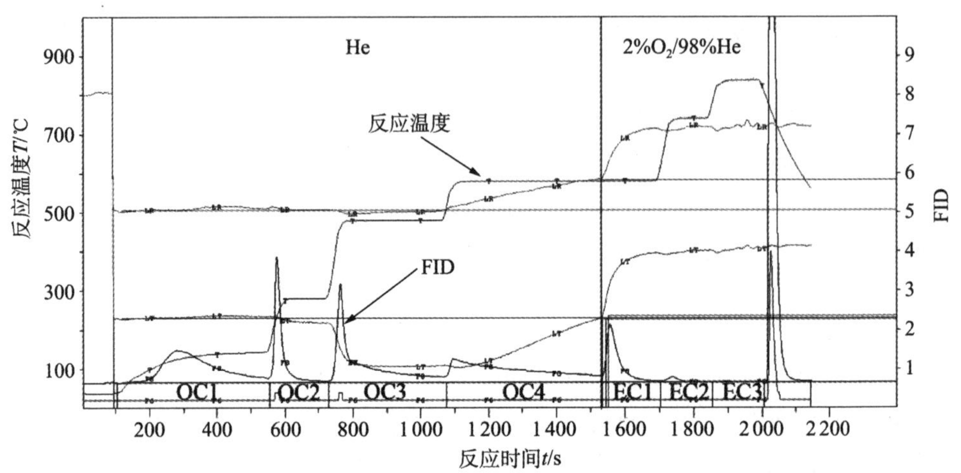

图 2-19　采用 IMPROVE 方法的热光碳分析仪分析示例

2.3　本章小结

随着测试技术的不断进步，人们对机动车颗粒物排放的研究已从简单的烟度测量、质量称重发展到现在可对数量浓度、粒径分布以及各种相关理化特性作详细分析，包括颗粒物形态、内部微观结构、氧化活性、各种详细化学成分及挥发性等。通过对颗粒物各种理化特性的分析，有助于更好地研究颗粒物生成机理、对人体危害、消除方法，为相关政策法规的制定提供参考依据。值得注意的是，机动车颗粒物的采样方法对颗粒物的测试有着重要的影响，尤其是对核模态的挥发性颗粒物，因此，根据相关规定及实验需求，设置合理的采样方法亦是机动车颗粒物排放研究的重要内容。

参考文献

[1] 方俊华，刘忠长，黄震，等. 车用柴油机微粒排放测量的稀释取样系统[J]. 车用发动机，2002，141：30-34.

[2] 张排排. 柴油发动机颗粒物测试方法及影响因素探讨[J]. 重型汽车，2010，2：1-7.

[3] 国家环境保护总局. 车用压燃式发动机排气污染物排放限值及测量方法[S]. GB 17691—2001,2001.

[4] 余皎. 柴油机排气颗粒测试系统的研究和应用[D]. 吉林大学,1999.

[5] 刘红杰,王玮,刘文涛,等. 机动车排放颗粒物采集系统的研制和开发[J]. 环境科学研究,2001,14(4):48-50.

[6] 刘红杰,王英,王玮,等. 机动车排放颗粒物采集分析系统的开发[J]. 现代科学仪器,2001,6:20-22.

[7] Wei Q, Kittelson D B, Watts W F. Single-stage dilution tunnel design [C]. SAE Paper, 2001,1:0207.

[8] Wei Q. Mini-dilution tunnel performance [D]. University of Minnesota, 1999.

[9] Dekati Diluter user manual Ver 4. 4.

[10] Maricq M M, Chase R E, Podsiadlik D H, et al. Vehicle exhaust particle size distributions: a comparison of tailpipe and dilution tunnel measurements [C]. SAE paper, 1999,1:1461.

[11] MSP MOUDI-110R user manual.

[12] R&P TEOM 1105 user manual.

[13] 孙在. 室内燃烧源细微颗粒物的传输机理研究[D]. 上海交通大学,2007.

[14] 张劲,王凤滨,高俊华. 电子低压冲击仪的颗粒物测试[J]. 汽车工程师,2009,2:40-45.

[15] 张炜. 柴油机缸内微粒的微观结构、表面官能团及氧化特性研究[D]. 天津大学,2010.

[16] Stratakis G A, Stamatelos A M. Thermogravimetric analysis of soot emitted by a modern diesel engine run on catalyst-doped fuel [J]. Combust. Flame, 2003,132:157-169.

[17] Boehman A L, Song J H, Alam M. Impact of biodiesel blending on diesel soot and the regeneration of particulate filters [J]. Energy Fuel, 2005,19:1857-1864.

[18] Mustafi N N, Raine R R, James B. Characterization of exhaust particulates from a dual fuel engine by TGA, XPS, and Raman techniques [J]. Aerosol Sci. Technol, 2010,44:954-963.

[19] Surawski N C, Miljevic B, Ayoko G A, et al. Physicochemical characterization of particulate emissions from a compression ignition engine employing two injection technologies and three fuels [J]. Environ. Sci. Technol, 2011,45:5498-5505.

[20] Dobbins R A, Fletcher R A, Chang H C. The evolution of soot precursor particles in a diffusion flame [J]. Combust. Flame, 1998,115:285-298.

[21] Vander Wal R L, Tomasek A J, Pamphlet M I, et al. Analysis of HRTEM images for carbon nanostructure quantification [J]. J. Nanopart. Res., 2004,6:555-568.

[22] Shim H S, Hurta R H, Yang N Y C. A methodology for analysis of 002 lattice fringe images and its application to combustion-derived carbons [J]. Carbon, 2000,38:29-45.

第 3 章　稀释过程对机动车排气挥发性纳米颗粒物的影响

发动机的燃烧、排放以及排气在大气中传输和扩散的整个过程中，气相组分与颗粒之间会发生一系列相互作用。机动车排气颗粒物采样所用的稀释系统可对排气颗粒进入大气初始状态进行模拟，在可控条件下对影响排气颗粒形成和变化的各种因素作较为详细的分析，并据此可进一步提出排气颗粒在稀释条件下的变化模型。

3.1　稀释通道内排气稀释过程中挥发性纳米颗粒物形成和变化理论

由于气相与颗粒之间的成核、凝结和挥发以及颗粒自身的凝并和沉降等动力学作用，决定着稀释过程中颗粒物的数浓度和粒径分布随时间的变化，因此综合上述几种动力学作用共同引起颗粒物数浓度粒径谱 $N_k(D_{p,k}, t)$ 随时间的变化率，可以得到如下用于描述排气稀释过程中超细颗粒形成和变化的一般动力学方程式(GDE)：

$$\frac{dN_k}{dt} = \frac{dN_k}{dt}\bigg|_{\text{成核}} + \frac{dN_k}{dt}\bigg|_{\text{凝并}} + \frac{dN_k}{dt}\bigg|_{\text{凝结+挥发}} + \frac{dN_k}{dt}\bigg|_{\text{沉降}} \tag{3-1}$$

式中，N_k 是粒径为 $D_{p,k}$ 颗粒的数浓度(个/cm^3)。下面几节对一般动力学方程式各项分别进行描述。

3.1.1　成核作用

一定条件下，从一连续相形成新相核的过程称为成核过程。对于蒸汽核化成液滴的成核过程，通常分为均相成核和异相成核两种形式。前者指不出现外来物质条件下，蒸汽在由同类蒸汽分子组成的胚胎上的核化。后者指蒸汽在外来物质(如离子或盐粒)或表面上的核化。同时，相应的核化过程还可分为同分子(仅含单一分子物质)和异分子(其中核液滴由两种或两种以上的蒸汽物质组成)。

3.1.1.1　均相同分子成核

均相同分子成核即均相成核是指在一个完全不受外来颗粒和表面影响的体系

内,各个部分的成核概率均相等。由于能量和密度的随机起伏可能使几十或几百个单一原子或分子随机聚集为新相的聚团。

液滴的均相成核过程主要由热力学条件决定。液滴在蒸汽中形成将使系统的自由能发生变化,当空气介质中形成一个由纯物质 A 的 m 个分子组成的半径为 r 的单个液滴时,其所产生的吉布斯自由能变化为 ΔG:

$$\Delta G = G_{液滴\text{-}蒸汽体系} - G_{蒸汽} \tag{3-2}$$

设系统开始时纯物质 A 蒸汽的总分子数为 n_T,在核液滴形成后,蒸汽分子数变为 $n_1 = n_T - m$, 若以 μ_g 和 μ_1 分别表示气相和液相一个分子的吉布斯自由能,此时

$$\Delta G = n_1\mu_g + m\mu_1 + 4\pi r^2\sigma - n_T\mu_g = m(\mu_1 - \mu_g) + 4\pi r^2\sigma \tag{3-3}$$

其中 $4\pi r^2\sigma$ 表示液滴与蒸汽的界面自由能,σ 为表面张力(kg/s^2)。其中

$$m = \frac{4\pi r^3}{3V_1} \tag{3-4}$$

V_1 为液相分子的体积(m^3),则

$$\Delta G = \left(\frac{4\pi r^3}{3V_1}\right)(\mu_1 - \mu_g) + 4\pi r^2\sigma \tag{3-5}$$

在常温下 $d\mu = VdP$, 故 $d\mu = (V_1 - V_g)dP$, V_g 为气相分子体积。一般 $V_g \gg V_1$, 固相对于 V_g 可略去 V_1,即 $d\mu = -V_g dP$, 同时假定蒸汽为理想气体,则 $V_g = k_b T/P$, k_b 为玻耳兹曼常数,因此

$$\mu_1 - \mu_g = -k_b T\int_{P_{A0}}^{P_A} \frac{dP}{P} \tag{3-6}$$

其中 P_{A0}为纯 A 物质在平液面上的蒸汽压(Pa),P_A 为液面的实际蒸汽压(Pa),于是

$$\mu_1 - \mu_g = -k_b T\ln\frac{P_A}{P_{A0}} \tag{3-7}$$

可把 P_A/P_{A0}定义成饱和比 S,把式(3-7)代入式(3-5)可得到

$$\Delta G = -\frac{4}{3}\pi r^3\frac{k_b T}{V_1}\ln S + 4\pi r^2\sigma \tag{3-8}$$

由式(3-3)可见 ΔG 由两项组成,右端第一项为核液滴的体积自由能,表示从高能量态(气相)向低能量态(液相)转变,系统自由能降低,自由能的变化与液滴的体积有关;第二项为核液滴的表面自由能,由于所形成的新相相界表面需要能量,结果使自由能增加,自由能的变化与核液滴的表面积有关。为了加以区分,将前者

称为体积自由能变化量 ΔG_V，后者称为表面自由能变化量 ΔG_S。系统总的自由能变化量 ΔG 为这两种自由能变化量的代数和（$\Delta G_V + \Delta G_S$），图 3-1 给出了系统吉布斯自由能变化。

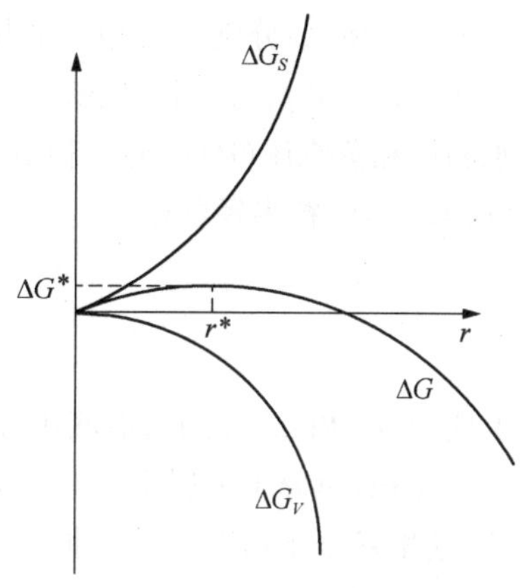

图 3-1　系统吉布斯自由能变化

蒸汽发生相变形成核液滴以后，并非所有核液滴都能成长，只有半径大于临界半径 r^* 的核液滴才能形成稳定的新相并生成液滴。这时，核液滴的体积自由能变化量超过了表面自由能变化量，系统总自由能下降，此时系统自由能的变化量称为临界自由能变化量 ΔG^*，如图 3-1 所示。由于均相同分子成核要求蒸汽必须是过饱和的，实际条件下不易发生，实际广泛应用的成核理论为均相异分子成核理论。

3.1.1.2　均相异分子成核

均相同分子成核要求蒸汽必须是过饱和的，当同时出现两种或多种以上的蒸汽时，各组成在相对过饱和状态下，异分子成核即可发生。下面以 H_2SO_4-H_2O 二元均相成核为例介绍均相异分子成核（即异相成核）理论。

成核作用引起颗粒数浓度粒径谱随时间的变化率为[1]：

$$\frac{dN_k}{dt} = J_k = C\exp(-\Delta G^* / k_b T) \tag{3-9}$$

J_k 是粒径为 $D_{p,k}$ 颗粒的成核率（个/$cm^3 \cdot s$）。

1）临界核液滴半径

与均相同分子成核相似，液滴的二元均相异分子成核过程同样由热力学条件决定，蒸汽中形成液滴前后系统吉布斯自由能变化为[2]：

$$\Delta G = -n_a k_b T \ln \frac{A_{ag}}{A_{al}} - n_w k_b T \ln \frac{A_{wg}}{A_{wl}} + 4\pi r^2 \sigma \tag{3-10}$$

上式中：

$$A_{ag} = \frac{p_a}{p_{as}} = \frac{RT[H_2SO_4]}{p_{as}} \tag{3-11}$$

$$A_{al} = \frac{p_{a,sol}}{p_{as}} \tag{3-12}$$

$$A_{wg} = \frac{p_w}{p_{ws}} = \frac{RT[H_2O]}{p_{ws}} \tag{3-13}$$

$$A_{wl} = \frac{p_{w,sol}}{p_{ws}} \tag{3-14}$$

其中，A_{ag}和 A_{al}分别为气相和液相中硫酸的活性；A_{wg}和 A_{wl}分别为气相和液相中水的活性；p_a 和 p_w 分别为硫酸和水的分压(Pa)；p_{as}和 p_{ws}分别为平纯液面上硫酸和水的饱和蒸汽压(Pa)；$p_{a,\ sol}$和 $p_{w,\ sol}$分别为平的溶液液面上硫酸和水的饱和蒸汽压(Pa)；r 为颗粒半径(m)：

$$r = \sqrt[3]{\frac{3(n_a V_a + n_w V_w)}{4\pi}} \tag{3-15}$$

上式中，n_a 和 n_w 分别为液滴中硫酸和水分子的个数，V_a 和 V_w 分别为硫酸和水分子的体积，单分子情况下，ΔG 为核液滴半径 r 的函数，因此 ΔG 只与单一分子数有关，这里双分子情况下，ΔG 同样为核液滴半径 r 的函数，而 ΔG 与 n_a 和 n_w 有关，应当把 ΔG 视为 n_a-n_w 平面上的一个鞍形表面，三维表面 $\Delta G(n_a,\ n_w)$上有一个表示 ΔG 最低值的鞍点[3]，通常以 ΔG^* 表示，在此点的 n_a 和 n_b 值可表示为 n_a^* 和 n_w^*，如图 3-2 所示。在鞍点满足：

$$\left(\frac{\partial \Delta G}{\partial n_a}\right)_{n_w} = \left(\frac{\partial \Delta G}{\partial n_w}\right)_{n_a} = 0 \tag{3-16}$$

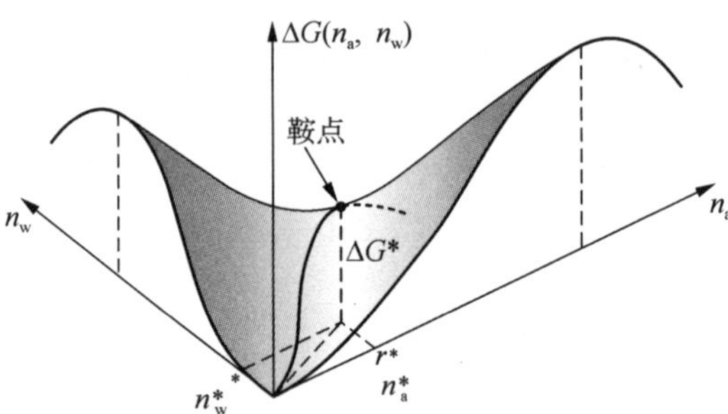

图 3-2　H_2SO_4-H_2O 二元均相异分子成核作用表示 ΔG 鞍形分布表面的鞍点示意图[3]

求解得到临界核液滴半径 r^* 为：

$$r^* = \frac{2\sigma V}{k_b T\left(x_a \ln \frac{A_{ag}}{A_{al}} + x_w \ln \frac{A_{wg}}{A_{wl}}\right)} \tag{3-17}$$

$$\Delta G^* = \frac{4}{3}\pi r^{*2}\sigma \tag{3-18}$$

临界核液滴中硫酸的分子数为：

$$n_a^* = \frac{\frac{4}{3}\pi r^{*3}\rho_1}{M_a + \frac{1-x_a}{x_a}M_w} \tag{3-19}$$

式中，x_a 和 x_w 分别为液滴中硫酸和水的摩尔分数，分别表示为：

$$x_a = \frac{n_a}{n_a + n_w} \tag{3-20}$$

$$x_w = \frac{n_w}{n_a + n_w} \tag{3-21}$$

2）水合作用

气相中的硫酸极易形成水合化合物，从而影响硫酸蒸汽的活性，因此需要对公式(3-10)中硫酸的活性进行校准，校准公式为[4]：

$$\left(\ln \frac{A_{ag}}{A_{al}}\right)_{cor} = \ln \frac{A_{ag}}{A_{al}} + \ln C_h \tag{3-22}$$

水合校准因子 C_h 为：

$$C_h = \left[\frac{1 + K_1 p_{a,\,sol} + \cdots + K_1 K_2 \cdots K_h p_{a,\,sol}^h}{1 + K_1 p_a + \cdots + K_1 K_2 \cdots K_h p_a^h}\right]^{n_a} \tag{3-23}$$

式中，$K_i(i = 1,\ 2,\ \cdots,\ h)$ 为水合平衡常数，h 为水合物中水分子数，形成的水合物中水分子数超过 10 的浓度很低，通常可以忽略，因此上式中 $h = 10$。水合平衡常数采用 Jaecker-Voirol 等[4]的计算结果，如表 3-1 所示。

表 3-1　水合平衡常数 K_h

h	1	2	3	4	5	6	7	8	9	10
K_h	1364.0	56.1	14.7	8.0	5.91	5.03	4.63	4.43	4.30	4.28

考虑水合作用，式(3-17)和式(3-18)修正为：

$$r^* = \frac{2\sigma V}{k_b T\left(x_a \ln \frac{A_{ag}}{A_{al}} + x_w \ln \frac{A_{wg}}{A_{wl}} + x_a \ln C_h\right)} \tag{3-24}$$

$$\Delta G^* = \frac{4}{3}\pi r^{*2}\sigma \tag{3-25}$$

3）成核率

将公式(3-25)代入公式(3-9)，可得到临界核液滴的成核率：

$$J = C\exp(-\Delta G^* / k_b T) \tag{3-26}$$

式中，

$$C = N_g A B_{ag} Z \tag{3-27}$$

$$N_g = N_{wg} + N_{ag} + \sum_{h=1}^{10} N_h \tag{3-28}$$

其中 N_g，N_{wg}，N_{ag}和 $\sum_{h=1}^{10} N_h$ 分别为气相中所有组分总的分子数浓度，水分子数浓度、硫酸分子数浓度和水合物分子数浓度，平均凝结增长率 B_{ag}为：

$$B_{ag} = \frac{B_w B_a - (\sum_{h=1}^{10} B_h)^2}{B_w \sin^2\Theta + B_a \cos^2\Theta - 2\sum_{h=1}^{10} B_h \sin\Theta\cos\Theta} \tag{3-29}$$

其中 Θ 的正切值为：

$$\tan\Theta \approx \frac{x_{al}}{x_{wl}} \tag{3-30}$$

分子凝结率 B_i 为

$$B_i = N_{ig}\sqrt{\frac{k_b T}{2\pi}\left(\frac{1}{m_i} - \frac{1}{m^*}\right)} \quad (i = w,\ a) \tag{3-31}$$

其中 $m_i(i = w,\ a)$ 分别为水和硫酸的分子量，m^* 为临界核液滴的质量。水合凝结率为：

$$B_h = N_h\sqrt{\frac{k_b T}{2\pi}\left(\frac{1}{m_h} - \frac{1}{m^*}\right)} \quad (h = 1,\ \cdots,\ 10) \tag{3-32}$$

式中 $m_h = m_a + hm_w$。Zeldovich 校准因子[5]为：

$$Z = \sqrt{\frac{\sigma}{k_b T}}\ \frac{V}{2\pi r^{*2}} \tag{3-33}$$

$p_{a,\ sol}$和 $p_{w,\ sol}$可由公式(3-34)～(3-42)求得。根据 Kulmala 等[6]的经验公式可得纯水的饱和蒸汽压 p_{ws}：

$$p_{ws} = \exp[77.34491296 - 7235.424651/T - 8.2\ln T + 5.7113 \times 10^{-3} T] \tag{3-34}$$

根据 Ayers 等[7]的研究，并考虑 Kulmala 等[8]的低温校准因子，硫酸的饱和蒸汽压为：

$$p_{as} = 101325\exp\left\{-11.695 + 10156\left[\frac{1}{360.15} - \frac{1}{T} + \frac{0.38}{545}\left(1 + \ln\left(\frac{360.15}{T}\right) - \frac{360.15}{T}\right)\right]\right\} \tag{3-35}$$

液滴中硫酸和水的活性系数[9]分别为：

$$\gamma_a = \frac{p_{a,\,sol}}{x_a p_{as}} \tag{3-36}$$

$$\gamma_w = \frac{p_{w,\,sol}}{x_w p_{ws}} \tag{3-37}$$

$$A_{11} = 2.898 \times 10^3 - \frac{2.147 \times 10^6}{T} + \frac{2.33 \times 10^8}{T^2} \tag{3-38}$$

$$A_{12} = 5.672 \times 10^3 - \frac{4.074 \times 10^6}{T} + \frac{4.421 \times 10^3}{T^2} \tag{3-39}$$

$$B_{11} = 0.527 = \frac{1}{B_{12}} \tag{3-40}$$

$$\lg \gamma_w = \frac{A_{11} x_a^2}{(x_a + B_{11} x_{wl})^2 T} \tag{3-41}$$

$$\lg \gamma_a = \frac{A_{12} x_a^2}{(x_w + B_{12} x_{al})^2 T} \tag{3-42}$$

表面张力 σ 可根据 Kulmala 等的研究[10]由公式(3-43)～(3-47)求得：

$$\sigma = 0.001\sigma_1 + (\sigma_2 - \sigma_1)\frac{T - 283.15}{40\,000} \tag{3-43}$$

当 $x_a < 0.16$ 时

$$\begin{aligned}\sigma_1 = {} & 74.00296 + 7.68634 x_a + 625.86132 x_a^2 \\ & - 5117.53488 x_a^3 + 10646.24244 x_a^4\end{aligned} \tag{3-44}$$

当 $x_a \geqslant 0.16$ 时

$$\sigma_1 = 74.04932 + 9.73321 x_a - 59.42380 x_a^2 + 5.6594 x_a^3 + 19.78486 x_a^4 \tag{3-45}$$

当 $x_a < 0.25$ 时

$$\sigma_2 = 67.82200 + 78.97377 x_a - 207.81448 x_a^2 - 165.6474 x_a^3 + 654.16827 x_a^4 \tag{3-46}$$

当 $x_a \geqslant 0.25$ 时

$$\sigma_2 = 72.55489 + 32.99004 x_a - 115.88314 x_a^2 + 62.03460 x_a^3 \tag{3-47}$$

3.1.2　凝并作用

颗粒的布朗运动导致颗粒之间发生凝并作用，凝并作用下，颗粒数浓度粒径谱随时间的变化率可由 Smoluckowski 提出的凝并方程[11]计算：

$$\frac{\mathrm{d}N_k}{\mathrm{d}t} = \frac{1}{2}\sum_{j=1}^{k-1}\beta_{k-j,\,j}N_{k-j}N_j - N_k\sum_{j=1}^{\infty}\beta_{k,\,j}N_j \tag{3-48}$$

式(3-48)中，$\beta_{k,\,j}$表示k和j粒子的凝并系数(m^3/s)，$\beta_{k,\,j}$采用Fuch[12]提出的布朗凝并的凝并系数计算，直径分别为D_{p1}和D_{p2}颗粒的凝并系数为：

$$\beta_{12} = 2\pi(D_1 + D_2)(D_{p1} + D_{p2})\left(\frac{D_{p1} + D_{p2}}{D_{p1} + D_{p2} + 2(g_1^2 + g_2^2)^{1/2}} + \frac{8(D_1 + D_2)}{(\bar{c}_1^2 + \bar{c}_2^2)^{1/2}(D_{p1} + D_{p2})}\right)^{-1} \tag{3-49}$$

努森数K_{n_i}可用D_{pi}表示为：

$$K_{n_i} = \frac{2\lambda_{air}}{D_{pi}},\text{其中},\lambda_{air} = \frac{AT^{1.5}}{(B+T)p}\sqrt{\frac{\pi RT}{0.08}}$$

$$\bar{c}_i = \left(\frac{8k_b T}{\pi m_i}\right)^{1/2}$$

$$g_i = \frac{1}{3D_{pi}l_i}\left[(D_{pi}+l_i)^3 - (D_{pi}^2 + l_i^2)^{3/2}\right] - D_{pi}\text{，其中 } l_i = \frac{8D_i}{\pi\bar{c}_i}\text{ 为粒子平均自由程。}$$

$$D_i = \frac{k_b T}{3\pi\mu D_{pi}}\left(\frac{5 + 4K_{n_i} + 6K_{n_i}^2 + 18K_{n_i}^3}{5 - K_{n_i} + (8+\pi)K_{n_i}^2}\right)$$

D_1和D_2表示两个颗粒的布朗扩散系数(m^2/s)，λ_{air}为空气分子平均自由程，A，B常数分别为1.966×10^{-6}和147.47，p为大气压力，R为气体常数($J\cdot mol^{-1}K^{-1}$)，k_b是玻耳兹曼常数(J/K)，T是温度(K)，m是颗粒质量(kg)，μ为空气动力黏度($N\cdot s/m^2$)。对于凝并模型，凝并系数是一个显著影响因子，两个粒径差别越大，颗粒凝并越大。

3.1.3 凝结和挥发作用

半挥发性组分在颗粒表面的凝结和挥发作用下颗粒数浓度粒径谱随时间的变化率为[13]：

$$\frac{\mathrm{d}N_k}{\mathrm{d}t} = \beta_{1,\,k-1}N_1N_{k-1} - \beta_{1,\,k}N_1N_k \tag{3-50}$$

N_1为半挥发性组分分子数浓度(个/cm^3)。

3.1.4 沉降作用

沉降作用下颗粒数浓度粒径谱随时间的变化率为：

$$\frac{\mathrm{d}N_k}{\mathrm{d}t}=-\frac{u_{\mathrm{d},k}}{L}N_k \tag{3-51}$$

上式中 $u_{\mathrm{d},k}$ 表示粒径为 $D_{\mathrm{p},k}$ 颗粒的沉降速率(m/s)，L 为特性长度(m)。Schack 等[14]通过实验得到了颗粒的沉降速率：

$$u_{\mathrm{d},i}=\frac{(AX+BX^3)D_i}{D_{\mathrm{p},i}}+u_{\mathrm{s},i} \tag{3-52}$$

$$X=\frac{D_{\mathrm{p},i}}{\mu^{\frac{1}{2}}}\left(\frac{u^*}{z_0}\right)^{\frac{1}{2}}Sc_i^{\frac{1}{3}} \tag{3-53}$$

其中 A，B 为常数，$A=4$，$B=121$，D_{p} 为颗粒直径，u^* 为摩擦速率(m/s)，z_0 为粗糙高度(m)，Sc 为 Schmidt 数，μ 是空气动力学黏度(N・s/m²)。
当 $D_{\mathrm{p},i}>133\,\mathrm{nm}$ 时，

$$C=1+2.468l_i/D_{\mathrm{p},i}$$

当 $D_{\mathrm{p},i}<133\,\mathrm{nm}$ 时，

$$C=1+3.294l_i/D_{\mathrm{p},i}$$

$$D_i=k_{\mathrm{b}}TC/3\pi\mu D_{\mathrm{p},i}$$

$$Sc_i=\mu/\rho D_{\mathrm{p},i}$$

$$u_{\mathrm{s},i}=\frac{\rho_{\mathrm{p}}D_{\mathrm{p},i}^2 g}{18\mu}$$

3.2　稀释通道内排气稀释过程中挥发性纳米颗粒物形成和变化模拟

上述实验研究发现，发动机排气被引入稀释通道后，稀释参数显著影响通道内挥发性纳米颗粒物的数浓度和粒径分布特性，表明稀释过程中发生了诸如成核、凝结或凝并等动力学变化，下面以 3.1 节的理论模型为基础对排气稀释过程超细颗粒的形成和变化进行模拟计算。

3.2.1　参数设定

若发动机在 1400 r/min，50%负荷下运行，燃用硫含量为 0.04%的柴油燃料，假设燃料中硫的转化率为 4%，根据质量守恒，得到原排气中硫酸的分子浓度为 1.2×10^{12} 个 /cm³，其中初级通道稀释比为 15，PDT 为 32℃，PRH 为 60%，RT 为 0.5 s。以上参数为模拟的基准值，通过在一定范围内改变上述参数，研究动力

学作用对发动机排放颗粒数浓度和粒径分布的影响。基准值和参数变化范围如表 3-2 所示。

表 3-2 基准值和参数变化范围

参数	基准值	变化范围
初级通道温度 *PDT*/℃	32	25～55
初级通道湿度 *PRH*/%	60	10～100
燃料硫含量 *FSC*/%	0.04	0.001～0.1
停留时间 *RT*/s	0.5	0.01～2.0

3.2.2 成核作用

1) 临界核液滴和成核率

H_2SO_4-H_2O 二元成核理论认为:挥发性纳米颗粒物是由气相的硫酸分子与水蒸气发生成核作用形成的核液滴[3],因此成核作用在核模态粒子的形成过程中起关键作用。成核作用的两个关键参数分别为临界成核液滴直径和成核率,硫酸蒸汽和水蒸气达到一定的饱和度时发生相变,形成核液滴,发生相变的核液滴直径被称为临界核液滴直径,单位时间内形成核液滴的数浓度称为成核率,成核率也表示单位时间内核液滴数浓度的增加量。发动机排气稀释条件下的临界核液滴直径和成核率与稀释混合气的温度、湿度以及硫酸蒸汽分子浓度等因素有关。

图 3-3(a),(b)分别给出了燃料含硫量、稀释混合气温度和湿度变化对临界核液滴直径和成核率的影响。模拟结果表明,临界核液滴直径通常为 1～2 nm 左右。燃料含硫量增加,临界核液滴直径呈指数规律下降,含硫量由 0.001%增大到 0.01%时,下降幅度较大,含硫量继续增大,临界核液滴直径下降趋缓。临界核液滴的直径随湿度增大而减小,高温时,随湿度增大核液滴直径变化较大,低温时临界核液滴随湿度变化较小。临界核液滴的直径随温度升高有所增大。

成核率随含硫量增大显著增加,成核率随湿度增大而增大,高温时,随湿度增大成核率有较大变化,低温时成核率随湿度变化相对较小。如含硫量为 0.05%,55℃和 25℃时湿度由 10%增大到 100%时,成核率分别增大 11 和 1 个数量级。成核率随温度降低显著增大,如含硫量为 0.05%,相同湿度条件下,25℃时成核率比 55℃时增大 2～12 个数量级。

2) 成核作用对挥发性纳米颗粒物数浓度和粒径分布的影响

图 3-4 为仅考虑成核作用,挥发性纳米颗粒物数浓度粒径分布随停留时间的变化。较短的停留时间内,混合气内有较高的硫酸分子,因此形成了粒径为 1.01 nm 的临界核液滴。核液滴数浓度随时间增加迅速增长,同时气相中的硫酸分子数

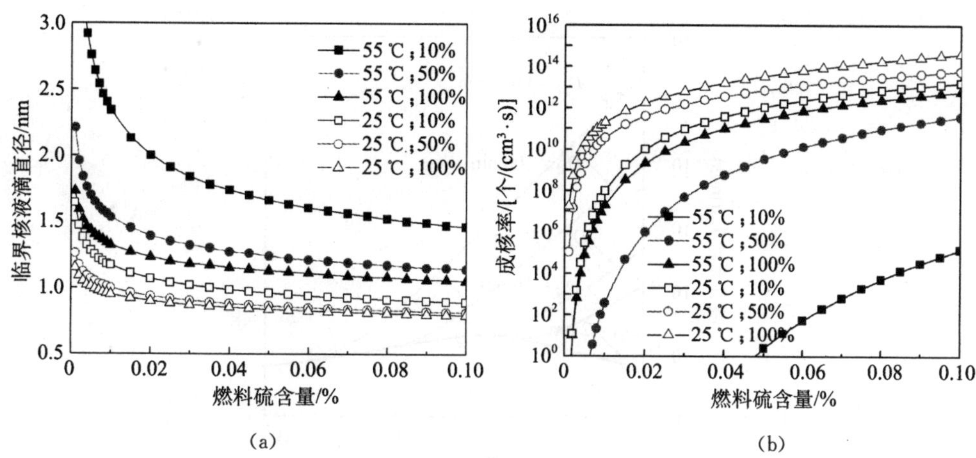

图 3-3　燃料含硫量、稀释混合气温度和湿度变化对临界核液滴直径和成核率的影响

(a) 对临界核液滴直径的影响　(b) 对成核率的影响

浓度不断下降。由于临界核液滴的粒径随气相中硫酸分子数浓度的降低而向大粒子方向偏移,因此当气相中的硫酸分子数浓度下降到一定程度时,产生了粒径为 1.27 nm 的核液滴。

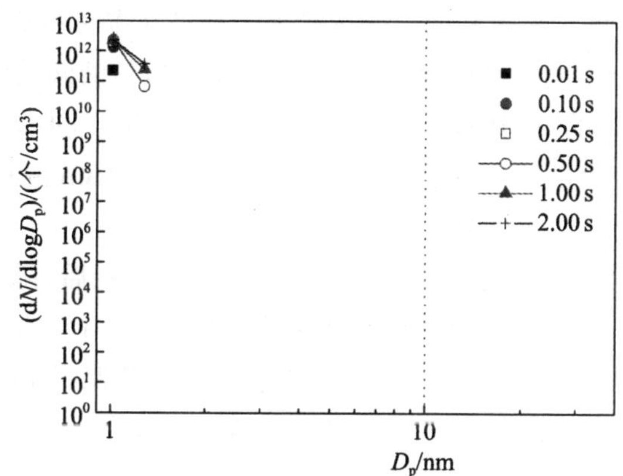

图 3-4　成核作用下挥发性纳米颗粒物数浓度粒径分布随停留时间的变化

3.2.3　凝并作用

1) 凝并系数

凝并系数是评价粒子间凝并作用强弱的一个重要参数,图 3-5 给出了两个不同大小粒子间的凝并系数[13]。由图 3-5 知,颗粒粒径相差越大,凝并系数越大。因为尽管小颗粒布朗运动的速度较大,但其表面积较小;而大颗粒正好相反,尽管

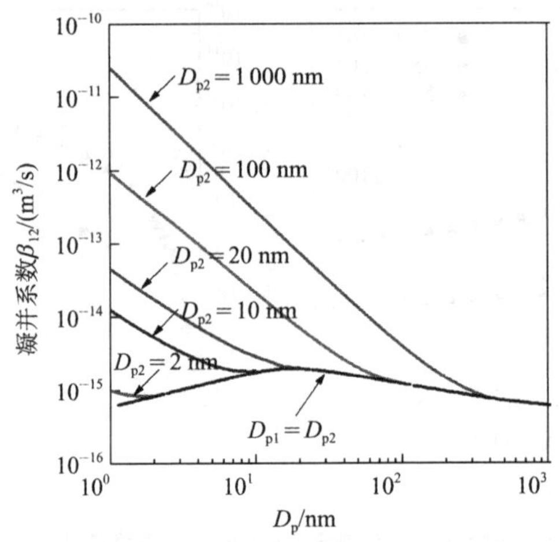

图 3－5　不同粒子间的凝并系数

其布朗运动的速度较小，而其表面积较大。因此，高速运动的小颗粒更容易与具有大表面的大颗粒相碰撞，故粒径差别较大的颗粒间有更大的凝并系数。如：粒径相等的两个 1 nm 颗粒的凝并系数为 10^{-15} m^3/s，而 1 nm 和 1 μm 颗粒的凝并系数则为 10^{-11} m^3/s。

2) 凝并作用对挥发性纳米颗粒物数浓度和粒径分布的影响

图 3－6(a)给出了同时考虑凝并和成核作用影响，核液滴数浓度粒径分布随停留时间的变化。较短的时间内，如 0.01～0.25 s 时，高浓度的成核前驱组分导致较强的成核作用，产生大量新生成的颗粒，导致 D_p = 1.02 nm 的核液滴浓度迅速上升，同时高浓度的核液滴发生凝并作用向大粒子方向发展，由于较短的时间内成核作用较强，核液滴的浓度未发生明显变化；一定停留时间后，随停留时间增加，如 0.25～2 s 时，D_p = 1.02 nm 的核液滴数浓度下降 6～7 个数量级，这是由于受凝并作用的影响，成核前体物浓度下降，成核作用受到抑制，同时由于凝并作用导致核液滴由接近单分散状态向多分散状态逐渐转变，颗粒粒径逐渐向大粒子方向发展。

图 3－6(b)是通道中含有总数浓度为 10^7 个/cm^3、几何平均粒径为 130 nm、几何标准差为 1.8 的积聚模态粒子时，考虑凝并作用影响，成核作用生成的核液滴的数浓度粒径分布随停留时间的变化。图 3－6(a)和图 3－6(b)具有相似的变化趋势，即颗粒由接近单分散状态向多分散状态逐渐转变，颗粒粒径逐渐向大粒子方向发展；然而与图 3－6(a)相比，图 3－6(b)中 D_p = 1.02 nm 的临界核液滴的下降更显著，如 0.01～2s 停留时间内，D_p = 1.02 nm 的核液滴数浓度下降超过 11 个数量级，而核液滴向大粒子方向发展的程度显著减小。由图 3－5 知，小颗粒和大颗粒之间有更强的凝并作用，因此成核作用形成的临界核液滴更容易与积聚模态发生

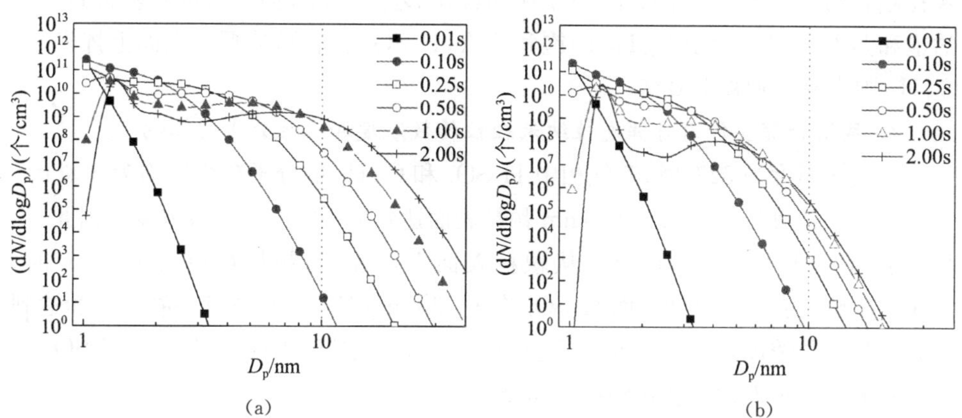

图 3-6　H_2SO_4-H_2O 成核和凝并作用下挥发性纳米颗粒物数浓度粒径分布随停留时间的变化

(a) 混合气中不含积聚模态粒子　(b) 混合气中含积聚模态粒子

凝并作用，从而抑制了临界核液滴自身的凝并增长。

3.2.4　凝结和挥发作用

1) 发生凝结和挥发作用的条件

发动机燃用传统柴油燃料(0.03%～0.05%硫含量)时，排气中含有较高浓度的硫酸(分子数浓度通常为 10^{12}～10^{13}个/cm³)和 HC 组分(分子数浓度通常为 10^{13}～10^{14}个/cm³)，硫酸以及半挥发性 HC 组分容易在颗粒表面发生凝结和挥发作用，各组分在粒径为 D_p 的颗粒表面发生凝结作用还是挥发作用取决于气相中各组分的分子数浓度 N 与颗粒表面各组分饱和状态下的分子数浓度 Ns_{Dp} 的大小。当某一组分满足 $N > Ns_{Dp}$ 时，该组分在颗粒上发生凝结；反之，该组分从颗粒上挥发。

若将排气中的 HC 浓度折算为 $C_{24}H_{50}$ 的浓度，排气中 $C_{24}H_{50}$ 分子数浓度(N_{Dpi}; $C_{24}H_{50}$)通常为 10^{12}～10^{13}个/cm³。图 3-7 给出了 32℃时 H_2SO_4 和 $C_{24}H_{50}$ 在不同粒径颗粒表面达到饱和时的分子数浓度，阴影部分表示一级通道稀释比为 15 时，通道内 H_2SO_4 和 $C_{24}H_{50}$ 的分子数浓度范围。由图 3-7 知，颗粒粒径越小，达到饱和时半挥发性组分的分子数浓度 Ns_{Dp} 越高，即颗粒表面的饱和蒸汽压越高，因此越小的

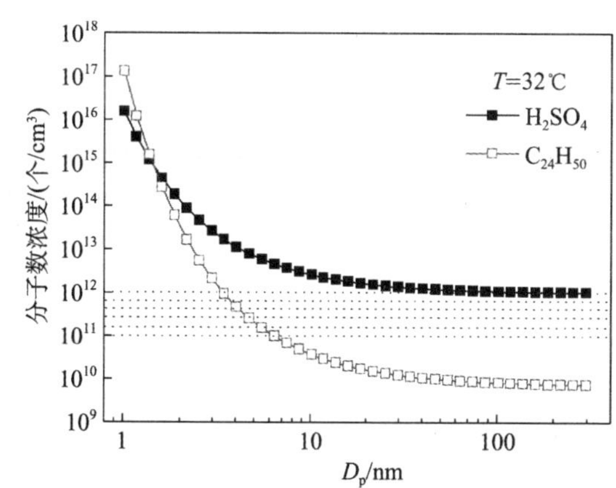

图 3-7　32℃时在不同粒径颗粒表面 H_2SO_4 和 $C_{24}H_{50}$ 的饱和分子数浓度

颗粒越容易挥发。计算条件下，对于相同粒径 $D_p > 3$ nm 的颗粒，颗粒表面 H_2SO_4 的饱和蒸汽压明显大于 $C_{24}H_{50}$ 的饱和蒸汽，H_2SO_4 更容易从颗粒表面上挥发，而 $C_{24}H_{50}$ 则容易在颗粒上凝结。

2）凝结和挥发作用对挥发性纳米颗粒物数浓度和粒径分布的影响

当气体温度为 32℃时，若气相中 H_2SO_4 和 $C_{24}H_{50}$ 的分子数浓度均为 6×10^{11} 个/cm^3，该浓度等于 $C_{24}H_{50}$ 在 4 nm 颗粒表面达到饱和时的分子数浓度。因此，当颗粒粒径小于 4 nm 时，$C_{24}H_{50}$ 从颗粒表面上挥发，当颗粒粒径大于 4 nm 时，$C_{24}H_{50}$ 在颗粒表面上凝结。而 H_2SO_4 在 1～300 nm 粒径范围内任一颗粒表面达到饱和时分子数浓度均大于气相中 H_2SO_4 的分子数浓度，因此该条件下 H_2SO_4 仅从颗粒表面上挥发而不会在颗粒表面凝结。

图 3-8 给出了混合气中含有 6×10^{11} 个/cm^3 的 H_2SO_4 分子由于 H_2SO_4 的挥发作用，初始粒径为 50 nm、数浓度为 10^6 个/cm^3 的颗粒数浓度粒径分布随停留时间的变化。随停留时间的增加，颗粒由单分散状态向多分散状态转换，颗粒向细粒子方向发展，细粒子的数浓度显著增加，随停留时间增加，$N_{Dp>0.01}$ 有所下降。表 3-3 给出了图 3-8 中颗粒粒径分布参数。

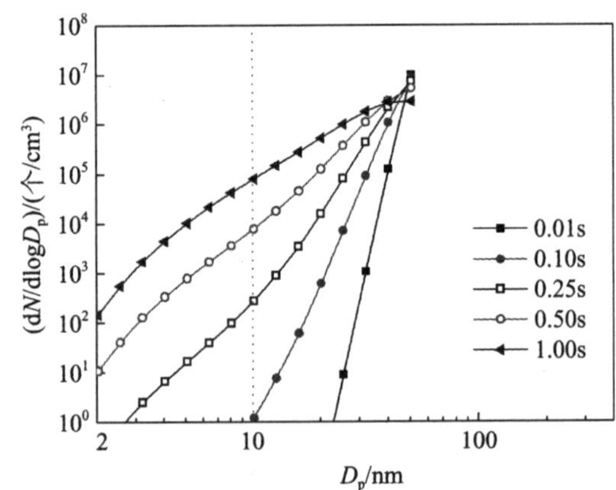

图 3-8　混合气中含有 6×10^{11} 个/cm^3 的 H_2SO_4 分子由于 H_2SO_4 的挥发作用，初始粒径为 50 nm、数浓度为 10^6 个/cm^3 的挥发性纳米颗粒物数浓度粒径分布随停留时间的变化

表 3-3　图 3-8 所示 $PM_{Dp>0.01}$ 颗粒粒径分布参数

RT/s	0.01	0.1	0.25	0.5	1
数浓度/($\times10^6$ 个/cm^3)	1	1	0.98	0.95	0.93
几何平均粒径/nm	50	49.4	47.2	43.2	35.0
几何标准差	1.03	1.08	1.15	1.26	1.41

图 3-9(a)给出了混合气中含有 6×10^{11} 个/cm^3 的 $C_{24}H_{50}$ 分子由于 $C_{24}H_{50}$ 的凝结作用，初始粒径为 6 nm、数浓度为 10^6 个/cm^3 的挥发性纳米颗粒物数浓度粒径分布随停留时间的变化。随停留时间的增加，颗粒由单分散状态向多分散状态转变，颗粒粒径向大粒子方向发展，$PM_{Dp>0.01}$ 的数浓度、数浓度几何平均粒径随停留时间增加显著增大，0.01～0.3 s 内几何标准差随停留时间增大显著增大，0.5～1 s 内几何标准差随停留时间基本保持不变。图 3-9(b)给出了混合气中含有 6×10^{11} 个/cm^3 的 $C_{24}H_{50}$ 分子，且含有 1.2×10^5 个/cm^3 的直径为 500 nm 的积聚模态粒子时，由于 $C_{24}H_{50}$ 的凝结作用，初始粒径为 6 nm、数浓度为 10^6 个/cm^3 的颗粒数浓度粒径分布随停留时间的变化。随停留时间的增加，颗粒由单分散状态向多分散状态转变，颗粒粒径向大粒子方向发展，$PM_{Dp>0.01}$ 颗粒数浓度、数浓度几何平均粒径、几何平均粒径随停留时间增加显著增大。由于部分 $C_{24}H_{50}$ 凝结在积聚模态粒子上，$C_{24}H_{50}$ 在小颗粒表面凝结增长作用减弱，因此相同的停留时间内，混合气中含有积聚模态粒子时，由凝结作用形成的 $PM_{Dp>0.01}$ 的数浓度、数浓度几何平均粒径、几何平均粒径均小于无积聚模态影响时。表 3-4、表 3-5 分别给出了图 3-9(a)与(b)中颗粒粒径分布参数。

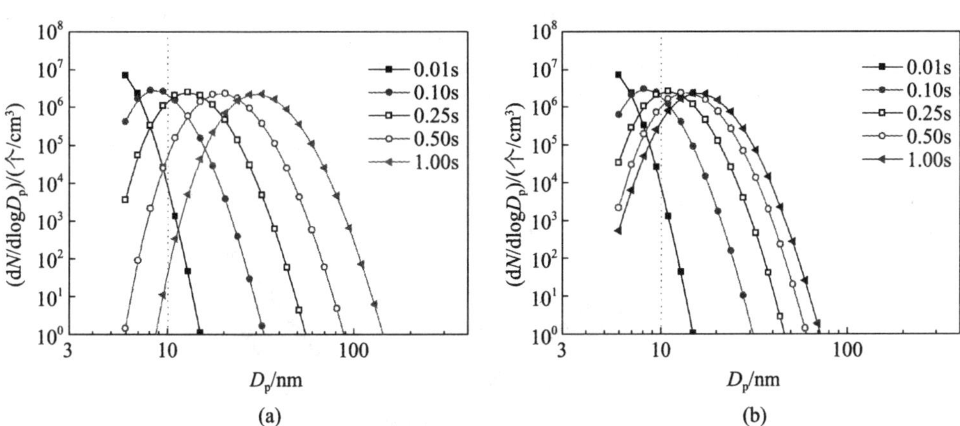

图 3-9　混合气中含有 6×10^{11} 个/cm^3 的 $C_{24}H_{50}$ 分子由于 $C_{24}H_{50}$ 的凝结作用，初始粒径为 6 nm，数浓度为 10^6 个/cm^3 的挥发性纳米颗粒物数浓度粒径分布随停留时间的变化

(a) 不含积聚模态粒子　(b) 含有 1.2×10^5 个/cm^3 的直径为 500 nm 的积聚模态粒子

表 3-4　图 3-9(a)所示 $PM_{Dp>0.01}$ 颗粒粒径分布参数

RT/s	0.01	0.1	0.25	0.5	1
数浓度/($\times10^6$ 个·cm^{-3})	0.28	0.50	0.96	1	1
几何平均粒径/nm	10.1	10.8	13.4	19.7	30.7
几何标准差	1.02	1.12	1.24	1.29	1.30

表 3-5　图 3-9(b)所示 $PM_{Dp>0.01}$ 颗粒粒径分布参数

RT/s	0.01	0.1	0.25	0.5	1
数浓度/(×10^6 个/cm^3)	0.27	0.42	0.84	0.98	1
几何平均粒径/nm	10.0	10.7	12.1	14.3	16.2
几何标准差	1.02	1.10	1.19	1.26	1.28

3.2.5　沉降作用

1) 沉降速率

颗粒在稀释通道内随气流运动过程中，由于受扩散沉积作用以及惯性沉积作用的影响，混合气中颗粒会在管壁发生沉降作用，沉降速率是评价沉降作用强弱的一个重要参数。图 3-10 给出了典型摩擦速率和粗糙度下不同粒径颗粒的沉降速率。由图知所选参数变化时，沉降速率有 1 个数量级左右的变化。其他参数保持不变，粒径为 1～10000 nm 之间的颗粒的沉降速率有 2～3 个数量级左右的变化，惯性沉积作用对较细的粒子影响显著，而扩散沉积对较粗粒子影响显著，因此，对于惯性沉积和惯性沉积作用均较弱的 100～1000 nm 之间颗粒，其沉降速率最小，小于其他细粒子和粗粒子的沉降速率。图 3-10 表明沉降速率还与摩擦速率和壁面的粗糙程度有关，其中前者的影响更为显著。

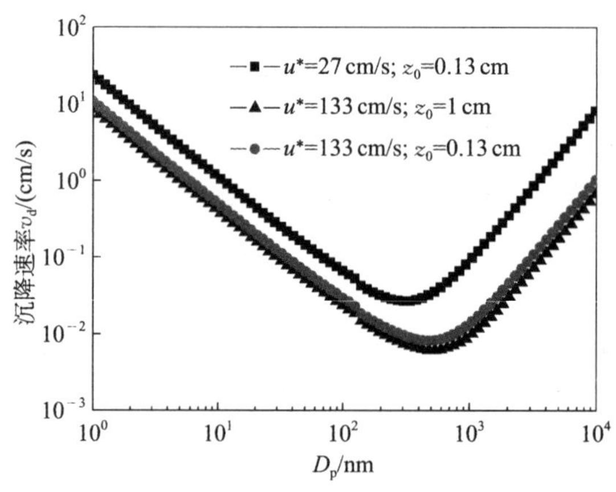

图 3-10　典型条件下颗粒沉降速率

2) 沉降作用对颗粒数浓度和粒径分布的影响

图 3-11 给出了初始排气中含有总数浓度为 10^7 个/cm^3、几何平均粒径为 130 nm、几何标准差为 1.8 的积聚模态粒子时，包含(w dep)和不包含沉降作用(w/o dep)两种情况下，对于不同停留时间，由于成核和凝并作用引起的颗粒数浓

度粒径分布变化。由图 3-11 知，沉降作用使总颗粒数浓度有一定程度的下降，颗粒几何平均粒径有所减小。

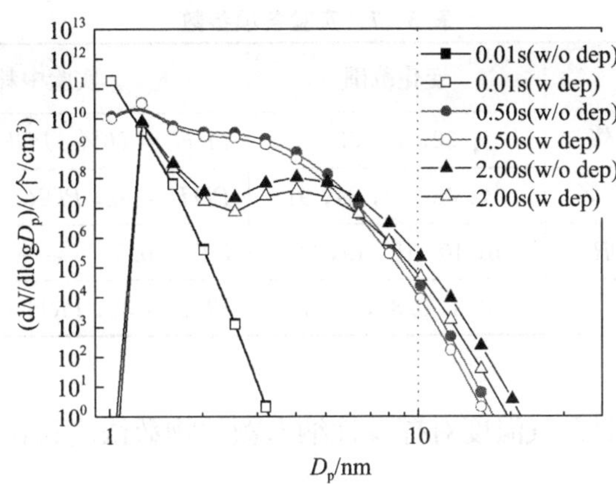

图 3-11　H_2SO_4-H_2O 成核、凝并和沉降作用下颗粒数浓度粒径分布随停留时间的变化

3.3　排气稀释过程中挥发性纳米颗粒物形成和变化测试

实验发动机为 D6114ZLQB 型六缸、四冲程、中冷、涡轮增压、直喷柴油发动机，发动机主要参数如表 3-6 所示。使用柴油燃料为市售 0＃柴油，硫含量(FSC)为 0.04%。

表 3-6　实验柴油机的主要技术参数

型号	D6114ZLQB
形式	六缸、四冲程、中冷、涡轮增压、直喷
缸径×行程/mm	114×135
排量/L	8.27
压缩比	18∶1
供油提前角/°CA	9
(额定功率/转速)/(kW/r·min^{-1})	184/2200
(最大扭矩/转速)/(N·m/r·min^{-1})	1000/1400

柴油机经过预热后稳定运行于 1400 r/min，50%负荷工况下，在保持其他条件不变的情况下，分别改变初级稀释通道内混合气温度(PDT)、混合气湿度(PRH)、稀释比例(PDR)和混合气在初级通道内的停留时间(RT)等参数进行稀释参数影响实

验。具体参数如表 3-7 所示。各项测试中每调节一次参数，进行 10 min 测试，完成三组 SMPS 采样。

表 3-7　实验各项参数

实验项目	变化范围	实验中其他参数
初级通道温度，*PDT*/℃	32，43，55	*PRH* = 60%，*PDR* = 15，*RT* = 0.5
初级通道湿度，*PRH*/%	24，38，73，84，91	*PDT* = 32，*PDR* = 15，*RT* = 0.5
初级通道稀释比，*PDR*	6，10，15，19，32	*RT* = 0.5
停留时间，*RT*/s	0.3，0.82，1.54	*PDT* = 32，*PRH* = 60%，*PDR* = 15

3.3.1　初级通道混合气温度对挥发性纳米颗粒物数浓度和粒径分布的影响

通过引入不同温度的稀释空气改变初级通道内混合气的温度，图 3-12 给出了颗粒数浓度粒径分布随初级通道内混合气温度(PDT)的变化。PDT 对积聚模态的数浓度粒径分布无显著的影响，与积聚模态不同，PDT 显著影响核模态粒子的数浓度和粒径分布，表 3-8 给出了核模态粒子粒径分布的具体参数。PDT 降低，核模态数浓度显著增加，核模态几何平均粒径和几何标准差均有所减小。如 PDT 由 55℃下降到 32℃，核模态粒子数浓度增加 1 个数量级左右，核模态几何平均粒径和几何标准差均略有减小。这是由于降低温度会增加混合气中硫酸、水和半挥发性 HC 等的蒸汽压，成核和凝结作用增强，从而产生较多的颗粒组分。

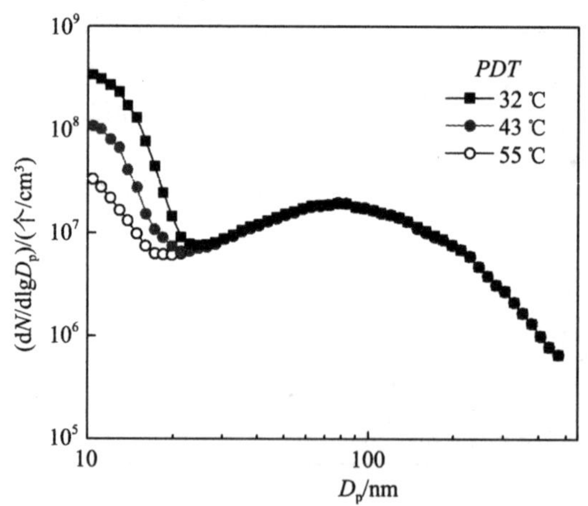

图 3-12　初级通道内混合气温度(*PDT*)对发动机排放颗粒数浓度粒径分布的影响

表 3－8　图 3－12 中核模态粒子粒径分布参数

PDT/℃	32	43	55
数浓度/(个/cm^3)	5.18×10^7	1.59×10^7	5.99×10^6
几何平均粒径/nm	12.7	13.0	14.9
几何标准差	1.21	1.30	1.41

3.3.2　初级通道混合气湿度对挥发性纳米颗粒物数浓度和粒径分布的影响

图 3－13 为初级通道混合气湿度(PRH)变化对挥发性纳米颗粒物数浓度粒径分布的影响，表 3－9 给出了核模态粒子粒径分布的具体参数。PRH 对积聚模态的数浓度粒径分布无显著的影响，与积聚模态不同，湿度由 24%增大到 91%时，颗粒数浓度增大 1 个数量级左右。几何平均粒径和几何标准差随 PRH 增大无显著变化。

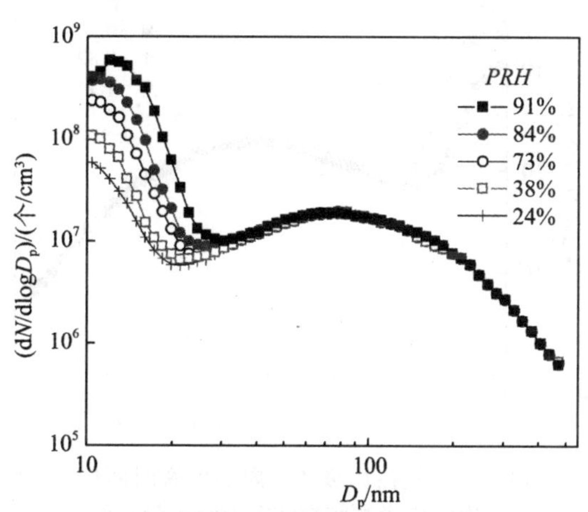

图 3－13　初级通道内混合气湿度(PRH)对挥发性纳米颗粒物数浓度粒径分布的影响

表 3－9　图 3－13 中核模态粒子粒径分布参数

PRH/%	24	38	73	84	91
数浓度/(个/cm^3)	9.15×10^6	1.49×10^7	3.62×10^7	6.43×10^7	1.15×10^8
几何平均粒径/nm	13.7	13.1	12.7	12.7	13.4
几何标准差	1.36	1.31	1.24	1.21	1.20

显然，PRH 增加，混合气中水分子的蒸汽压显著增加，成核作用增强，产生较

多的分子团簇，较多的分子团簇容易形成较多的挥发性纳米颗粒，由于增加水分子的蒸汽压有效降低了团簇粒径，因此随湿度增加，挥发性纳米颗粒物向小粒子方向迁移。

3.3.3 混合气在初级通道内停留时间对挥发性纳米颗粒物数浓度和粒径分布的影响

图 3-14 为停留时间（RT）对颗粒数浓度和粒径分布的影响，停留时间对积聚模态的数浓度粒径分布无显著的影响，与积聚模态不同，停留时间由 0.3 s 增大到 1.54 s 时，核模态粒子数浓度增大 5 倍左右，核模态几何平均粒径略有增大。表 3-10 给出了核模态粒径分布的具体参数。随 RT 增加，成核作用不断产生分子团簇，团簇粒径在凝并和凝结作用下不断增大。成核、凝并和凝结三者共同作用下，随 RT 增加，颗粒数浓度粒径显著增加，颗粒粒径向大粒子方向迁移。

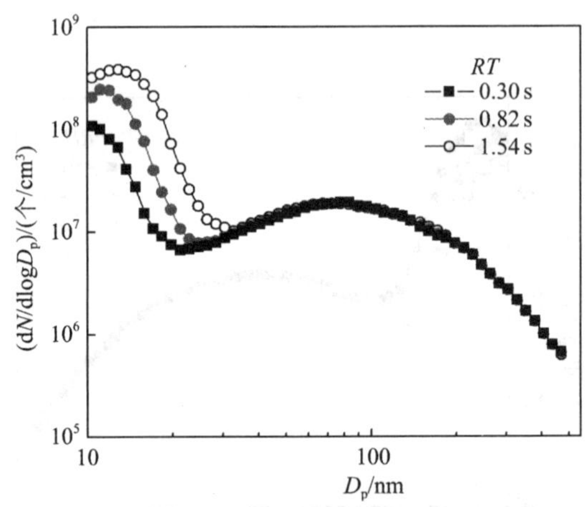

图 3-14 混合气在初级通道内的停留时间（RT）对挥发性纳米颗粒物数浓度粒径分布的影响

表 3-10 图 3-14 中核模态粒子粒径分布参数

RT/s	0.3	0.82	1.54
数浓度/(个/cm^3)	1.67×10^7	4.33×10^7	9.27×10^7
几何平均粒径/nm	12.9	13.2	13.8
几何标准差	1.28	1.22	1.23

3.3.4 初级通道稀释比对挥发性纳米颗粒物数浓度和粒径分布的影响

初级通道稀释比（PDR）对颗粒的形成和增长有显著的影响作用，如图 3-15

所示，表 3-11 给出了核模态粒子粒径分布的具体参数。PDR 对积聚模态的数浓度粒径分布无显著的影响，与积聚模态不同，PDR 为 15～19 时，核模态数浓度明显高于其他稀释比时，且核模态粒子的几何平均粒径也稍低于其他稀释比时。PDR 由 10 降低到 6 时，颗粒数浓度明显降低，这可能是由于 PDR 较低时，混合气中含有较多的碳烟组分，从而抑制了挥发性纳米颗粒的形成；与 $PDR=10$ 时相比，$PDR=6$ 时颗粒的峰值粒径明显向大粒子方向迁移，这可能是由于 PDR 由 10 降低到 6 时，混合气中影响颗粒形成和生长的前驱组分分压增加，前驱组分的凝结作用导致颗粒向大粒子方向偏移；PDR 由 10 增加到 19 时，颗粒数浓度显著增加，这可能是由于 PDR 增加，混合气温度降低导致成核和凝结作用增强，颗粒数浓度增加；继续增大 PDR，如 PDR 由 19 增加到 32 时，由于影响颗粒形成和生长的前驱组分分压降低，动力学作用减弱，颗粒数浓度下降。

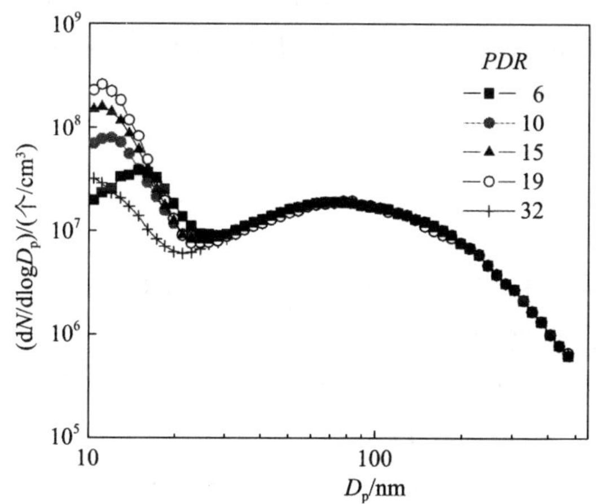

图 3-15　初级通道稀释比(PDR)对挥发性纳米颗粒物数浓度粒径分布的影响

表 3-11　图 3-15 中核模态粒子粒径分布参数

PDR	6	10	15	19	32
数浓度/(个/cm^3)	1.09×10^7	1.27×10^7	1.64×10^7	3.91×10^7	6.57×10^6
几何平均粒径/nm	15.9	14.3	13.8	12.7	14.9
几何标准差	1.32	1.31	1.30	1.23	1.40

基于气溶胶动力学作用原理，进一步对柴油机排气稀释过程中颗粒数浓度和粒径分布变化特性进行描述。

H_2SO_4-H_2O 系统在硫酸分压极低的情况下，能够触发核化机制，因此传统发动机燃用含硫量较高的燃料时，认为排气稀释过程中 H_2SO_4-H_2O 系统成核作用产生大量的核液滴，硫酸蒸汽形成核液滴（直径通常为 1 nm 左右）的成核率 J 与硫酸蒸汽的饱和度 $S(S = P/P_s)$ 成正比，P 为气相中硫酸的分压，P_s 为硫酸的饱和蒸汽压。燃料硫含量越高，燃料转化形成硫酸浓度越高，即气相中硫酸的分压越高，高的硫酸饱和度能够形成更多的核模态粒子。

稀释通道内混合气的温度显著影响硫酸和 HC 等半挥发性组分的饱和度 P_s，温度降低，硫酸的饱和度增加，成核作用增强，形成新颗粒的数量增加；温度的降低又使半挥发性组分的饱和度增加，半挥发性组分在新颗粒上的凝结作用增强，颗粒粒径向大粒子方向偏移。随稀释比增大，混合气温度显著下降，成核和凝结作用增强，较强的成核和凝结作用使颗粒数量增加；稀释比增大的同时，通道内硫酸和 HC 组分的浓度降低，两种组分的分压下降，导致成核作用和凝结作用减弱。因此稀释比增大时，成核和凝结作用先增强后减弱。实验发现稀释比为 15～19 时，核模态粒子数浓度最大，高于或低于该稀释比时，核模态粒子数浓度均显著降低。

稀释通道内稀释混合气的湿度增加，水蒸气的分压增大，H_2SO_4-H_2O 成核作用增强，有较多的核模态粒子生成。

3.4 本章小结

本章对稀释通道内稀释过程中超细颗粒的形成和变化进行了研究，测试了初级稀释通道内混合气温度、混合气湿度、稀释比例和混合气在初级通道内的停留时间等参数变化对测试结果的影响，并对影响颗粒数浓度和粒径分布的气溶胶动力学作用进行了模拟研究，得到以下结论：

(1) 基于 H_2SO_4-H_2O 二元均相成核理论模拟排气稀释条件下临界核液滴直径和成核率随含硫量核稀释参数的变化，临界核液滴直径通常为 1～2 nm 左右。燃料含硫量增加，临界核液滴直径呈指数规律下降，含硫量由 0.001%增大到 0.01%时，下降幅度较大，含硫量继续增大，临界核液滴直径下降趋缓。临界核液滴的直径随湿度增大而减小，高温时，随湿度增大核液滴直径变化较大，低温时临界核液滴随湿度变化较小。成核率随含硫量增大显著增加。成核率随湿度增大而增大，高温时，随湿度增大成核率有较大变化，低温时成核率随湿度变化较小。

(2) 基于成核、凝并、凝结和挥发以及沉降等气溶胶动力学原理，对排气稀释过程中影响挥发性纳米颗粒物数浓度和粒径分布的动力学因素进行模拟研究。H_2SO_4-H_2O 成核作用产生 1～2 nm 左右的核液滴，随停留时间增大，成核作用使总颗粒数浓度增加；凝并作用使临界核液滴数浓度降低，粒径向大粒子方向发展，核液滴更容易与混合气中的积聚模态粒子发生凝并作用，从而抑制了核液滴自身的凝并作用；沉降作用使总粒数浓度稍有下降，对颗粒粒径分布有一定程度的影响；半挥发性组分在颗粒表面是否发生挥发和凝结取决于气相中半挥发性组分的分压与颗粒表面的饱和蒸汽压之间的大小，挥发作用使颗粒粒径减小，凝结作用使颗粒粒径增大，由于半挥发性组分更容易凝结于积聚模态粒子上，积聚模态粒子能够抑制半挥发性组分在核模态粒子上的凝结。

(3) 初级通道内混合气温度、初级通道内混合气湿度、初级通道内混合气稀释比例和混合气在初级通道内的停留时间等参数对排气积聚模态粒子无显著影响，对核模态粒子数浓度和粒径分布有显著的影响，稀释通道内混合气温度降低、湿度增大，均使核模态粒子数浓度增大；稀释比为 15～19 时，核模态数浓度最大，低于或高于该稀释比时，核模态粒子数浓度均显著减小；停留时间由 0.3s 增大到 1.54s 时，核模态粒子数浓度增大 5 倍左右，颗粒粒径稍有增大。

参考文献

[1] Reiss J. The kinetics of phase transition in binary system [J]. Journal of Chemical Physics, 1950,18:840 - 848.

[2] Roedel W. Measurement of sulfuric acid saturation vapor pressure: implications for aerosol formation by heteromolecular nucleation [J]. Journal of Aerosol Science, 1979,10:375 - 386.

[3] Seinfeld JH, Pandis S N. Atmospheric chemistry and physics: from air pollution to climate change [M]. New York: John Wiley & Sons, Inc. 1998.

[4] Jaecker-Voirol A, Mirabol P, Reiss H. Hydrates in supersaturated binary sclfuric acid-water vapor: A reaxaminntion [J]. Journal of Chemical Physics, 1987,87:4849 - 4852.

[5] Kulmala M, Viisanen Y. Homogeneous nucleation: reduction of binary nucleation to homomolecular nucleation [J]. Journal of Aerosol Science, 1991, 22(Supplement):97 - 100.

[6] Kulmala M, Lauri A, Vehkamalki H, et al. Strange predictions by binary heterogeneous nucleation theory compared with a quantitative experiment [J]. Journal of Physical Chemistry: B, 2001,105:11800 - 11808.

[7] Ayers G P, Gillett R W, Gras J L. On the vapor pressure of sulfuric acid [J]. Geophysical Research Letters, 1980,7:433 - 436.

[8] Kulmala M, Laaksonen A. Binary nucleation of water-sulfuric acid system: Comparison of classical theories with different H_2SO_4 saturation vapor pressures [J]. Journal of Chemical Physics, 1990,93:696 - 701.

[9] Taleb D E, Ponche J L, Mirabel P. Vapor pressures in the ternary system water-nitric acid-sulfuric acid at low temperature: A reexamination [J]. Journal of Geophysical Research, 1996,101:25967 - 977.

[10] Kulmala M，Laaksonen A. Parameterizations for sulfuric acid/water nucleation rates [J]. Journal of Geophysical Research，1998，103：8301－8307.

[11] Smoluckowski M A. Versuch einer mathematischen theorie der koagulationskinetik kolloider Lösungen. Phys. Chem.，1917，92：129.

[12] Fuchs N A. Mechinics of Aerosols [M]. New York：New York Pergamon Press，1964.

[13] Prakash A，Bapat A P，Zachariah M R. A simple numerical algorithm and software for solution of nucleation，surface growth，and coagulation problems [J]. Aerosol Science and Technology，2003，37：892－898.

[14] Schack C J，Pratsinis S E，Friedlander S K. A general correlation for deposition of suspended particles from turbulent gases to completely rough surfaces [J]. Atmospheric Environment，1985，19(6)：953－960.

第4章　压燃式发动机排放颗粒物主要成分

发动机所排放的颗粒物由碳烟团聚物及其表面或间隙中所吸附的半挥发性物质组成。半挥发性物质一般包括有机碳氢和含硫无机成分等，碳氢成分又包含了上百种剧毒及致癌的复杂有机化合物，如 PAHs 等，因此，发动机排放颗粒物的挥发性是评价颗粒物危害程度的重要标准之一。有机碳（organic carbon, OC）和元素碳（elemental carbon, EC）是组成发动机排气颗粒的最主要成分，OC 中半挥发性成分有着很大的重合部分，EC 是影响大气能见度的重要原因之一，由于不同粒径范围内排气颗粒的形成机理不尽相同，导致颗粒物的挥发性及其成分亦与粒径相关，因此有必要在区分粒径的基础上详细研究不同发动机条件下排气颗粒的挥发性及其成分特征。本章针对含硫量为 400 ppm 的低硫柴油、含硫量低于 10 ppm 的超低硫柴油以及可再生的生物柴油，考查这三种不同燃料对颗粒物排放的理化特性的影响规律。

4.1　颗粒物质量排放及其挥发性特征

4.1.1　颗粒物质量排放及其尺寸分布特征

实验在一台四缸、自然吸气、直喷式柴油机上进行，发动机基本参数见表 4-1。发动机与测功机相连接，通过测功机系统调整发动机的转速和扭矩大小。为了保证实验测试的重复性和可比较性，发动机的冷却水由测试系统自动控制在 80℃，

表 4-1　实验用柴油机的主要技术参数

	Isuzu 4HF1		Isuzu 4HF1
类型	四缸直列泵	排量	4334/ml
额定功率	88 kW/(3200 r/min)	压缩比	19.0∶1
额定扭矩	285 N·m /(1800 r/min)	喷油时刻	8°
缸径×行程	112 mm×110 mm		

误差为±2℃。而发动机机油温度控制在90～100℃之间。实验选取超低硫柴油(ULSD)、生物柴油(BD)和低硫柴油(LSD)三种不同燃料研究压燃式发动机颗粒物排放特性。超低硫柴油含硫量低于10 ppm，生物柴油来源于餐饮废油，购自Dynamic Progress公司，其理化特性符合欧洲生物柴油标准EN14214。低硫柴油含硫量在400 ppm左右。表4-2列出了三种燃油的详细物性参数。

表4-2 燃油物性参数

	ULSD	BD	LSD
十六烷值	52	51	51
低热值/(MJ/kg)	42.5	37.5	42.5
密度/(kg/m^3)@20 ℃	840	871	834
黏度/(MPa s)@40 ℃	2.4	4.6	3.03
汽化潜热/(kJ/kg)	250～290	300	280
碳含量/(%wt)	86.6	77.1	87.4
氧含量/(%wt)	0	10.8	0
硫含量/(mg/kg)	<10	<10	400
多环芳烃含量/(mg/kg)	<11	0	27.7
灰分/(mg/kg)	<100	<200	<100

注："@20℃"表示"在20℃时测得"；"@40℃"表示"在40℃时测得"；"%wt"表示质量百分数。

实验主要测试了发动机燃用超低硫柴油(ULSD)、生物柴油(BD)和低硫柴油(LSD)三种燃料，在定转速1800 r/min下5个不同负荷时的颗粒物排放特性。对应的平均有效压力(BMEP)分别为0.08 MPa，0.20 MPa，0.38 MPa，0.55 MPa和0.70 MPa。在线测量仪器使用TEOM，SMPS，TD测试颗粒物排放的数量、质量浓度及其挥发性特征。离线测试使用MOUDI将颗粒物样品区分粒径采集，分析内容主要包括排气颗粒挥发性物质比例，OC，EC及PAHs的浓度特征。

发动机总颗粒物质量排放通过TEOM测得，图4-1为总颗粒物质量比排放率在不同燃油条件下随负荷的变化规律。颗粒物质量比排放率(BSPM)是计算发动机发出单位功率时所产生的颗粒物排放质量，对于不同的燃油，颗粒物最小比排放率均出现在0.2 MPa或0.38 MPa的中低负荷条件下。在低负荷(0.08 MPa)条件下，低的缸内温度导致发动机较低的热效率，进而导致较高的颗粒物比排放率。在较高负荷(0.7 MPa)条件下，颗粒物比排放率迅速上升，这是由于颗粒物主要由干碳烟、可溶性有机物和硫酸盐组成，其中干碳烟是排气颗粒最主要的成分，并且大部分干碳烟是在扩散燃烧阶段产生的，而发动机高负荷所增加的燃油消耗主要用于扩散燃烧，故比排放率在高负荷条件下显著上升。

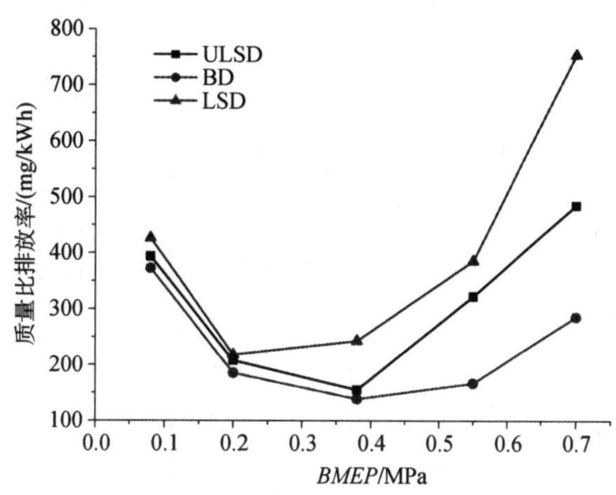

图 4-1　不同燃油及发动机负荷下颗粒物质量比排放率

比较燃用不同燃油的颗粒物排放结果发现，生物柴油和低硫柴油分别产生最低和最高的颗粒物质量比排放率。燃用生物柴油 5 种不同负荷的平均比排放率为 229.8 mg/kWh，比超低硫柴油和低硫柴油分别下降了 26.5%和 43.3%。燃用生物柴油对颗粒物排放的抑制效果可归因于生物柴油特别的理化特性。首先，生物柴油中的含氧量不但可以在燃烧过程中改善预混合燃烧和扩散燃烧，而且还可以加速颗粒物的深度氧化；其次生物柴油较低的碳含量可抑制部分颗粒物的形成，燃料中的多环芳烃成分是颗粒物生成的重要前驱物，生物柴油中缺失的多环芳烃含量也是导致其较低颗粒物排放的重要原因；另外生物柴油相对于其他两种燃油可压缩性较低，导致柱塞开启时间提前，使得缸内燃烧提前发生，所产生颗粒物有着更长的缸内氧化时间。对比超低硫柴油和低硫柴油的颗粒物排放，超低硫柴油中除了较低的多环芳烃含量外，燃料中的硫含量亦是影响发动机颗粒物排放的重要原因，Ullman 等[1]发现燃料中的硫含量每降低 100 ppm，颗粒物质量排放就可降低 3%～5%。

颗粒物质量排放的粒径分布特征在发动机负荷 0.7 MPa 条件下进行。每种燃油的颗粒物样品均使用 MOUDI 采样两次，总计获得 42 个滤膜样品。图 4-2 为不同粒径条件下颗粒物质量的比排放率，其质量平均直径(MMD)及标准差(σ)列于表 4-3 中。对于每种燃油，颗粒物质量排放的峰值均出现在 100～180 nm 的粒径范围内。燃用超低硫柴油、生物柴油和低硫柴油的 $PM_{1.8}$ 比排放率分别为 399.9 mg/kWh，198.8 mg/kWh 和 576.4 mg/kWh。生物柴油对颗粒物排放的抑制效果与 TEOM 所测得的结果相符。相比其他两种燃油，生物柴油在所测量的 0～1 800 nm 粒径范围内都有着较低的比排放率，且 MMD 有着明显减小，这说明小尺寸颗粒物在生物柴油的颗粒物排放中占有较大的比例，也说明了生物柴油能更有效

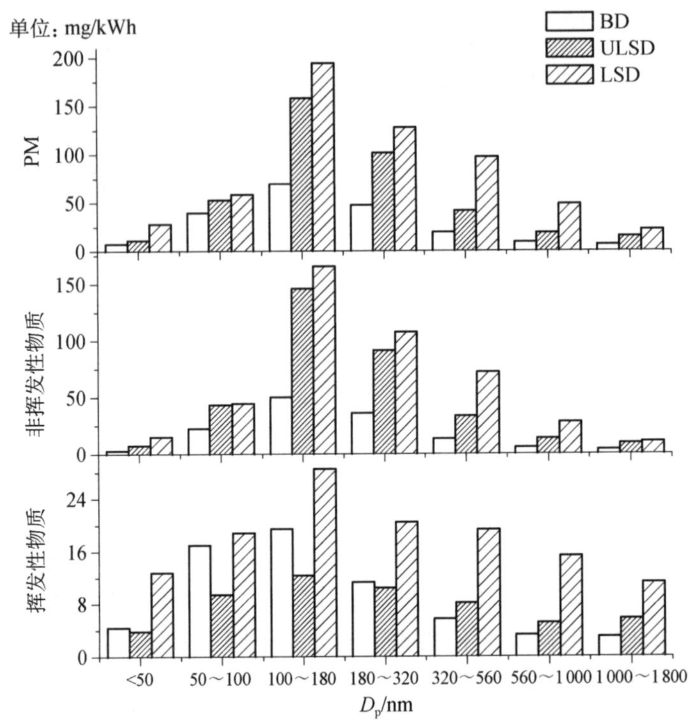

图 4-2　不同燃油对颗粒物中挥发性物质和不挥发性物质质量尺寸分布的影响

表 4-3　PM 和不挥发性颗粒物的质量平均直径及其标准差

	PM		非挥发性物质	
	MMD	σ	*MMD*	σ
ULSD	191.19	2.15	180.82	1.97
BD	176.40	2.22	170.31	2.04
LSD	225.00	2.28	219.59	2.08

地抑制大尺寸颗粒物的生成。

4.1.2　基于质量测量的颗粒物挥发性

基于质量的颗粒物挥发性是使用热重分析方法确定 MOUDI 采集的颗粒物样品中挥发性物质的比例。图 4-2 与表 4-3 进一步显示了发动机负荷 0.7 MPa 条件下，燃用三种不同燃油，颗粒物排放中挥发性及不挥发性物质在不同粒径范围内的比排放率、质量平均尺寸及其几何标准差。燃用超低硫柴油、生物柴油和低硫柴油所产生挥发性物质的比排放率分别为 55.2 mg/kWh，64.2 mg/kWh 和 132.6 mg/kWh，结果表明生物柴油相对于低硫柴油，可有效降低挥发性物质的排放，而燃用超低硫柴油产生的挥发性物质比排放率最低。在各种总颗粒物排放中，超低硫柴油、生物柴油和低硫柴油挥发性物质所占的比例分别为 13.8%，32.2%和 23.0%，这表明了生物柴油颗粒物排放相对其他两种燃油具有较高的挥发性。由于生物柴油本身较低的挥发性，未燃的生物柴油易于吸附在碳烟颗粒表面，成为颗粒排放中的挥发性成分。燃用低硫柴油所产生的颗粒物排放，其挥发性亦明显高于超低硫柴油颗粒物排放，不仅仅燃料中的硫成分可以在燃烧过程中转化为硫酸或硫酸盐等挥发性物质，凝结的硫酸盐或硫酸成分亦为挥发性的碳氢成分提供了大量的凝结核，促进了挥发性有机物的吸附凝结作用。

如图 4-2 所示，在颗粒物粒径小于 180 nm 的范围内，燃用生物柴油和超低硫柴油的挥发性物质比排放率分别为 40.9 mg/kWh 和 25.7 mg/kWh。而在 180～1800 nm 范围内，相应的比排放率分别为 23.4 mg/kWh 和 29.5 mg/kWh。该结果表明生物柴油相对于超低硫柴油较高的挥发性物质比排放率主要集中在小粒径范围内。而相比超低硫柴油和生物柴油，燃用低硫柴油所产生的挥发性物质在所测量的全尺寸范围内均表现出高的比排放率。

图 4-3 为不同粒径范围内挥发性物质在颗粒物排放中所占的比例，即颗粒物挥发性随粒径的变化关系。对于每种测试燃油，颗粒物的挥发性均随着颗粒物粒径的增加呈先减小后增大的变化。粒径小于 50 nm 的颗粒物一般被认为是核模态颗粒物，此类颗粒物主要是挥发性碳氢或液态的硫酸成分在尾气的稀释冷却过程中凝结而成，因此具有很强的挥发性。而更大尺寸的颗粒物一般是由大量基本颗粒团聚而成，基本颗粒之间大量空隙的存在，使得大尺寸的颗粒团聚物呈现类似海

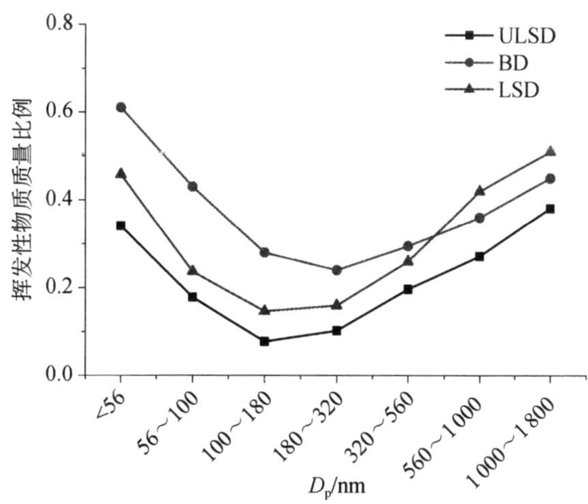

图 4-3　燃用不同燃料排气颗粒中挥发性物质比例的尺寸分布特征（*BMEP* = 0.7 MPa）

绵状的多孔结构。此类多孔结构很容易吸附或捕捉排气中的挥发性成分，因此在大尺寸范围内，随粒径的增长颗粒物呈现更强的挥发性。对比三种不同的燃油，燃用生物柴油所产生的颗粒物在小于 560 nm 的小尺寸范围内的挥发性最强，而在 560～1 800 nm 的大尺寸范围内，低硫柴油颗粒物的挥发性更强。

4.2 颗粒物数量排放及其挥发性特征

4.2.1 基于数量测量的颗粒物挥发性

基于数量测量的发动机颗粒物排放挥发性的研究结果，是通过比较排气颗粒物经过热吸附管前后的 SMPS 结果获得的。图 4-4 为发动机负荷 0.38 MPa 条件下，典型的颗粒物数量浓度在经过热吸附管前后的尺寸分布特征。图 4-5 和图 4-6 分别是发动机尾气经过热吸附管前后颗粒物几何平均粒径(GMD)和数量浓度比排放率(BSPN)的变化。颗粒物数量浓度的比排放率为发动机发出单位功率时所产生的颗粒物总数量。

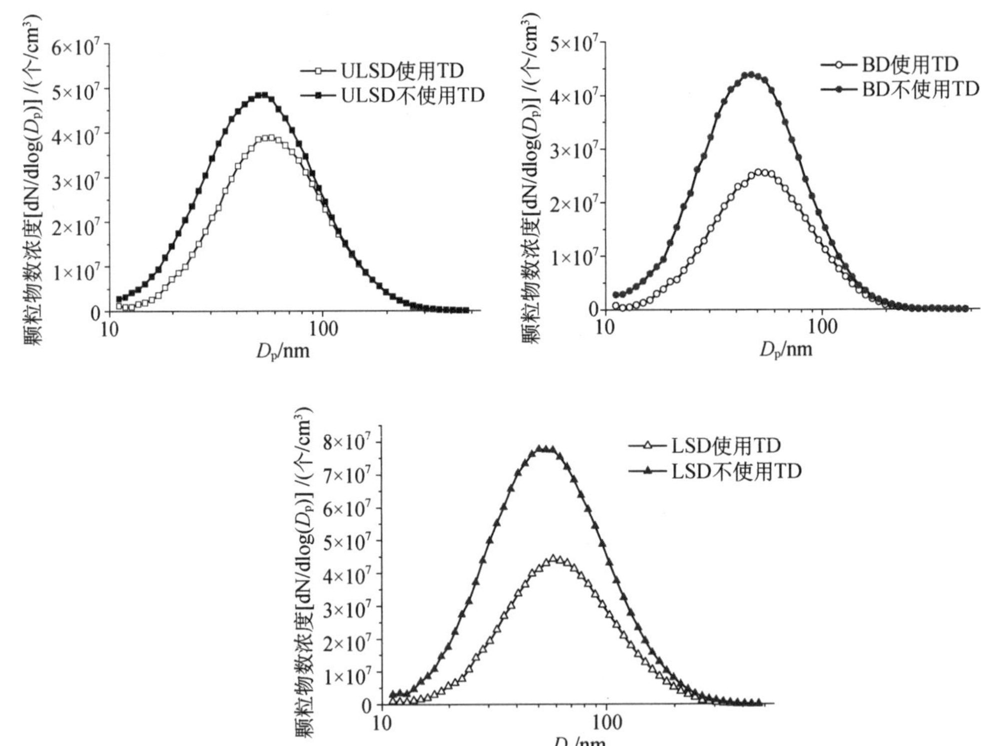

图 4-4 热吸附管前后不同燃油颗粒物排放数量尺寸分布特征(*BMEP* = 0.38 MPa)

如图 4－4 所示，发动机尾气在经过热吸附管前后，颗粒物数量浓度的变化主要集中在小于 100 nm 的范围内。发动机尾气在经过热吸附管之后，一些完全由挥发性物质组成的颗粒物可以完全被吸附，而有些颗粒物则减小为粒径 10 nm 以下的更为细小的不挥发性颗粒物，在本次实验中，由于 SMPS 的测量范围是 10～486 nm，此类颗粒物在实验中不能测得。而对于粒径大于 100 nm 的颗粒物，热吸附管对其影响程度则没有那么明显，这是由于粒径大于 100 nm 的颗粒物也被称为集聚态颗粒物，如前文所述，此类颗粒物是以基本颗粒物堆积而成的多孔状形态存在，挥发性物质一般被吸附在基本颗粒之间的间隙内，因而其经过热吸附管去除挥发性物质对其总体尺寸没有明显的影响。

图 4－5 表明颗粒物 GMD 随发动机负荷的增加而增加，这是由于在高负荷条件下，更多的燃油消耗在扩散燃烧模式下。扩散燃烧高的局部当量比及燃烧温度，使得碳烟颗粒大量生成，促进了碳烟的生长合并过程，从而导致大的几何平均尺寸，而且在大负荷条件下，较长的燃烧持续期也为碳烟的生长合并提供了更为充裕的时间。图 4－5 也表明，发动机颗粒物排放在经过热吸附管之后几何平均尺寸有了明显的增加，其原因正如上文所述，热吸附管对颗粒物尺寸的影响主要集中在小尺寸颗粒物，而对大尺寸集聚态颗粒物的影响不大。平均 5 个不同负荷，燃用超低

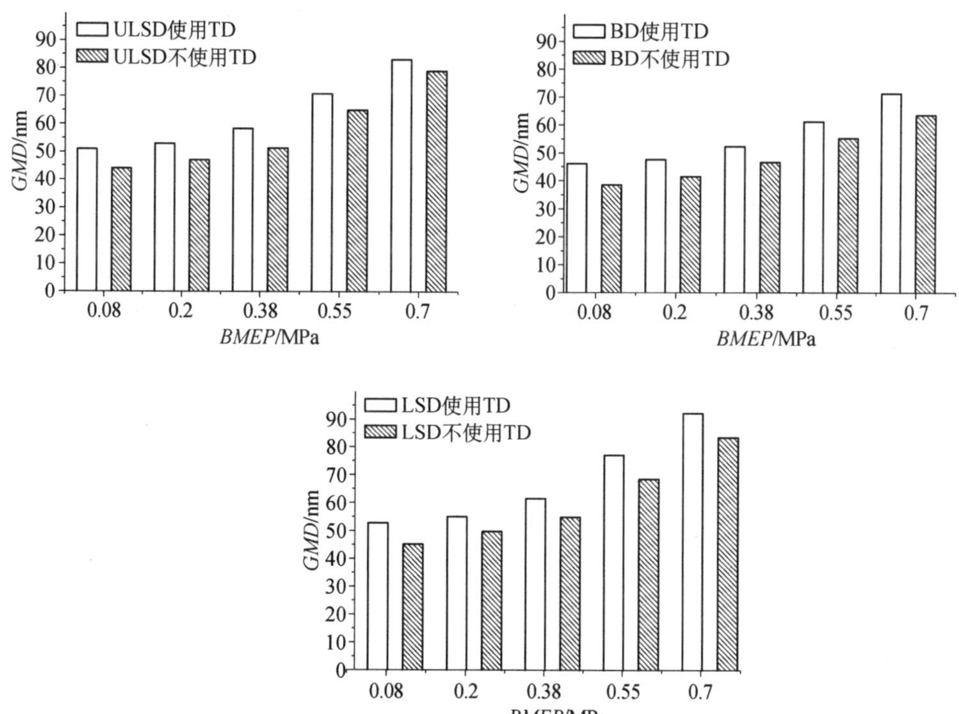

图 4－5　热吸附管前后不同燃油颗粒物排放几何平均粒径

硫柴油、生物柴油和低硫柴油所产生的颗粒物在经过热吸附管之后，GMD分别增加了12.3%，13.5%和10.4%，不同的增加比例说明了不同的挥发性颗粒物尺寸分布特征。在小尺寸范围内，生物柴油颗粒物挥发性最强，受到热吸附管的影响也最明显，因而在发动机排气经过热吸附管后，GMD增幅最大。

图4-6表明，无论排气颗粒是否经过热吸附管，颗粒物数量比排放率均随着负荷的增加呈现先减小后略有增大的趋势，此结果与基于质量的TEOM测量结果类似。比较三种不同燃油，燃用生物柴油所产生的颗粒物数量比排放率相对超低硫柴油和低硫柴油分别降低了19%和47%，上文中用于解释生物柴油较低质量比排放率的原因在此处同样适用。燃用生物柴油除了导致颗粒物数量比排放率的降低，其颗粒物的几何平均尺寸相对其他两种燃油亦有明显降低，这主要是由于生物柴油中所含有的氧可以改善扩散燃烧，尤其改善局部过浓区域的扩散火焰，从而降低颗粒物质量浓度和颗粒物粒径[2]。另外，由于生物柴油相对柴油较低的可压缩性，使其有较早的喷油时刻，从而延长了颗粒物核心在缸内高温下的氧化时间，使颗粒物直径变小[3]。再有，与其他两种燃油相比，生物柴油具有较高的沸点和较差的挥发性，因此在发动机燃烧后期或在排气管内生物柴油更易于凝结成粒径较小的核模态颗粒物[4]。

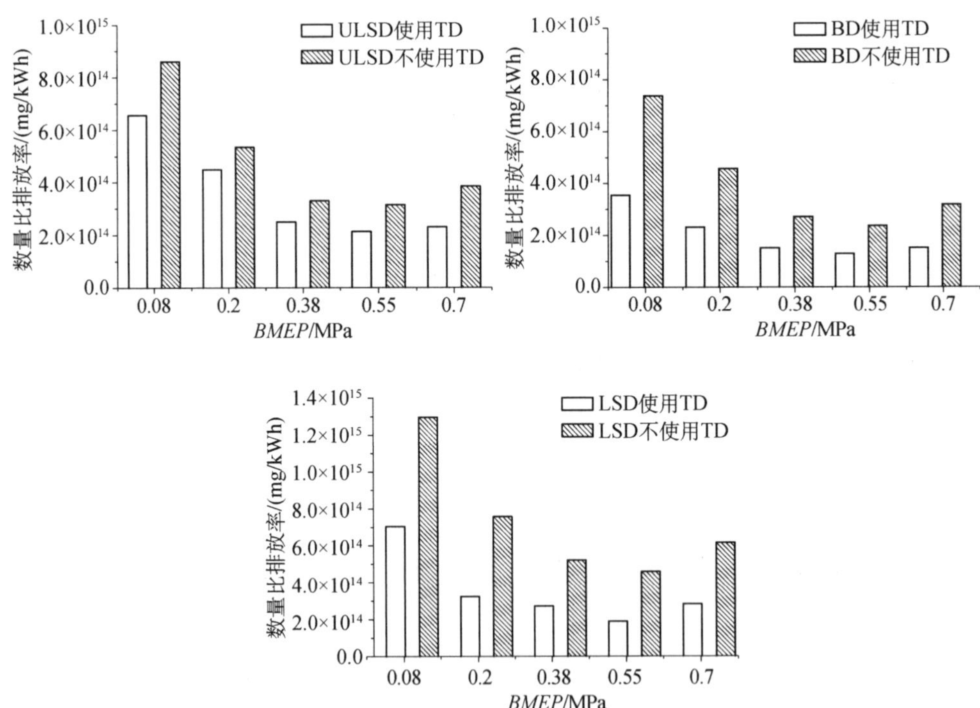

图4-6 热吸附管前后不同燃油颗粒物数量比排放率

图 4－7(a)为燃用三种不同燃油，发动机在不同负荷下的挥发性颗粒物数量比排放率，图 4－7(b)为挥发性组分在各自对应的颗粒物数量排放中所占的比例，即基于数量排放的颗粒物挥发性的强弱。如图所示，挥发性颗粒物的数量比排放率亦随负荷的增加呈现先减少后增大的趋势，此规律与总颗粒物数量比排放率相同。如图所示，燃用生物柴油所产生的挥发性颗粒物数量比排放率在各个负荷内均低于低硫柴油，而高于燃用超低硫柴油。平均 5 个负荷，燃用超低硫柴油、生物柴油和低硫柴油所产生的挥发性颗粒物数量比排放率分别为 1.25×10^{14} mg/kWh，2.00×10^{14} mg/kWh 和 3.76×10^{14} mg/kWh，占各自总颗粒物数量排放的比例分别为 30.9%，49.1%与 53.7%。

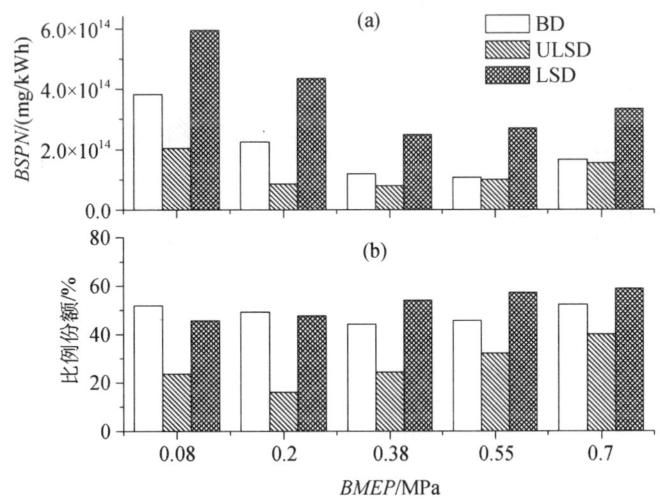

图 4－7　不同燃油类型及负荷下挥发性颗粒物数量比排放率及其在总数量中所占的比例

(a) 比排放率　(b) 在总数量中所占的比例

基于数量的颗粒物挥发性研究表明，燃用生物柴油和超低硫柴油所产生颗粒物的挥发性随着负荷的增大呈现先减少后增大的趋势。而低硫柴油颗粒物挥发性随着负荷的增加呈现单调增强的趋势。在低负荷条件下，由于较低的缸内燃烧温度，大量未燃碳氢或润滑油成分存在发动机排气中，其可在尾气稀释和冷凝过程中转化为大量挥发性的颗粒物，此可解释在低负荷条件下生物柴油和超低硫柴油颗粒物排放相对较高的挥发性。颗粒物挥发性随发动机负荷增加而增强，这一现象在 Meyer[5]等和 Surawski[6]等人的研究中亦有类似报道。Meyer[5]等认为，在高负荷条件下，由于较高的缸内燃烧温度，未燃的碳氢及润滑油成分对颗粒物挥发性的贡献很少，而较高的燃烧温度，促进了燃料中的硫成分向硫酸或硫酸盐的转化过程，因此在高负荷条件下，硫酸或硫酸盐是挥发性颗粒物的重要组成部分。由于相对较高的硫含量，这一挥发性颗粒物的形成机理在燃用相对较高含硫量的柴油时较为明显。

4.2.2 颗粒物数量排放及其挥发性的粒径分布特征

颗粒物粒径越小，越容易在大气中扩散，越容易被人体吸入，对人类健康的危害极大。在本节中，颗粒物的数量排放被分为＜50 nm，50～100 nm，＞100 nm 三组作进一步分析。图 4-8(a)为颗粒物在不同粒径范围内的比排放率，图 4-8(b)为不同粒径范围颗粒物数量排放在总颗粒物数量排放中所占的比例。如图所示，超低硫柴油和生物柴油颗粒物在＜50 nm 范围内有着类似的数量比排放率。与基

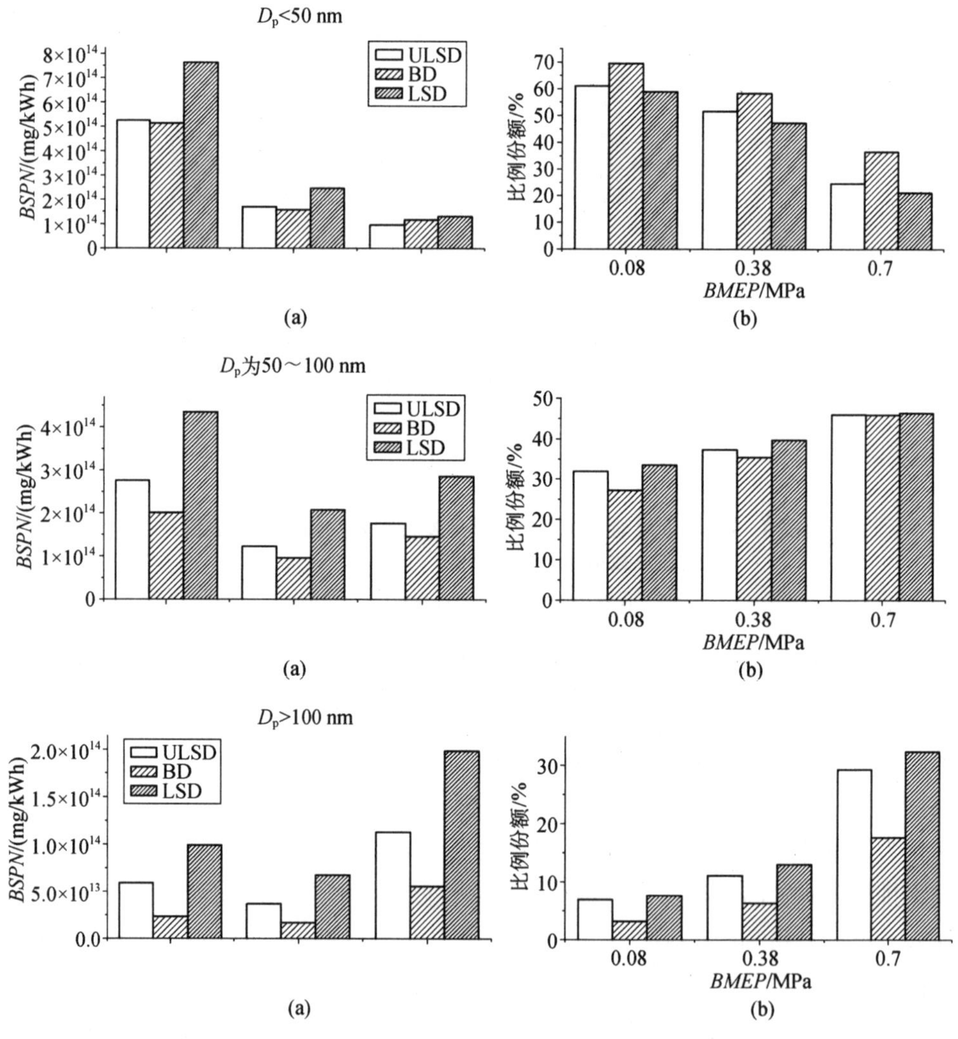

图 4-8 不同粒径范围内颗粒物数量比排放率及其在总数量浓度中所占的比例

(a) 比排放率 (b) 在总数量浓度中所占的比例

于质量测量的结果类似，相比其他两种燃油，燃用生物柴油所产生的小尺寸颗粒物在总颗粒物排放中所占的比例最高。燃用低硫柴油所产生的颗粒物数量比排放率在全尺寸范围内均大于燃用超低硫柴油和生物柴油的结果，而小尺寸颗粒物在总颗粒物数量排放中所占的比例低于其他两种燃油。

图 4-9(a)为不同尺寸范围内，挥发性颗粒物的数量比排放率，挥发性颗粒物在相应的总颗粒物排放中所占的比例见图 4-9(b)。平均 5 种不同负荷，在小于 50 nm 尺寸范围内，燃用超低硫柴油，生物柴油和低硫柴油所产生的挥发性颗粒物比排放率分别为 8.64×10^{13} mg/kWh，1.38×10^{14} mg/kWh 和 2.02×10^{14} mg/kWh，占各自总颗粒物排放的比例分别为 53.8%，68.8%和 69.2%。结果表明燃用生物

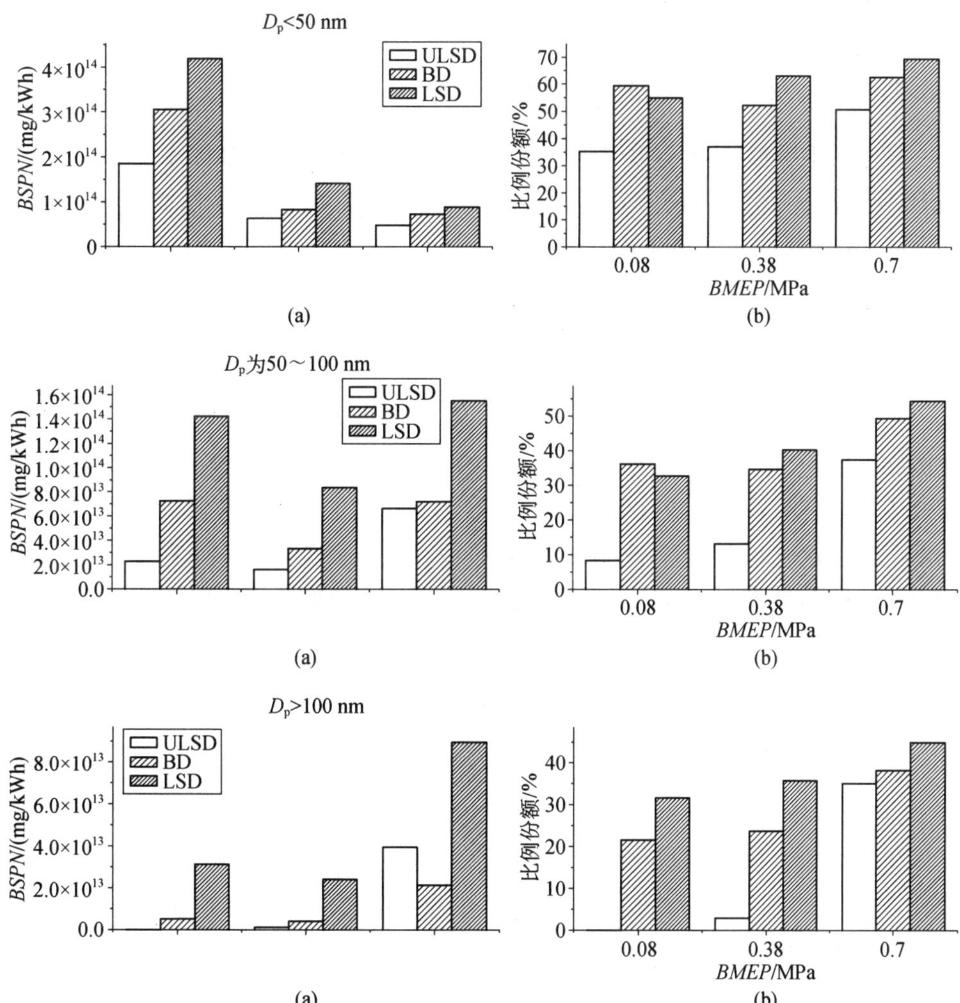

图 4-9　不同粒径范围内挥发性颗粒物数量比排放率及其在对应粒径范围颗粒物数量中所占的比例

(a) 比排放率　(b) 所占比例

柴油即使是在最小的尺寸范围内，其挥发性颗粒物比排放率仍低于低硫柴油，而明显大于超低硫柴油。而就颗粒物的挥发性而言，在该尺寸范围内，燃用生物柴油和低硫柴油所产生的颗粒物有着类似的挥发性，两者均明显强于超低硫柴油颗粒物。在颗粒物尺寸大于 100 nm 的粒径范围内，燃用超低硫柴油，生物柴油和低硫柴油，挥发性颗粒物所占总颗粒物排放的比例分别为 4.4%，7.7%和 12.3%。该结果表明，低硫柴油颗粒物在该粒径范围内的挥发性明显强于其他两种燃油。基于数量和质量的两种测量方法均表明燃用低硫柴油所产生的挥发性颗粒物有着更广的粒径分布范围。

4.3 排气颗粒中的碳成分

4.3.1 $PM_{1.8}$及 $PM_{0.18}$质量排放及其碳成分

发动机细颗粒($PM_{1.8}$)及其所包含碳成分的质量比排放率如图 4-10(a)所示。在 BMEP 为 0.7 MPa 的高负荷下，与低硫柴油和超低硫柴油相比，燃用生物柴油的 $PM_{1.8}$的比排放率分别降低了 68.4%和 50.3%。而在 BMEP 为 0.08 MPa 的低负荷下，燃用生物柴油 $PM_{1.8}$的比排放率相对低硫柴油降低了 20.6%，略高于超低硫柴油。由于颗粒物中的碳成分(OC+EC)贡献了 $PM_{1.8}$ 80%以上的质量，燃用不同燃油颗粒物排放的不同表现可进一步归因于不同燃油特性对 OC，EC 的影响效果。平均两种不同负荷，燃用生物柴油、超低硫柴油和低硫柴油 $PM_{1.8}$中 EC 的比排放率分别为 90.6 mg/kWh，228.0 mg/kWh 和 313.7 mg/kWh，生物柴油对 EC 排放表现出了明显的抑制效果。在高负荷下，相对超低硫柴油和低硫柴油，生物柴油 EC 排放分别下降了 72.3%和 80.1%，而在低负荷下则分别下降了 53.5%和 59.1%。该结果表明，在高负荷下，生物柴油对 EC 的抑制作用更加明显。EC 主要形成于缸内高当量比的高温高压区域，在燃油喷射量较大的高负荷条件下，EC 的生成尤为明显。然而生物柴油中所含的氧可以打断碳链的生长，促进碳烟的氧化，从而抑制 EC 的生成[7]。

而对于 OC 排放，生物柴油的抑制效果仅表现在高负荷条件下。在低负荷条件下，燃用生物柴油则导致了 OC 成分的明显上升。相对超低硫柴油和低硫柴油，燃用生物柴油的 OC 比排放率分别增加了 60.6%和 18.5%。OC 成分除了燃烧生成外，未燃的燃油及润滑油成分，亦是 OC 的重要来源。未燃的生物柴油由于其较低的挥发性，很容易在排气冷却过程中成核或凝结在已存在的细小颗粒物上，成为排气颗粒物中的 OC 成分[8]。在低负荷下，由于低的燃烧温度，生物柴油的低挥发性造成排气颗粒物中 OC 的增加作用更加明显[9]。

燃料的硫含量对颗粒物中的碳成分也有一定的影响。如图 4-10(a)所示，在

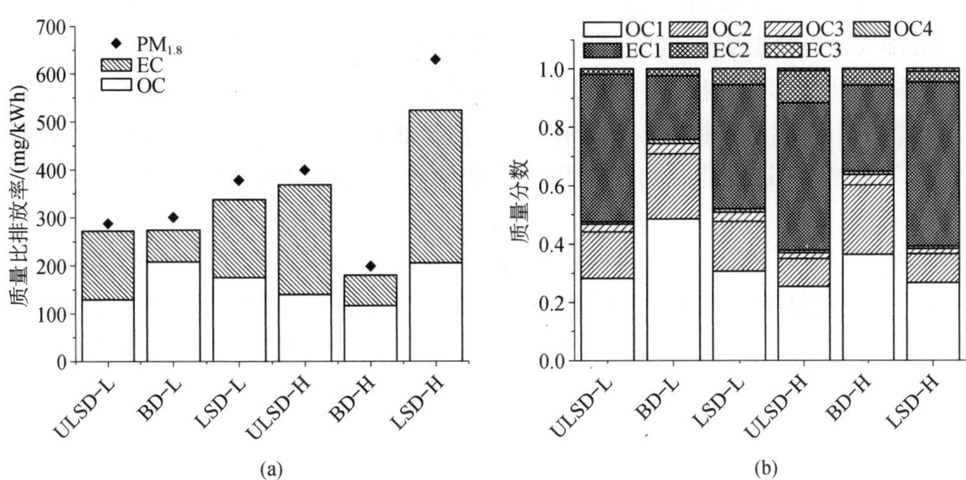

图 4-10　$PM_{1.8}$ 中 OC，EC 比排放率及 7 种碳成分在总碳排放中所占的比例(L 代表低负荷、H 代表高负荷)

高负荷条件下，与低硫柴油相比，燃用超低硫柴油所产生的 EC 和 OC 比排放率分别降低了 27.9%和 32.2%。在低负荷条件下，分别降低了 12.0%和 26.1%。结果表明，相对 EC 排放，燃料硫成分对 OC 的影响更加明显。这是由于燃料中的硫成分可在燃烧过程中转化为硫酸或硫酸盐成分，并进一步凝结而成大量极细小的颗粒物，这些小颗粒物为挥发性碳氢成分提供了大量的凝结核，从而导致了低硫柴油相对超低硫柴油较高的 OC 排放。在高负荷条件下，由于高的缸内燃烧温度，燃料中的硫成分向硫酸或硫酸盐的转化效率也更高，因此，燃料中的硫成分对排气颗粒中 OC 成分的增加作用亦更加明显[10]。

使用热光碳分析法，发动机颗粒物中的碳成分可进一步分为 OC1～OC4，EC1～EC3 七种(OP 已从 EC1 中扣除，加入 OC4 中)。图 4-10(b)中显示了这七种碳成分在 $PM_{1.8}$ 中的比排放率以及其在总碳排放中所占的比例。结果表明，在不同的颗粒物粒径及不同燃油，不同负荷条件下，EC1，OC1 和 OC2 均是颗粒物碳排放的最主要成分。根据不同的形成机理，EC1 被定义为 char-EC，主要是通过燃料的裂解获得，形成于相对较低的燃烧温度下。EC2＋EC3 被定义为 soot-EC，此类元素碳一般形成于较高的燃烧温度下[11]。一些关于大气颗粒物源解析研究认为，由于 soot-EC 在柴油机碳烟排放中较高的比例，其可作示踪成分考查柴油机颗粒物排放对环境大气的影响[11, 12]。然而在本章的实验中，char-EC 占发动机 EC 排放的比例超过 80%，类似结果在 Zhang[13] 等人的发动机台架实验及隧道、公路实验中也有报道[14, 15]。Zhu[15] 等人认为，颗粒物中较高的 EC1 比例可能是由于金属的催化燃烧所致。由于颗粒物中某些金属元素的催化作用(如 Cu，Zr，Ce，Mn 等)，使得一些 EC2，EC3 成分在较低的温度下即被氧化，被归于 EC1 成分，从而导致颗粒物中较高的 EC1 成分。Moldanova 等人[16]通过对一台重型船用柴油机排气颗粒物形貌的电镜观测，从更加直观的角度证明了 EC1 成分的存在，他们认为，柴油机缸内的不完全燃烧也是造成大量 EC1 成分存在的重要原因。对比燃用不同燃油颗粒物碳成分排放，生物柴油对 EC 的抑制作用可进一步归因于 EC1 的减少，这可能是由于燃用生物柴油较高的缸内燃烧温度，促进了 EC1 的燃烧[13]。

图 4-11 为 $PM_{0.18}$ 中各种碳成分的比排放率及其在总碳排放中所占的比例。对比 $PM_{1.8}$ 的结果，超低硫柴油，生物柴油，低硫柴油颗粒物 $PM_{0.18}$ 排放在 $PM_{1.8}$ 中所占的比例分别为 35.3%，38.8%和 33.2%，这是平均高低两种负荷的结果，该结果表明生物柴油颗粒物中小于 180 nm 的超细颗粒所占比例更高一些，然而对于不同的碳成分在总碳排放中所占的比例，图中所示差别并不明显。

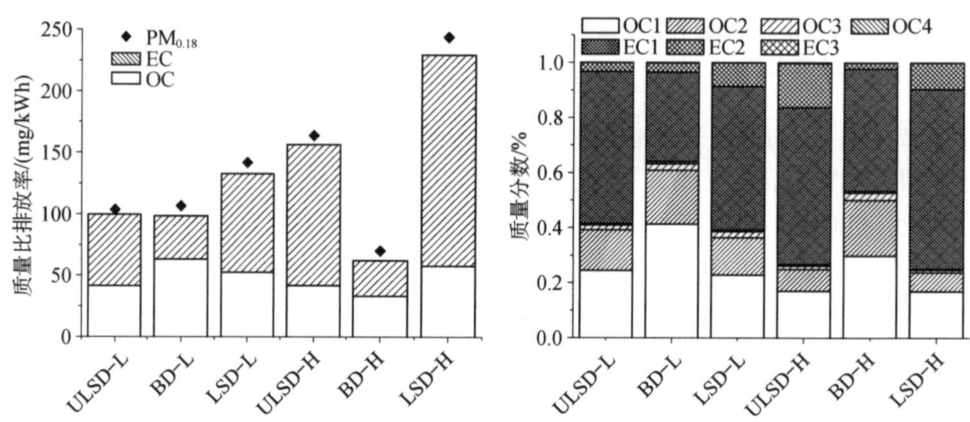

图 4-11　$PM_{0.18}$ 中 OC，EC 比排放率及 7 种碳成分在总碳排放中所占的比例(L 代表低负荷、H 代表高负荷)

4.3.2　OC 及 EC 的粒径分布特征

图 4-12 为燃用不同燃油在高低两种负荷下 OC 及 EC 粒径分布特征。对于所有的 6 种颗粒物样品，在小于 1.8 μm 的粒径范围内，均呈现双峰分布。EC 第一个峰值均出现在 100～180 nm 的粒径范围内，而 OC 的第一个峰值出现在 180～320 nm 范围。EC 和 OC 的第二个峰值均出现在 560～1 000 nm 的粒径范围内。EC，OC 不同的粒径分布特征在 Kerminen[17]等人的发动机台架实验及 Venkateraman[18]等人的隧道实验中均有报道。颗粒物粒径小于 1.8 μm 的范围内，OC 和 EC 的质量平均尺寸(MMD)及其几何标准差(σ)列于表 4-4 中。结果表明，在高负荷条件下，EC 的质量平均尺寸明显大于低负荷时的平均尺寸，而 OC 较大的质量平均尺寸出现在低负荷条件下。如前所述，EC 主要产生于燃料的燃烧过程中，在高负荷

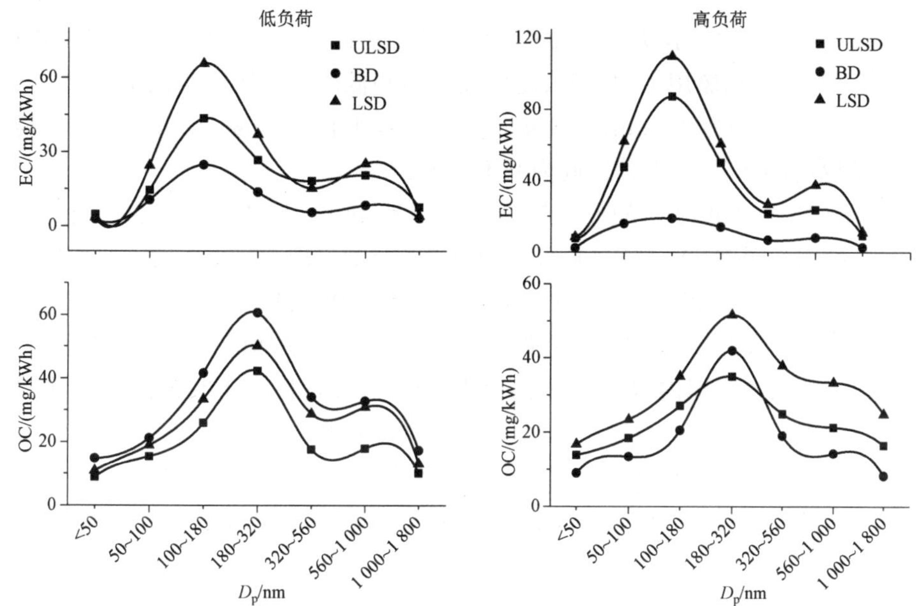

图 4-12　燃油类型及发动机负荷对 OC 与 EC 尺寸分布的影响

表 4-4　$PM_{1.8}$ 中 OC 与 EC 的质量平均直径(MMD)及其几何标准差(σ)

		EC		OC	
		MMD/nm	σ/nm	*MMD*/nm	σ/nm
ULSD	高负荷	258.57	2.22	280.30	2.28
	低负荷	221.37	2.12	316.96	2.41
BD	高负荷	231.19	2.23	286.76	2.16
	低负荷	220.36	2.27	299.70	2.28
LSD	高负荷	264.11	2.12	301.12	2.29
	低负荷	226.54	2.22	328.00	2.40

条件下，更多的燃料在扩散燃烧模式下消耗，导致了更多的碳烟产生，与此同时，高负荷下更长的燃烧持续期，促进了已生成碳烟的合并过程，从而导致了更多 EC 在高负荷下较大的 MMD。而对于颗粒物中的 OC，低负荷下来源于未燃燃料及润滑油的 OC 所占比例更加明显，而这些成分更容易被大粒径的多孔状聚集态颗粒物吸附，从而导致了在低负荷下 OC 较高的 MMD。

比较不同燃油 OC 与 EC 粒径分布的结果，平均高低两种负荷，生物柴油 EC 排放的 MMD 为 225 nm，相比超低硫柴油和低硫柴油，分别降低了 6.3%和 8.4%。生物柴油所含有的氧元素可以改善扩散燃烧，尤其改善局部过浓区域的扩散火焰，从而抑制 EC 成分的生长过程[19]。另外，由于生物柴油相对柴油较低的可压缩性，使其有较早的喷油时刻，从而延长了颗粒物核心在缸内高温下的氧化时间，使颗粒物直径变小[53]。而燃用生物柴油、超低硫柴油和低硫柴油所产生的颗粒物中 OC 成分的 MMD 分别为 293 nm，298 nm 和 304 nm，基于 t-test 的样品统计表明，其相互之间的差别在 95%的置信区间内并不明显。

图 4 - 13 为高低两种负荷下排气颗粒中 OC 和 EC 比值的粒径变化规律。总体说来，燃用不同燃油颗粒物 OC/EC 随粒径的增加呈现先减小后增大的趋势。由于 OC 中含较多的挥发性成分，OC/EC 随粒径的变化与图 4 - 3 显示的颗粒物中挥发性物质质量分数随粒径的变化规律有着类似的特征。然而值得注意的是，图 4 - 3 中，在大尺寸粒径范围内，燃用低硫柴油颗粒物的挥发性大于其他两种燃油的结果，而热光碳分析法的成分测试表明，生物柴油颗粒物中 OC/EC 的比例始终大于超低硫柴油和低硫柴油颗粒物中 OC/EC 的比例。这主要是因为，低硫柴油颗粒物中的挥发性物质包括了凝结的硫酸等，而 OC 成分中并不包括此类物质。

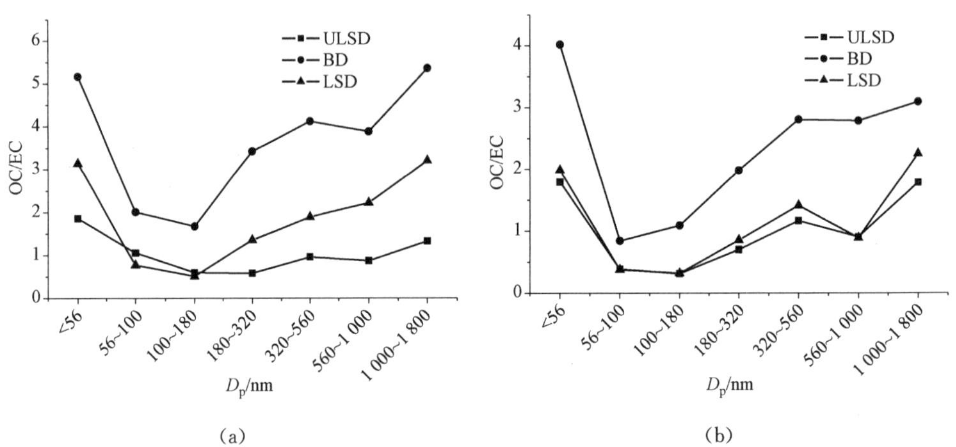

图 4 - 13 不同燃油类型及发动机负荷下 OC/EC 的粒径分布特征

(a) 低负荷 (b) 高负荷

4.4 排气颗粒中的 PAHs 成分

4.4.1 $PM_{1.8}$ 和 $PM_{0.18}$ 中 PAHs 比排放率

表 4 - 5 中列出了细颗粒($PM_{1.8}$)中所包含的 16 种 PAHs 成分的比排放率。总体说来，对于三种不同燃油，较高的 PAHs 比排放率均出现在低负荷条件下。这种现象主要可归因于在低负荷条件下，较低的燃烧温度导致不完全燃烧以及未燃燃油中的 PAHs 成分[20, 21]。Marr[22]等的研究表明，低分子量 PAHs 主要来源于

表 4-5　$PM_{1.8}$ 中颗粒态 PAHs(μg/kWh)的比排放率

	ULSD		BD		LSD	
	高负荷	低负荷	高负荷	低负荷	高负荷	低负荷
Nap	2.39	7.03	1.29	9.94	2.71	8.61
AcPy	0.39	0.74	0.21	0.62	0.46	0.78
AcP	1.24	5.37	0.61	3.34	1.40	5.30
Flu	8.67	29.33	5.02	16.79	9.54	28.50
PA	31.93	54.23	16.17	43.32	33.83	56.38
Ant	3.26	1.48	0.72	0.99	3.12	1.48
FL	14.14	12.75	7.89	11.50	15.22	13.65
Pyr	22.06	11.95	15.32	13.84	26.10	13.71
BaA	0.99	3.47	1.02	1.18	1.45	4.17
CHR	3.00	6.41	2.96	3.19	4.23	8.01
BbF	0.25	5.12	0.33	1.22	0.44	6.00
BkF	0.22	4.61	0.25	1.09	0.38	5.40
BaP	0.10	2.52	0.06	0.67	0.18	2.97
IND	0.12	3.50	0.07	0.56	0.19	4.02
BghiP	0.08	1.32	0.05	0.89	0.15	1.72
∑LMW-PAHs	47.90	98.18	24.01	75.00	51.06	101.04
∑MMW-PAHs	40.18	34.58	27.18	29.71	47.01	39.55
∑HMW-PAHs	0.78	17.07	0.75	4.43	1.35	20.11
∑PAH	88.86	149.83	51.94	109.14	99.42	160.7

未燃燃油成分，本次实验中，对于三种不同燃油，低负荷条件下低分子量 PAIIs 在总 PAHs 排放中所占的比例相对高负荷更高，也证明了同样的观点。3 环和 4 环多环芳烃是颗粒物中多环芳烃成分的最主要贡献者，其中 PA 成分所占比例最大，为 31.1%～35.9%，此结果与 He 等人的结果相符[21]。

对比不同燃油的结果，燃用生物柴油所产生颗粒物中 PAHs 的比排放率相比超低硫柴油和低硫柴油分别降低了 32.5%和 38.1%(取高低两个负荷的平均值)。生物柴油对 PAHs 的抑制效果，在之前的文献中亦有报道[23-27]。一般认为，生物柴油对 PAHs 排放的抑制效果主要可归因于生物柴油中所含有的氧使得其在缸内燃烧得更加完全。本次实验中，生物柴油对所测的每一种 PAHs 成分都表现出了抑制效果，取高低两种负荷的均值，生物柴油颗粒物中所包含的低、中、高分子量

PAHs 与超低硫柴油相比分别降低了 32.2%，23.9%和 71.0%，与低硫柴油相比分别降低了 34.9%，34.3%和 75.9%。该结果表明生物柴油对颗粒物排放中高分子量 PAHs 更加明显的抑制效果。之前的研究表明，发动机的 PAHs 排放主要有两种不同来源，未燃燃油或润滑油中的 PAHs 成分[186, 192]以及燃料燃烧裂解过程中所生成的 PAHs[27]。大分子量的 PAHs 成分如 BbF 和 BaP 主要形成于燃烧过程中，而小分子量的 PAHs 成分则主要来源于未燃的燃油、润滑油。因此，本实验进一步证明了生物柴油对燃烧所生成的 PAHs 具有更加明显的抑制效果。Ballesteros 等人[27]比较了不同来源生物柴油颗粒物排放中的 PAHs 含量，也发现了由餐饮废油提炼而成的生物柴油对颗粒物中大分子量 PAHs 有明显的降低效果，然而在他们的实验中，该种生物柴油同时也造成了低分子量 PAHs 的增加。

如表 4-5 所示，燃用超低硫柴油所产生的颗粒态 PAHs 相对低硫柴油下降了 8.5%，这主要可归因于超低硫柴油中的较低的硫含量及多环芳烃成分。如前所述，燃料中的硫成分在燃烧过程中所产生的硫酸或硫酸盐成分，可促进排气中未燃碳氢成分的凝结，从而导致在排气颗粒中相对较高的 PAHs 排放[28, 29]。

表 4-6 列出了 $PM_{0.18}$ 中 16 种 PAHs 的比排放率。平均高低两种负荷，燃用超低硫柴油、生物柴油、低硫柴油所产生的大分子 PAHs（HMW - PAHs）占总 PAHs 排放的比例分别为 7.6%，3.8%和 8.8%，而在 $PM_{1.8}$ 中对应的比例分别为 7.4%，3.2%和 8.5%，可以看出大分子量 PAHs 在超细颗粒物中所占的比例基本相同。相对超低硫柴油和低硫柴油，生物柴油 $PM_{0.18}$ 中 PAHs 比排放率分别下降了 50.6%和 52.5%，明显高于 $PM_{1.8}$ 中的结果，该结果表明生物柴油对超细颗粒中的 PAHs 有着更为明显的抑制效果。

表 4-6　$PM_{0.18}$ 中颗粒态 PAHs(μg/kWh)的比排放率

	ULSD		BD		LSD	
	高负荷	低负荷	高负荷	低负荷	高负荷	低负荷
Nap	0.79	2.87	0.70	3.12	1.05	3.23
AcPy	0.21	0.35	0.12	0.11	0.26	0.31
AcP	0.49	2.30	0.31	0.73	0.61	2.06
Flu	3.78	14.45	2.30	4.25	4.17	12.84
PA	14.85	25.52	8.05	10.37	15.74	23.53
Ant	1.69	0.67	0.41	0.24	1.64	0.61
FL	8.32	6.37	4.49	3.55	8.74	6.16
Pyr	13.41	5.24	9.26	4.21	15.75	5.45
BaA	0.56	1.99	0.57	0.49	0.85	2.34

(续表)

	ULSD		BD		LSD	
	高负荷	低负荷	高负荷	低负荷	高负荷	低负荷
CHR	1.77	3.67	1.67	1.33	2.48	4.44
BbF	0.12	3.03	0.16	0.54	0.24	3.50
BkF	0.10	2.65	0.12	0.47	0.20	3.05
BaP	0.06	1.01	0.03	0.27	0.12	1.20
IND	0.05	1.88	0.03	0.21	0.11	2.14
BghiP	0.03	0.10	0.02	0.38	0.10	0.22
∑LMW-PAHs	21.81	46.16	11.89	18.82	23.47	42.58
∑MMW-PAHs	24.06	17.27	15.99	9.57	27.82	18.39
∑HMW-PAHs	0.36	8.68	0.35	1.88	0.77	10.11
∑ PAH	46.23	72.10	28.23	30.27	52.07	71.06

4.4.2 颗粒物中 PAHs 的粒径分布特征

图 4-14、图 4-15、图 4-16(彩图见附录)分别展示了燃用不同燃油在高低两种负荷下,各种颗粒态 PAHs 的尺寸分布特征。如图所示,大多数 PAHs 在小于 56 nm 和 100～180 nm 两个粒径范围内呈现双峰分布,也有 PAHs 在 1 000 nm 左右的粒径范围内,出现第三个峰值。Miguel 等人[30]认为在核模态(<50 nm)范围

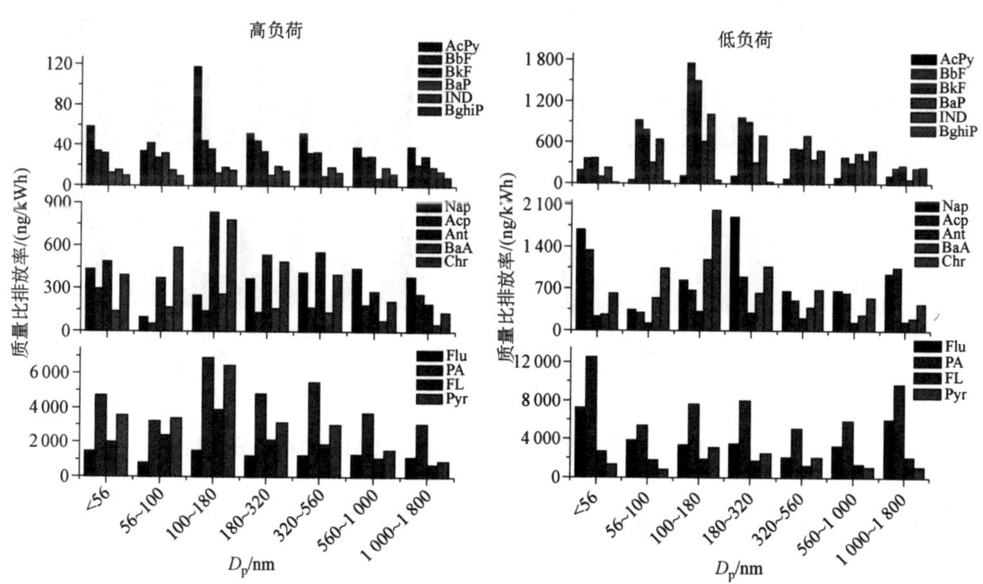

图 4-14 燃用超低硫柴油发动机排气颗粒中 PAHs 的粒径分布特征

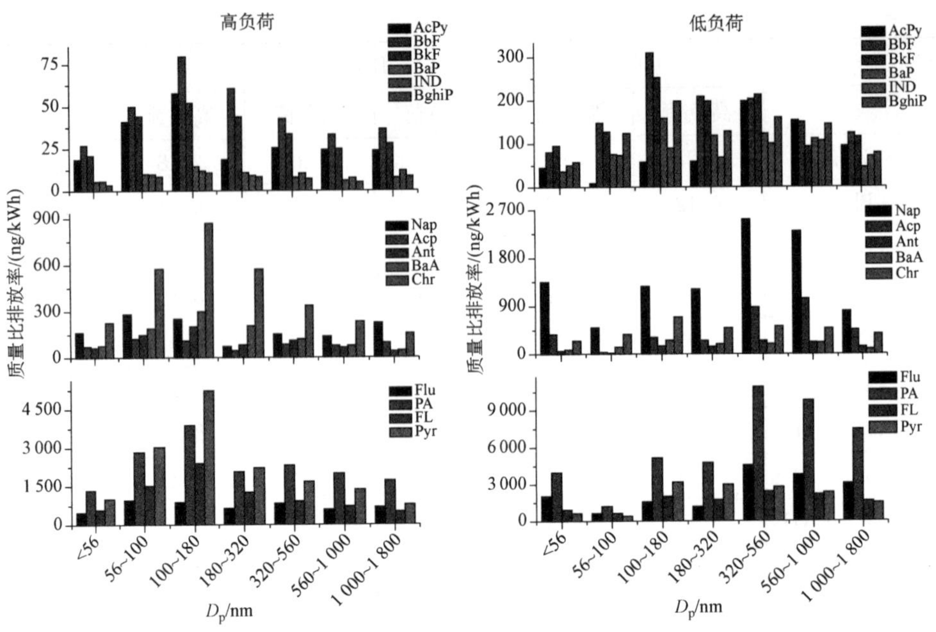

图 4-15　燃用生物柴油排气颗粒中 PAHs 的粒径分布特征

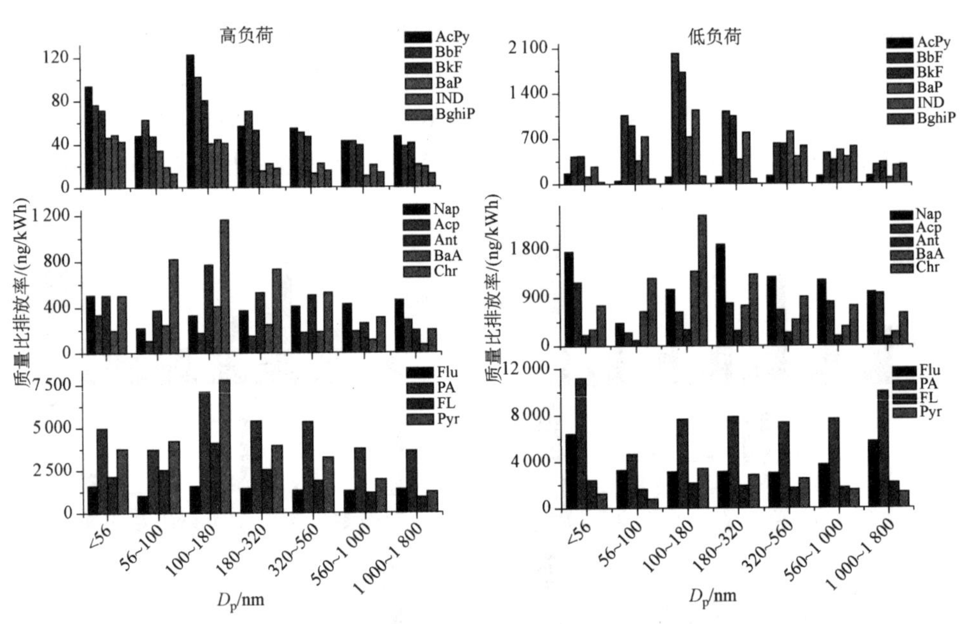

图 4-16　燃用低硫柴油发动机排气颗粒中 PAHs 的粒径分布特征

内，颗粒物中的 PAHs 主要来源于燃烧过程，而在较大尺寸的聚集模态，颗粒物中的 PAHs 主要来源于未燃燃油或润滑油成分。表 4-7 为颗粒物中 PAHs 成分的质量平均直径(MMD)及其几何标准差(σ)。结果表明，在低负荷条件下颗粒物中

表 4-7　PAHs 排放的质量平均直径(MMD)及其标准差(σ)　　单位:nm

	ULSD				BD				LSD			
	高负荷		低负荷		高负荷		低负荷		高负荷		低负荷	
	MMD	σ	*MMD*	σ	*MMD*	σ	*MMD*	σ	*MMD*	σ	*MMD*	σ
Nap	270.4	3.72	193.0	3.74	213.5	3.61	280.0	3.22	245.4	3.82	219.6	3.60
AcPy	195.2	3.18	190.9	4.05	206.7	3.10	411.0	2.77	172.0	3.43	229.2	3.88
AcP	243.1	4.26	213.6	4.18	224.4	3.52	379.9	3.13	224.5	4.25	238.2	4.05
Flu	226.1	3.56	196.8	4.29	232.2	3.23	358.1	3.34	224.5	3.58	218.8	4.19
PA	210.5	3.24	201.2	4.03	221.7	3.02	370.5	3.06	210.9	3.27	231.6	3.90
Ant	183.1	3.00	205.3	3.25	183.4	2.78	361.4	2.77	177.6	3.05	229.9	3.23
FL	164.4	2.88	194.6	3.87	188.7	2.69	317.3	2.98	167.9	2.91	220.2	3.71
Pyr	155.8	2.88	222.7	2.91	181.3	2.58	314.1	2.56	160.9	2.84	247.2	2.84
BaA	167.4	2.89	186.2	2.60	182.1	2.57	253.8	2.88	165.3	2.82	191.2	2.63
CHR	161.7	2.80	184.3	2.78	182.0	2.61	256.3	3.01	166.2	2.76	191.7	2.82
BbF	194.9	3.19	177.3	2.51	222.2	2.95	243.7	2.82	174.8	3.25	180.8	2.53
BkF	228.2	3.44	180.6	2.59	219.4	3.01	232.0	2.90	183.1	3.47	183.4	2.61
BaP	195.1	3.61	258.1	2.46	221.1	3.08	255.5	2.68	135.3	3.60	258.0	2.48
IND	238.2	3.34	195.5	2.65	265.5	3.30	274.3	3.18	160.7	3.65	198.3	2.68
BghiP	234.5	3.18	587.2	2.01	253.2	3.14	250.6	2.86	141.9	3.53	514.8	2.28
∑LMW-PAHs	214.5	3.33	199.9	4.09	222.0	3.10	354.9	3.15	212.8	3.38	227.2	3.95
∑MMW-PAHs	159.5	2.87	200.9	3.21	183.5	2.61	305.9	2.79	163.7	2.85	219.5	3.12
∑HMW-PAHs	214.5	3.34	210.7	2.66	226.6	3.02	247.5	2.88	158.0	3.47	213.1	2.67
Total PAH	187.6	3.16	201.4	3.71	201.0	2.86	335.9	3.05	187.4	3.15	223.5	3.58

PAHs 的 MMD 要明显高于高负荷条件下的结果，PAHs 质量平均尺寸随负荷变化的趋势与 OC 所表现的结果类似。这主要归因于在低负荷条件下，更多的未燃燃油成分吸附在较大尺寸的聚集态颗粒物中，而未燃燃油中的 PAHs 成分是低负荷条件下颗粒态 PAHs 的最主要贡献者。

对比不同的燃油，燃用生物柴油所产生的颗粒态 PAHs 的质量平均尺寸在高低两个负荷下，均大于超低硫柴油和低硫柴油的结果，造成这一现象主要有以下两方面的原因:低挥发性的未燃生物柴油更容易吸附在大尺寸的聚集态颗粒物上,而且生物柴油的含氧量促进了燃烧生产的 PAHs 的氧化,燃烧生成的 PAHs 主要集中在小粒径的核模态范围内。在这两种效果的共同作用下,生物柴油颗粒态 PAHs 表现出较大的质量平均尺寸,然而燃用超低硫柴油和低硫柴油结果之间的差距并不明显。

4.4.3 基于 BaP_{eq} 的毒理性评价

一般来说,BaP 被认为是 16 种 PAHs 中致癌性最强的成分。Nisbet 等[31]通过毒理实验测得 PAHs 相对于 BaP 的致癌毒性比值,提出毒性当量因子(TEF)的概念。目前许多研究采用这种方法进行 PAHs 的健康风险评价。有致癌能力的 PAHs 多具有类似的分子结构及致癌机理,因此可以采用 TEF 将各 PAHs 根据其质量分数折算成 BaP 的致癌当量毒性,并且加和得到总当量毒性 BaP_{eq},从而通过使用 BaP 的风险来表征 PAHs 带来的总风险。当量毒性的计算公式如下:

$$BaP_{eq} = \sum A_i \cdot TEF_i \tag{4-1}$$

式中 A_i 是每种 PAHs 在总 PAHs 排放中所占的质量分数。当量毒性与 PAHs 总质量浓度的乘积即为当量毒性浓度,表 4-8 中列出了 16 种 EPA 优先控制的 PAHs 的 TEF 值。可以发现大分子量的 PAHs 一般拥有较大的毒性当量因子。平均高低两个负荷,燃用生物柴油所产生的 $PM_{1.8}$ 中 PAHs 的 BaP_{eq} 为 0.068,相对超低硫柴油和低硫柴油,分别降低了 46.5% 和 50.0%。如前所述,生物柴油可有效减少燃烧生成的 PAHs 即大分子量的 PAHs,而此类 PAHs 正是颗粒物毒性的主要原因,因此燃用生物柴油是降低颗粒物毒性的有效手段。

表 4-8 16 种 PAHs 的毒性当量因子

PAH	Nap	AcPy	Acp	Flu	BaA	Chr	BbF	BkF
TEF	0.001	0.001	0.001	0.001	0.1	0.01	0.1	0.1
PAH	PA	Ant	FL	Pyr	BaP	IND	DBA	BghiP
TEF	0.001	0.01	0.001	0.001	1	0.1	1	0.01

图 4-17(a)为使用不同燃油条件下,颗粒物当量毒性的粒径分布特征(取两种负荷的平均值),可发现小粒径颗粒有着较高的当量毒性,其峰值出现在 56~100 nm 的粒径范围内。图 4-17(b)为相应的当量毒性浓度的粒径分布,低硫柴油颗粒物当量毒性浓度略高于超低硫柴油,而生物柴油相对两者在全尺寸范围内均有显著的降低。

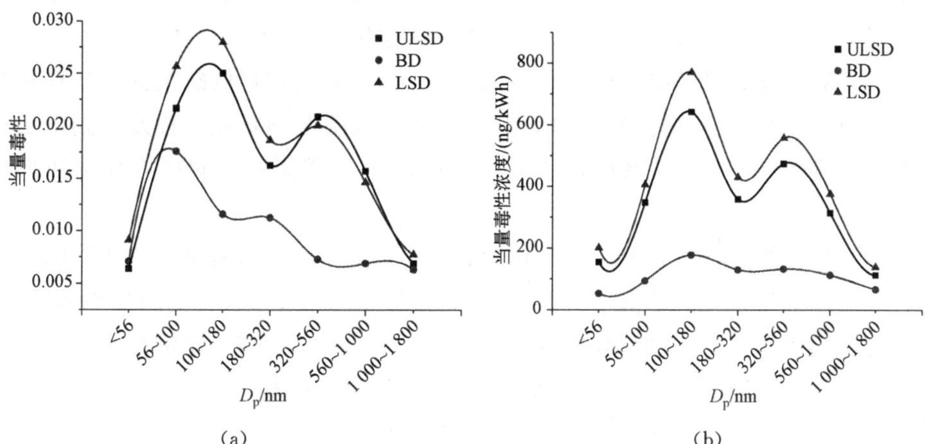

图 4-17　燃用不同燃油条件下当量毒性(a)及当量毒性浓度(b)的粒径分布特征

对比不同负荷条件下细及超细颗粒物排放的当量毒性及当量毒性浓度(见表 4-9),可以发现在较低负荷条件下,燃用三种不同燃料颗粒物排放的当量毒性及其当量毒性浓度均明显高于较高负荷条件下的结果。

表 4-9　不同负荷条件下颗粒物排放的当量毒性及当量毒性浓度

		$BMEP = 0.7\,MPa$			$BMEP = 0.08\,MPa$		
		ULSD	BD	LSD	ULSD	BD	LSD
$PM_{1.8}$	当量毒性	0.033	0.042	0.041	0.222	0.094	0.231
	当量毒性浓度/(ng/kWh)	407.1	311.8	590.2	4401.4	1222.3	5167.4
$PM_{0.18}$	当量毒性	0.015	0.018	0.020	0.091	0.055	0.105
	当量毒性浓度(ng/kWh)	217.5	162.7	348.6	2070.9	486.9	2404.9

4.5　本章小结

本章考查了燃用生物柴油、超低硫柴油和低硫柴油的发动机颗粒物排放,采用基于数量和质量的两种测量方法,比较了颗粒物比排放率、尺寸分布及其挥发性特征,主要结论如下:

(1) 燃用生物柴油可有效降低颗粒物数量、质量排放。相对低硫柴油,生物柴油对颗粒物的抑制效果体现在全尺寸粒径范围内,而相对超低硫柴油,主要体现在大尺寸颗粒物。

(2) 基于质量和数量测量的颗粒物挥发性研究均表明,相对低硫柴油,燃用生物柴油可在全尺寸范围内有效降低挥发性颗粒物排放，而相对超低硫柴油，生物柴油可导致较高的挥发性物质比排放率，并主要集中在小尺寸范围内。

(3) 基于数量的颗粒物挥发性研究显示，生物柴油和超低硫柴油的颗粒物挥发性随负荷的增加呈现先减小后增大的趋势，而低硫柴油颗粒物挥发性则随负荷的增加呈现单调增加的趋势，此结果表明使用不同燃油的不同挥发性物质形成机理。

(4) 对三种不同燃油所产生的颗粒物排放，其挥发性物质质量比例均随颗粒物粒径的增加呈现先减小后增大的趋势，而数量比例随迁移粒径的增加单调减小。两种方法均表明生物柴油颗粒物在小尺寸范围内，挥发性物质比例高于其他两种燃油，而低硫柴油颗粒物在大尺寸范围内，有着较高的挥发性物质比例。

(5) 相比超低硫柴油和低硫柴油，生物柴油可有效降低颗粒物排放中的 EC 成分，这也是造成生物柴油颗粒物排放质量较低的主要原因，而生物柴油对颗粒物中 OC 比排放率的影响取决于不同的发动机负荷，在高负荷条件下，OC 排放降低，而在低负荷条件下，燃用生物柴油颗粒物排放中的 OC 成分明显升高。颗粒物中碳成分的进一步分析表明，生物柴油对颗粒物的抑制效果可进一步归因于 EC1 成分的减少。

(6) 颗粒物中 EC 成分的质量平均尺寸随着负荷的增加而增加，而 OC 成分在低负荷条件下表现出更大的质量平均尺寸。生物柴油颗粒物中的 EC 成分，其质量平均尺寸明显小于其他两种燃油，而不同燃油颗粒排放中 OC 成分粒径分布特征差别并不明显。

(7) 燃用生物柴油可明显降低颗粒物中 PAHs 的含量，尤其是对燃烧产生的大分子量 PAHs 的抑制效果尤为明显。由于燃烧产生的 PAHs 多集中于小尺寸的核模态颗粒物，燃用生物柴油可导致颗粒物中 PAHs 的质量平均尺寸向大粒径方向偏移。

(8) 基于 BaP_{eq} 的毒性分析表明，小粒径颗粒物表现出更强的当量毒性。燃用生物柴油可明显降低颗粒物排放当量毒性及当量毒性浓度。

参考文献

[1] Ullman T L, Spreen K B, Mason R L. Effects of cetane number, cetane improver, aromatics, and oxygenates on 1994 heavy-duty diesel engine emissions [C]. SAE paper, 941020.

[2] Tsolakis A. Effects on particle size distribution from the diesel engine operating on RME-biodiesel with EGR [J]. Energy Fuel 2006,20:1418 - 1424.

[3] Lapuerta M, Armas O, Rodríguez-Fernandez J. Effect of biodiesel fuels on diesel

engine emissions [J]. Prog. Energy Combust. Sci, 2008,34:198 - 223.

[4] Di Y G, Cheung C S, Huang Z H. Experimental investigation on regulated and unregulated emissions of a diesel engine fueled with ultra-low sulfur [J]. Sci. Total Environ, 2009,407:835 - 846.

[5] Meyer N K, Ristovski Z D. Ternary nucleation as a mechanism for the production of diesel nanoparticles: experimental analysis of the volatile and hygroscopic properties of diesel exhaust using the volatilization and humidification tandem differential mobility analyzer [J]. Environ. Sci. Technol, 2007,41:7309 - 7314.

[6] Surawski N C, Miljevic B, Ayoko G A, et al. Physicochemical characterization of particulate emissions from a compression ignition engine employing two injection technologies and three fuels [J]. Environ. Sci. Technol, 2011,45:5498 - 5505.

[7] Cheung K L, Polidori A, Ntziachristos L, et al. Chemical characteristics and oxidative potential of particulate matter emissions from gasoline, diesel, and biodiesel cars [J]. Environ. Sci. Technol, 2009,43:6334 - 6340.

[8] Chang D Y, van Gerpen J H. Determination of particulate and unburned hydrocarbon emissions from diesel engines fueled with biodiesel [C]. SAE paper, 982527.

[9] Wu F J, Wang J X, Chen W M, et al. A study on emission performance of a diesel engine fueled with five typical methyl ester biodiesels [J]. Atmos. Environ, 2009,43:1481 - 1485.

[10] Ristovski Z D, Jayaratne E R, Lim M, et al. Influence of diesel fuel sulfur on nanoparticle emissions from city buses [J]. Environ. Sci. Technol, 2006,40:1314 - 1320.

[11] Watson J G, Chow J C, Lowenthal D H. Differences in the carbon composition of source profiles for diesel-and gasoline-powered vehicles [J]. Atmos. Environ, 1994, 28:2493 - 2505.

[12] Han Y M, Cao J J, Chow J C, et al. Evaluation of the thermal/optical reflectance method for discrimination between soot-and char - EC [J]. Chemosphere, 2007,69:569 - 574.

[13] Zhang J, He K B, Shi X Y, et al. Comparison of particle emissions from an engine operating on biodiesel and petroleum diesel [J]. Fuel, 2011,90:2089 - 2097.

[14] Cao J J, Lee S C, Ho K F, et al. Characterization of roadside fine particle carbon and its eight fractions in Hon Kong [J]. Aerosol Air Quality Res. , 2006,6:106 - 122.

[15] Zhu C S, Chen C C, Cao J J, et al. Characterization of carbon fractions for atmospheric fine particles and nanoparticles in a highway tunnel [J]. Atmos. Environ, 2010,44:2668 - 2673.

[16] Moldanova J, Fridell E, Popvicheva O, et al. Characterization of particulate matter and gaseous emissions from a large ship diesel engine [J]. Atmos. Environ, 2009,43:

2632-2641.

[17] Kerminen V M, Makela T E, Ojanen C H, et al. Characterization of the particulate phase in the exhaust from a diesel car [J]. Environ. Sci. Technol., 1997,31:1883-1889.

[18] Venkataraman A, Lyons J, Friedlander M M K. Size distributions of polycyclic aromatic hydrocarbons and elemental carbon. 1. sampling, measurement methods, and source characterization [J]. Environ. Sci. Technol., 1994,28:555-562.

[19] Muller C J, Pickett L M, Siebers D L, et al. Effects of oxygenates on soot process in di diesel engines: experiments and numerical simulates [C]. SAE, 2003,1:1791.

[20] Collier A, Rhead M, Trier C, et al. Polycyclic aromatic compound profiles from a light-duty direct-injection diesel engine [J]. Fuel, 1995,74:362-367.

[21] He C, Ge Y S, Tan J W, et al. Characteristics of polycyclic aromatic hydrocarbons emissions of diesel engine fueled with biodiesel and diesel [J]. Fuel, 2010,89:2040-2046.

[22] Marr L, Kirchstetter T, Harley R, et al. Characterization of polycyclic aromatic hydrocarbons in motor vehicle fuels and exhaust emissions [J]. Environ. Sci. Technol., 1999,33:3091-3099.

[23] Cardone M, Prati M, Rocco M, et al. Brassica carinata as an alternative oil crop for the production of biodiesel in Italy: engine performance and regulated and unregulated exhaust emissions [J]. Environ. Sci. Technol., 2002,36:4656-4662.

[24] Pinto A, Guarieiro L, Rezende M, et al. Biodiesel: an overview [J]. J Braz Chem Soc 2005, 16:1313-1330.

[25] Sharp C, Howell S, Jobe J. The effect of biodiesel fuels on transient emissions from modern diesel engines, Part II: unregulated emissions and chemical characterization [C]. SAE paper, 2000,1:1968.

[26] Lin Y C, Lee W J, Wu T S, et al. Comparison of PAH and regulated harmful matter emissions from biodiesel blends and paraffinic fuel blends on engine accumulated mileage test [J]. Fuel, 2006,85:2516-2523.

[27] Ballesteros R, Hernandes J J, Lyons L L. An experimental study of the influence of biofuel origin on particle-associated PAH emissions [J]. Atmos. Environ, 2010,44:930-938.

[28] Mi H, Lee W, Chen C, et al. Effect of fuel aromatic content on PAH emission from a heavy-duty diesel engine [J]. Chemosphere, 2000,41:1783-1790.

[29] Westerholm R, Christensen A, Törnqvist M, et al. Comparison of exhaust emissions from Swedish environmental classified diesel fuel (MK1) and European program on emissions, fuels and engine technologies (EPEFE) reference fuel: a chemical and biological characterization, with viewpoints on cancer risk [J]. Environ. Sci.

Technol., 2001,35:1748 - 1754.

[30] Miguel A H, Kirchstetter T W, Harley R A, et al. On-road emissions of particulate polycyclic aromatic hydrocarbons and black carbon from gasoline and diesel vehicles [J]. Environ. Sci. Technol., 1998,32:450 - 455.

[31] Nisbet C, LaGoy P. Toxic equivalency factors (TEFs) for polycyclic aromatic hydrocarbon (PAHs) [J]. Regul Toxicol Pharm, 1992,16:290 - 300.

第 5 章 压燃式发动机颗粒物形貌结构及其氧化特性

发动机颗粒物排放的形貌、结构取决于颗粒物的生成条件，对相关特征的研究有助于了解不同条件下颗粒物的生成机理。同时，碳烟颗粒物的形貌、结构特征等微观特征又决定了颗粒物的氧化特性，换言之，氧化特性是颗粒微观结构特征的宏观表现。而颗粒物被氧化的难易程度直接关系到发动机尾气净化效果的好坏，对开发合理有效的后处理设备也有着重要的指导意义。本章采用与第 4 章相同的发动机及燃油特性参数，使用热重及电镜分析手段，考查不同发动机工况、不同动力学尺寸及不同燃油条件下排气颗粒的形貌、内部结构及其氧化特性，并试图寻求不同理化特性间的内在联系。

5.1 发动机工况对颗粒物形貌结构及其氧化特性的影响

为了考查发动机转速和负荷特性对排气颗粒物形貌、内部结构及其氧化特性的影响，本节设计了 5 种工况，具体转速及负荷条件设置如表 5-1 所示。实验所用燃油为超低硫柴油。实验装置与第 4 章相同。

表 5-1 发动机测试工况

测试工况	转速(r/min)	扭矩/Nm	空燃比	*BMEP*/MPa
1	1000	267	19.4	0.78
2	1400	261	20.0	0.76
3	1800	240	20.1	0.7
4	1800	120	30.9	0.38
5	1800	30	79.6	0.08

5.1.1 燃烧特性

发动机颗粒物排放中，基本颗粒物尺寸及其纳米结构是在颗粒物成核、生长、氧化和合并过程中决定的，而发动机缸内的燃烧参数，如燃烧温度，空燃比，燃烧持续期等对颗粒物的形成过程有着决定性的影响。本小节使用燃烧分析仪对不同工况条件下发动机的燃烧特征参数做了详细考查。对每种发动机工况，缸压数据取约 400 个发动机循环的平均值，然后由燃烧分析软件计算相应发热率及缸内温度数据。

图 5－1 为不同发动机工况下的放热率曲线，图中 PC 表示预混合燃烧相，DC 为扩散燃烧相，时间 0 点为燃烧起始点。如图所示，整个燃烧过程可分为预混合燃烧和扩散燃烧两个部分。在测试工况 1～3 中，随着发动机转速的增加，燃烧持续期有着明显的降低。同时我们注意到燃烧持续期的降低主要集中在扩散燃烧相，而预混合燃烧相的持续时间随发动机转速没有明显的变化。随着发动机转速的增加，预混合燃烧放热率的峰值明显升高，而扩散燃烧的放热率的峰值逐步下降。这进一步表明随着发动机转速的增加，预混合燃烧在整个燃烧进程中起主导作用。在工况 3～5 中，发动机在定转速条件下，燃烧持续期随空燃比的增加、负荷的降低而明显缩短，与工况 1～3 类似，燃烧持续期的缩短主要体现在扩散燃烧相。

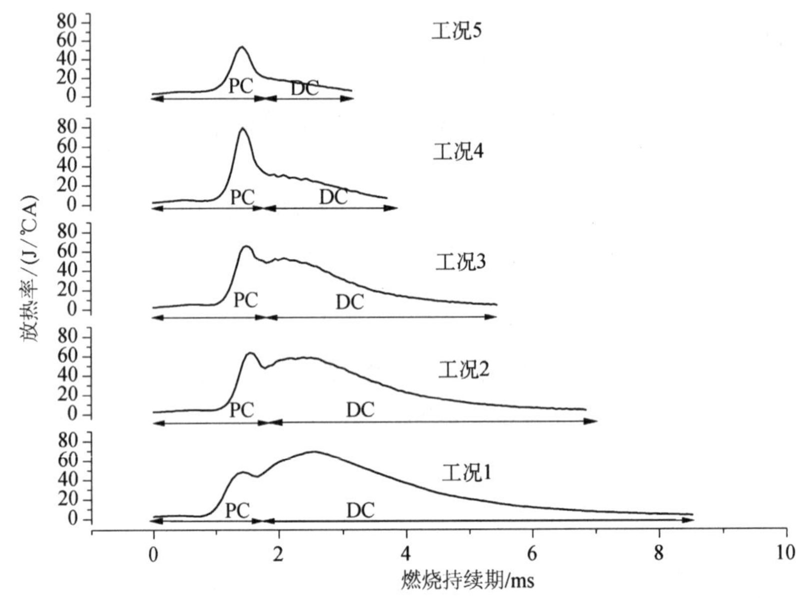

图 5－1　不同工况条件下发动机缸内放热率及燃烧持续期

图 5－2 为不同工况条件下，发动机缸内燃烧温度随燃烧持续期的变化。在工况 1～3 中，缸内燃烧温度的峰值随发动机转速的变化无明显区别，而在工况 3～5 中，缸内气体温度随空燃比的增加和负荷的降低明显降低。

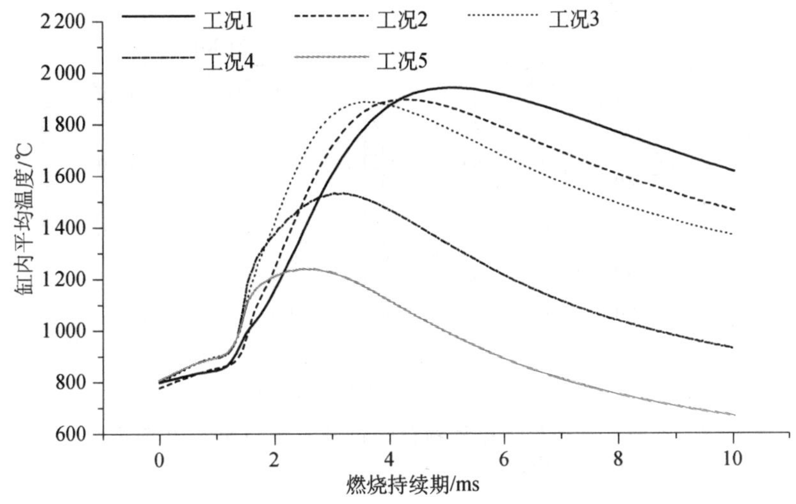

图 5－2　不同工况条件下发动机缸内平均温度

5.1.2　颗粒物质量与数量浓度

如图 5－3 所示，在 5 种不同的发动机工况条件下，排气颗粒的数量浓度均呈现明显的正态分布特征，然而其峰值大小与位置随发动机工况的变化，有着明显的不同。图 5－4 统计了排气颗粒质量浓度(PMC)、总数量浓度(TNC)以及几何平均粒径(GMD)随发动机工况的变化情况。如图所示，颗粒物质量浓度随发动机转速及空燃比的增加而明显降低，发动机颗粒物主要形成于局部低空燃比、高温扩散燃烧火焰中，因此，颗粒物排放的质量浓度与扩散燃烧有着明显的正相关性。在发动机工况 1～3 中，随着发动机转速的增加，颗粒物数量排放浓度逐步增加，而其几

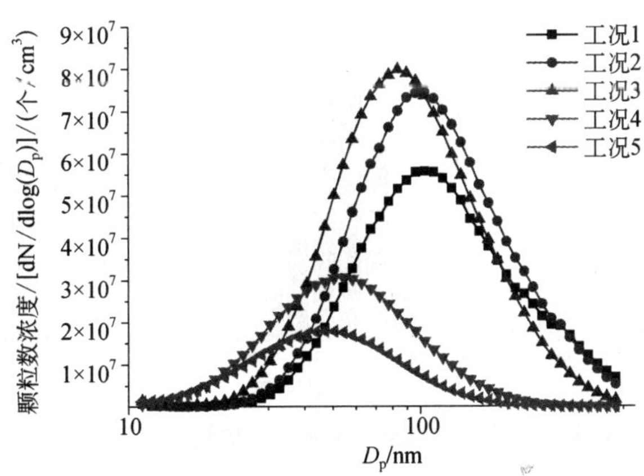

图 5－3　不同工况下排气颗粒的数量尺寸分布特征

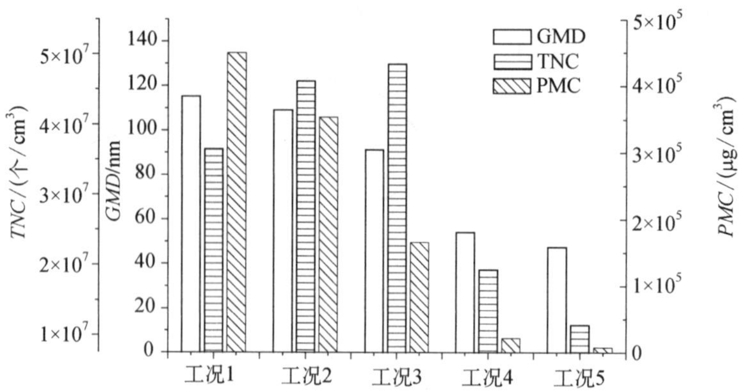

图 5-4　不同工况条件下排气颗粒的数量浓度(TNC)、几何平均粒径(GMD)及质量浓度

何平均尺寸明显减少。在高的发动机转速下,发动机在缸内缺乏足够的时间聚集成大的颗粒物,因此导致了高的数量排放浓度和小的几何平均尺寸。在工况 3～5 中,总数量排放浓度和几何平均尺寸均随空燃比的增加而降低,这是由于在高空燃比的条件下,较少的燃油在扩散条件下燃烧,导致少的颗粒物生产,同时抑制了颗粒物的生长、合并过程。

5.1.3　基本颗粒尺寸

图 5-5 为工况 1, 3, 5 条件下,发动机基本颗粒尺寸分布。由图可知,基本颗粒物的粒径在 10～60 nm 范围内呈正态分布,峰值出现在 20～30 nm 范围内。表

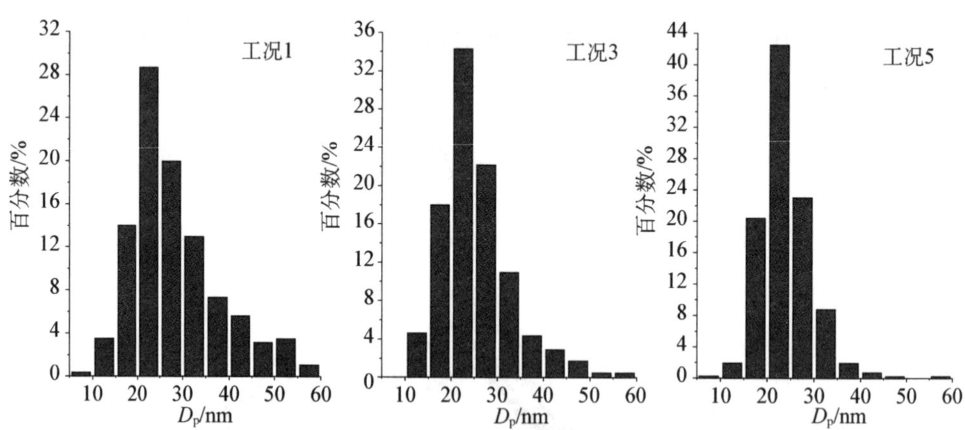

图 5-5　不同工况条件下基本颗粒粒径的尺寸分布

工况 1:转速 1000 r/min,空燃比 19.4;工况 3:转速 1800 r/min,空燃比 20.1;工况 5:转速 1800 r/min,空燃比 79.6

5 - 2 列出了不同工况条件下基本颗粒物直径(D_p)及其标准差(sd)。由表可见,在空燃比基本稳定的情况下,基本颗粒物直径随着发动机转速的上升而下降,而在定转速条件下,基本颗粒物直径随空燃比的增加而降低。

表 5 - 2　不同工况条件下基本颗粒尺寸及其内部结构参数

Testing modes	D_p(sd)/nm	L_a(sd)/nm	T_f(sd)	D_s(sd)/nm
1	28.5(9.72)	0.885(0.0675)	1.082(0.0251)	0.368(0.0107)
2	26.1(8.51)	0.888(0.0816)	1.090(0.0105)	0.365(0.0142)
3	25.3(7.61)	0.880(0.1079)	1.091(0.0304)	0.365(0.0145)
4	24.3(6.88)	0.861(0.0339)	1.124(0.0163)	0.370(0.0137)
5	23.8(5.43)	0.795(0.0324)	1.202(0.0349)	0.376(0.0129)

基本颗粒物的尺寸最终是由颗粒物的生长、氧化及合并过程决定的,而这些形成进程也会反应在其内部碳层结构上。图 5 - 6、图 5 - 7 和图 5 - 8 分别为工况 1,3 和 5 条件下典型的颗粒物电镜图。在这些图中,图(a)为低倍的颗粒物团聚物图像,而(b)～(d)为其中基本颗粒物的高倍图像,用以研究不同工况条件下,颗粒物内部结构的变化特征。图 5 - 9 为颗粒物内部结构示意图。

如图 5 - 6(a)所示,在工况 1 低速、低空燃比条件下,发动机颗粒物排放包含了较多的大尺寸基本颗粒,图 5 - 6(b～d)为三种典型尺寸的基本颗粒物内部纳米结构。图 5 - 6(b)中的基本颗粒物尺寸大于 40 nm,呈现近圆形的不规则外形,其可能是由多个前期形成的颗粒物在燃烧过程中合并而来。在燃烧过程中强烈的表面生长促使合并的颗粒物呈现近圆的外形,然而仍保留有合并的痕迹。图 5 - 9(a)为此类型颗粒物的结构示意图,图中圆圈代表用以合并的前期颗粒物轮廓,短直线代表颗粒物内部的碳层结构。图 5 - 6(c)为直径 25 nm 左右的基本颗粒物,其呈现典型的壳-核结构[1],拥有 1 个或多个 4～6 nm 的内核,包裹以同心圆状排列的碳层。图 5 - 9(b)为此类颗粒物的结构示意图。这种结构是颗粒物合并及表面生长的综合结果。颗粒物内核由新生成的小的圆形颗粒物合并而成,燃烧过程中强烈的表面生长使得内核被众多碳层紧密包裹,而碳层的同心圆状排列及圆的外形则是高温条件下最稳定的碳层组织形式[1]。图 5 - 6(d)为直径小于 10 nm 的基本颗粒物,这些颗粒物内部碳层随机分布,无明显的特殊图形结构,其结构如图 5 - 9(c)所示。

图 5 - 7 为工况 3 高速低空燃比条件下颗粒物的电镜图像。在此工况下,大多数颗粒物直径为 25 nm 左右,呈现与图 5 - 6(c)类似的壳-核结构,体现了合并与表面生长的综合效果。而拥有明显不规则外形的大尺寸基本颗粒在此工况下并不多见,这说明了在高的发动机转速条件下,颗粒物的合并和表面生长受到短的燃烧持续期的限制。

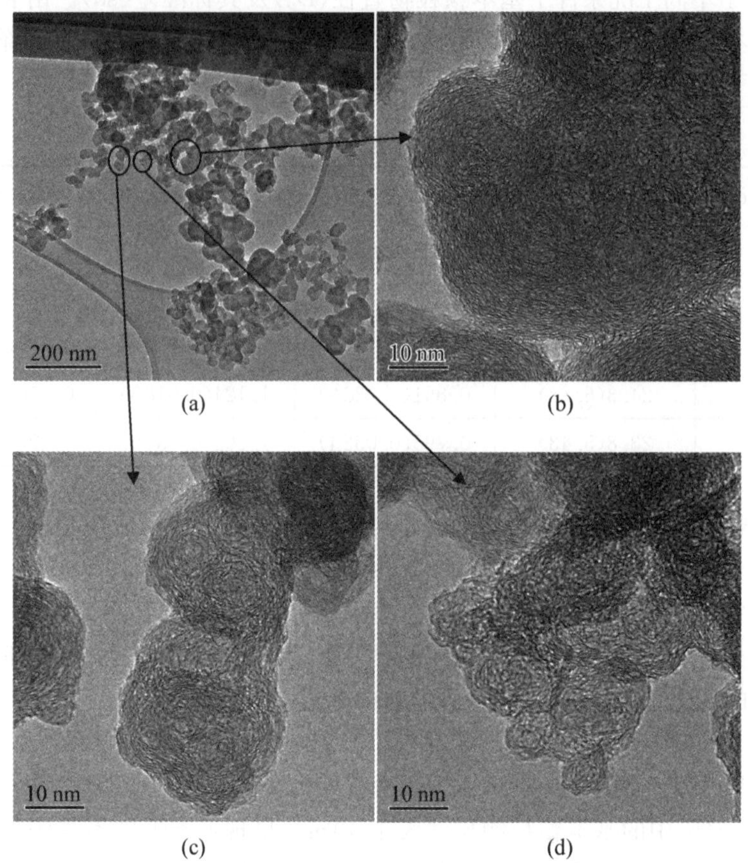

图 5-6　工况 1 条件下基本颗粒的 TEM 和 HRTEM 图像

(a) 低倍 TEM 图像　(b~d) 不同基本粒子的高倍 HRTEM 图像

图 5-8 为工况 5 高速高空燃比条件下颗粒物的电镜图像。在图 5-6 和图 5-7 中,用以合并形成大尺寸基本颗粒的前期颗粒物可以被明显地识别出来,而在图 5-8 中类似的前期颗粒物很难找到。这可能是由于在不同的工况下具有不同的前期颗粒物尺寸所致。Mitchell 等人[2]通过使用动态蒙特卡洛方法,对颗粒物的生长、合并过程进行了数值仿真研究,研究结果表明,在颗粒物合并过程中,尺寸较大的前期颗粒物合并主要影响颗粒物合并点及其附近,而对整个前期颗粒物的形状无较大影响,而尺寸较小的前期颗粒物则在合并过程中被完全融合,失去其原先的形状特征。据此推测,在工况 5 中,由于较高的空燃比,前期颗粒物的尺寸很小,因此在颗粒物合并过程中完全失去了其原有的形状特征。

发动机的缸内燃烧过程直接影响着颗粒物的形成过程,导致在不同工况下不同的基本颗粒物形态。如图 5-1 所示,低的发动机转速导致长的燃烧持续期,尤其是扩散燃烧的持续期。如前所述,由于扩散燃烧低的局部当量比和高的燃烧温

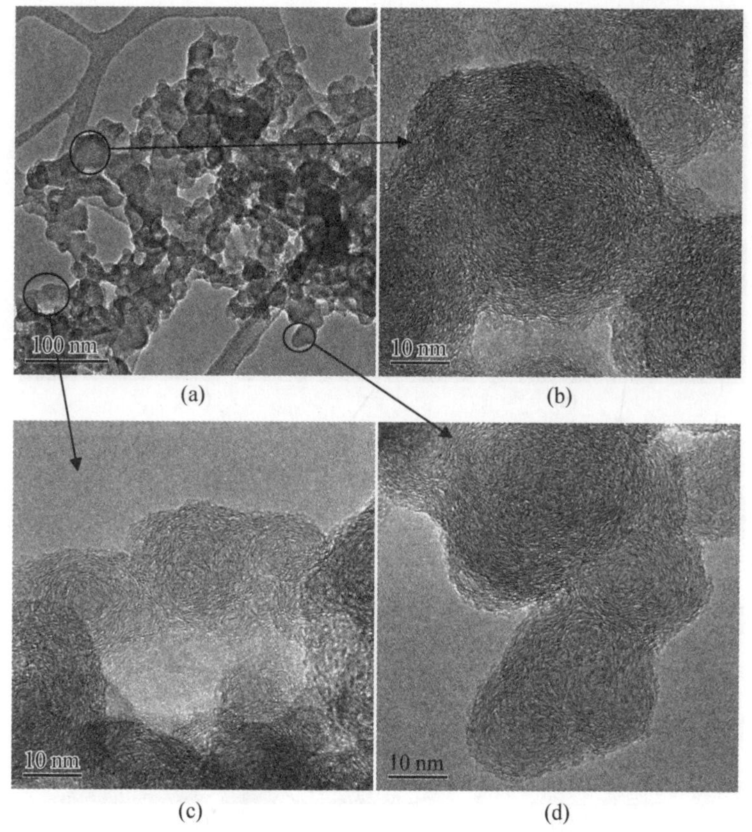

(a)　(b)

(c)　(d)

图 5-7　工况 3 条件下基本颗粒的 TEM 和 HRTEM 图像

(a) 低倍 TEM 图像　(b～d) 不同基本粒子的高倍 HRTEM 图像

度，促使大量颗粒物生成，长的燃烧持续期为前期颗粒物的合并提供了有利条件，同时扩散燃烧条件下，强烈的表面生长又促使合并的前期颗粒物形成近圆的形状，转变为如图 5-6(b)所示的大的具有不规则外形的基本颗粒。因此在低转速下，长的扩散燃烧持续期是排气基本颗粒拥有较大尺寸的重要原因。这个原因也可用于解释不同空燃比对基本颗粒物尺寸的影响，在工况 3～5 中，尽管发动机转速相同，在高空燃比、低喷油量条件下，发动机缸内的燃烧持续期明显缩短，因此导致其排气基本颗粒的尺寸较小。

在本实验中，排气基本颗粒的尺寸与发动机缸内的燃烧持续期呈现很好的相关性，而与燃烧温度的相关性并不明显。这是由于燃烧温度同时影响颗粒的生长、氧化两个进程，而这两个进程分别导致基本颗粒物尺寸的增大和减少，因此很难将颗粒物的基本尺寸与燃烧温度用单调的关系描述。Zhu[3] 等研究了一重型发动机在不同操作条件下基本颗粒物尺寸的变化，发现基本颗粒物尺寸随排气温度的升

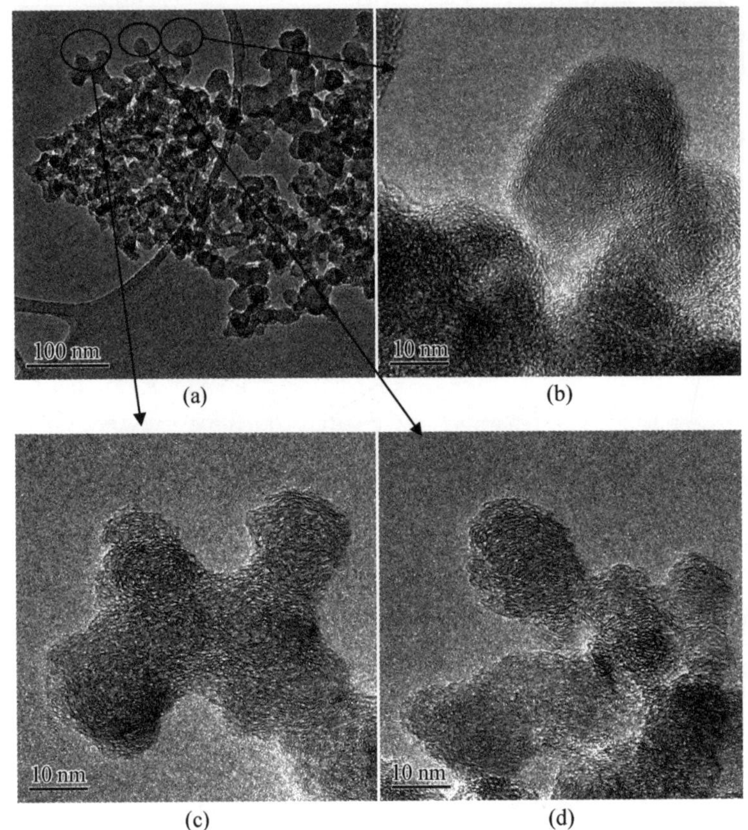

图 5-8　工况 5 条件下基本颗粒的 TEM 和 HRTEM 图像

(a) 低倍 TEM 图像　(b~d) 不同基本粒子的高倍 HRTEM 图像

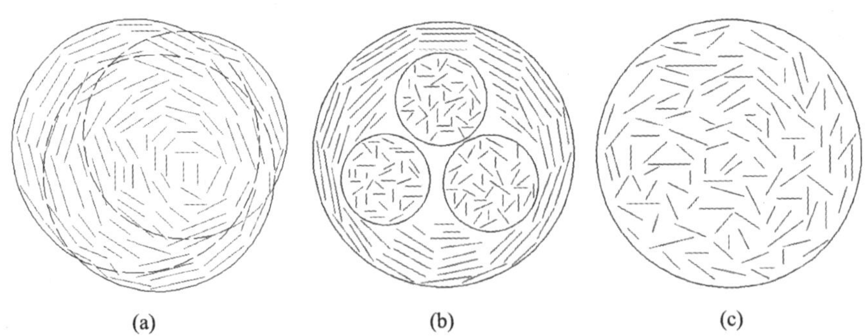

图 5-9　三种基本颗粒内部结构示意图

(a) 拥有不规则外形的基本颗粒　(b) 拥有壳-核结构的基本颗粒　(c) 拥有无序结构的基本颗粒

高呈现先增大后减少的趋势。Zhu 等将这一现象归因于高的燃烧温度促进颗粒物的氧化从而导致基本颗粒物尺寸的降低。然而在本次实验的工况 1，发动机在低速、低空燃比条件下，颗粒物有着比工况 2，3 更长的高温氧化时间(见图 5－2)，其基本颗粒物的尺寸仍然较大，这表明，在工况 1 下，尽管燃烧温度较高，颗粒物氧化生长的速度仍然高于其氧化的速度。对比工况 4 和工况 5，工况 3 中较低的空燃比促进颗粒物的成核及生长，而抑制颗粒物的氧化作用，尽管低的空燃比导致缸内燃烧温度较高，较大的基本颗粒物尺寸说明在工况 3 中颗粒物的氧化作用并不强烈。

不仅基本颗粒物的尺寸大小、其标准差亦受发动机缸内燃烧过程的控制。如表 5－2 所示，基本颗粒物直径的标准差随扩散燃烧持续期的延长而增加，这可归因于扩散燃烧非均质的特性。在工况 5 中，当预混合燃烧占统治地位时，由于油气的均匀混合，基本颗粒物的尺寸也更加均一，其标准差也最小。

对比发动机排气与火焰燃烧器扩散燃烧产生的基本颗粒物尺寸，Hu[4] 等使用一非预混合湍流喷射燃烧器研究了其产生的基本颗粒物在非预混合火焰不同部位处尺寸的变化。研究表明，基本颗粒物尺寸沿着火焰中心呈先增大后减少的趋势，尺寸变化范围为 19～35 nm。Dobbins[5] 也使用扩散火焰燃烧器发现了类似的结果。在本次实验中，基本颗粒物尺寸的变化范围是 19～38 nm，与扩散燃烧器的研究结果较为一致。由于油气混合的不均匀性以及不同的喷油时刻，在发动机排气中的颗粒物可能存在不同燃烧阶段的特征，或者在不同的局部燃烧条件下形成，这就导致了即使在相同的发动机操作条件下，排气中基本颗粒物的尺寸以及内部纳米结构亦存在较大差别，这一现象在扩散燃烧占统治地位的工况 1 中最为明显。

5.1.4　颗粒物纳米结构

表 5－2 中列出了发动机不同工况下排气颗粒物的基本结构参数的统计值及其标准差。t－test 统计表明，在工况 1～3 间，颗粒物结构参数间的区别并不明显(在 95%置信区间内)，这表明在相同空燃比条件下，燃烧持续期对颗粒物内部纳米结构的影响并不显著。在这三种工况下，基本颗粒物大多呈现明显的壳-核结构，颗粒物内碳层也明显较其他两种工况更加平直。Hurt[1] 等人认为，同心圆状结构是碳层在高温条件下最为稳定的排列方式，是碳颗粒物充分石墨化的表现。长而平直的碳层是石墨结构的典型特征，其包含的活性反应位置(reactive site)明显少于短而弯曲的碳层结构。一些氧化性实验表明[13]，一旦碳烟颗粒呈现了石墨化的结构，进一步的结构改变将很难发生，除非在极高的温度或在充分含氧的环境氛围中。如图 5－2 所示，工况 1～3 的缸内平均温度基本相同，且处于较高温度范围，这导致排气颗粒物呈现类似的石墨化结构。由于石墨化碳烟颗粒较低的反应活性，随着燃烧持续期的延长，颗粒物内部结构亦无明显的改变。

在工况 3～5 中，随着发动机空燃比的增加，基本颗粒物内碳层长度减小，而碳层扭曲度及相邻碳层间的距离有所增加。基于 t - test 方法统计，不同工况间结构参数在 95％置信区间内有明显差别。如图 5 - 8 所示，壳-核结构在工况 5 中很难找到，且碳层较工况 3 和 4 明显短小、弯曲。Zhu[3] 等使用拉曼光谱技术对发动机碳烟颗粒进行分析，也发现随着负荷的降低，碳烟颗粒的石墨化程度减弱。这一规律可能是由于不同空燃比条件下不同的缸内温度所致，Vander Wal[6] 等认为，高的燃烧温度可以将燃油裂解为如乙炔(C_2H_2)等小的分子结构。乙炔分子通过 HACA 机理(脱氢加乙炔)添加到碳烟前驱物多环芳烃(PAH)的活性位置上，可生长成较平直的碳层结构。而在较低的燃烧温度下，大部分燃油裂解为 PAH 等大分子结构，此时颗粒物的生长主要是通过 PAH 分子的堆积，这种颗粒物生长方式多导致无定形碳(amorphous soot)的生成，呈现如图 5 - 8(b～d)所示的无序的内部纳米结构。

5.1.5 颗粒物氧化性

图 5 - 10 为不同工况条件下，发动机颗粒物在 TGA 内氧化加热过程中，质量分数的变化。如图所示，颗粒物样品基本在 450℃左右的温度范围内开始出现质量的缓慢损失，在 600～700℃之间，颗粒物迅速氧化，在 650～700℃之间，颗粒物被完全氧化，质量曲线重新归于稳定。图 5 - 11 为对应 DSC 信号的导数，其峰值的对应温度定义为颗粒物样品的氧化温度。发动机工况 1～5 条件下，颗粒物样品的氧化温度分别 715℃，706℃，677℃，659℃，635℃，表明颗粒物的氧化性按照此顺序逐渐增强。

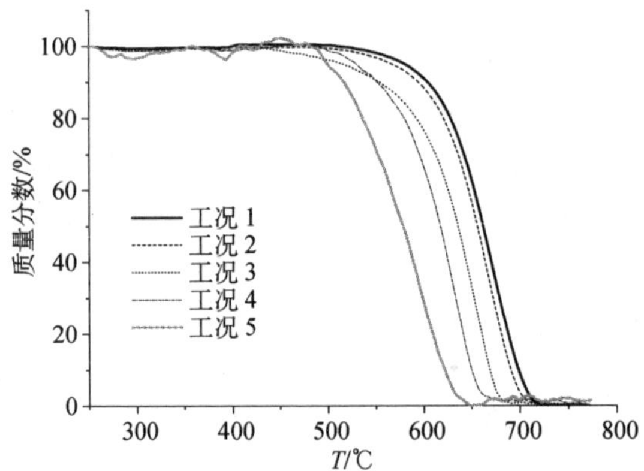

图 5 - 10　不同发动机工况条件下颗粒物样品质量的热重损失曲线

为更加详细地考查颗粒物的氧化特性，我们根据 Stratakis 等人[7]所建议的方法，使用阿累尼乌斯(Arrhenius)方程，从颗粒物氧化过程的质量损失率中计算了颗粒物的氧化动力学参数，计算方法如下所示：

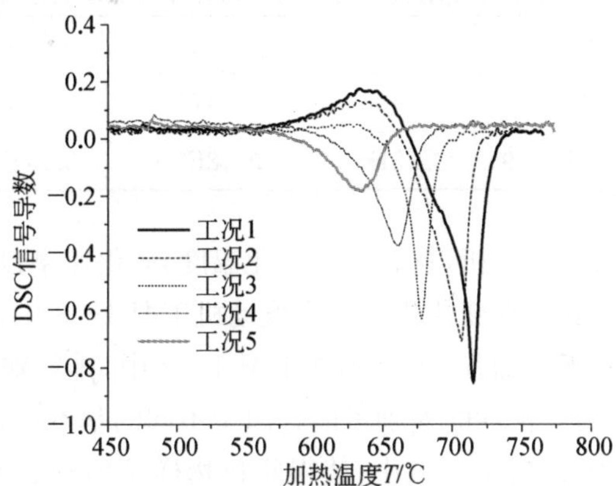

图 5-11　不同发动机工况条件下颗粒物样品 DSC 信号导数曲线

$$-\frac{\mathrm{d}m}{\mathrm{d}t} = A\mathrm{e}^{-E/RT}m^{n} \qquad (5-1)$$

式中，m 是氧化过程中的样品质量，t 为氧化时间，A 为频率因子，E 为活化能，R 为摩尔气体常数，T 是氧化温度，n 为反应级数。对于碳烟样品，反应级数 n 通常取 1[8]。图 5-12 为颗粒物氧化率的阿累尼乌斯表达。从图中可以看出，颗粒物的氧化速率按工况 1～5 的顺序逐渐递增。表 5-3 列出了不同工况条件下颗粒物样品的活化能 E 及频率因子 A。结果表明超低硫柴油颗粒物的活化能在 140～200 kJ/mol 的范围内，按照工况 1～5 的顺序递减。

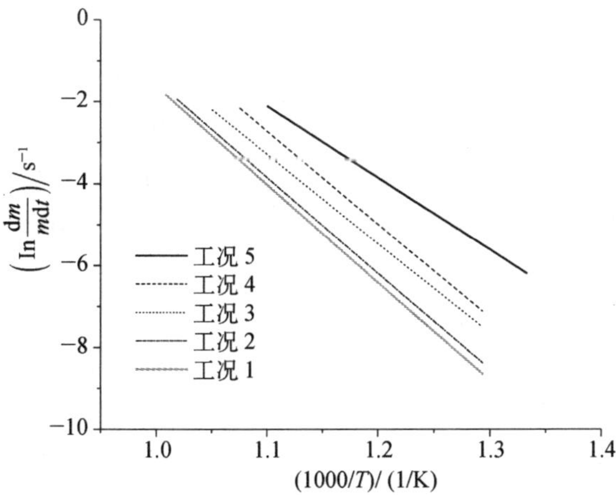

图 5-12　不同工况条件下颗粒物样品基于质量损失的热动力学分析

表 5-3 不同发动机工况下颗粒物样品的热动力学参数

测试工况	1	2	3	4	5
E/(kJ/mol)	200	196	176	147	142
$A/(s^{-1})$	5.35E+09	3.75E+09	9.48E+08	3.21E+07	1.70E+07

以上的颗粒物氧化性分析，从颗粒物氧化温度、氧化速率以及活化能的角度都说明了相同的颗粒物氧化性变化规律。在发动机工况 1～3 中，颗粒物氧化性随着发动机转速的增加而逐渐加强，考虑到在工况 1～3 中，排气颗粒物的内部结构参数无明显差别，颗粒物氧化性的差别可能归因于不同的基本颗粒物尺寸，随着发动机转速的提高，基本颗粒物尺寸减小，使得颗粒物样品拥有更大的比表面积，更容易受到氧化作用。在工况 3～5 中颗粒物的氧化性随着空燃比的增加而增强。结合前文的基本颗粒物尺寸及微观结构随空燃比的变化规律，可以发现，小的基本颗粒尺寸及更加无序的内部纳米结构，均是导致颗粒物较强氧化性的可能原因。高空燃比条件下，无序的颗粒物内部纳米结构一般表现为短小、弯曲的碳层及较大的碳层间距，而此类结构可造成颗粒物氧化性的明显增强[9]。

5.2 燃油特性对颗粒物形貌结构及其氧化特性的影响

本节在 BMEP 为 0.08 MPa 和 0.7 MPa 两种负荷下，比较了发动机燃用生物柴油、超低硫柴油、低硫柴油所产生颗粒物排放的形貌、内部结构及氧化特性，并就导致颗粒物不同氧化特性的原因进行了分析。发动机高低两种负荷分别对应表 5-2 中的工况 3 和 5。

5.2.1 燃烧特性

由本章 5.1 节可知，发动机缸内燃烧参数对基本颗粒的尺寸及微观结构有着明显影响，为更深入研究燃用不同燃料发动机颗粒物排放形成机理，本节首先对不同燃油条件下发动机缸内燃烧参数做了比较。图 5-13 给出了高、低两种负荷条件下三种燃油发动机放热率及缸内平均气体温度。由图可见，在高负荷条件下，发动机放热率可明显分为预混合燃烧阶段及扩散燃烧阶段两个部分，而低负荷条件下，预混合燃烧在整个燃烧持续期中占主导地位，扩散燃烧相并不明显。为更加详细地研究发动机缸内的燃烧情况，图 5-14 给出了发动机在定转速 1800 r/min，平均有效压力 0.08 MPa，0.2 MPa，0.38 MPa，0.55 MPa，0.7 MPa 五种负荷条件下缸内燃烧起始点及燃烧持续期。燃烧起始点定义为放热率开始的曲轴转角位置，燃烧终止点定义为累计放热率达到 95%时的发动机曲轴转角。燃烧持续期为燃烧起始点与终止点之间所经历的曲轴转角。

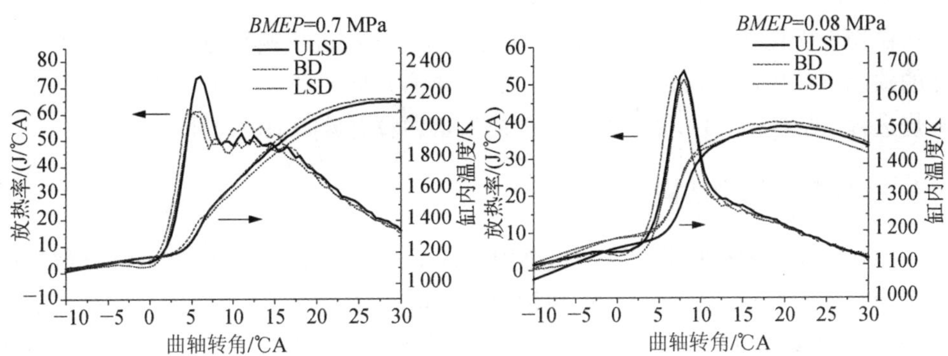

图 5-13　高低两种负荷下燃用不同燃油时发动机放热率及缸内平均气体温度

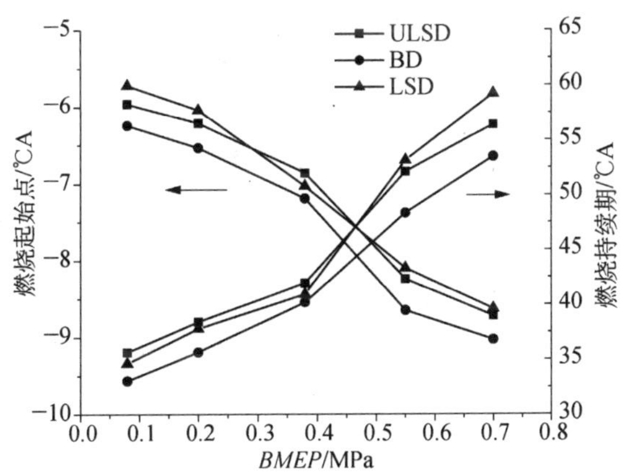

图 5-14　不同燃油类型及发动机负荷对燃烧起始点及燃烧持续期的影响

对比不同燃油条件下发动机的缸内燃烧表现，相对其他两种燃油，燃烧生物柴油发动机表现出较早的燃烧起始点，短的燃烧持续期以及较高的缸内峰值温度。由于生物柴油较低的可压缩性，使得针阀在喷油过程中提前开启，从而导致燃烧起始点的提前[10]。对比超低硫柴油和低硫柴油的燃烧特性，两者表现出了类似的燃烧起始点和燃烧持续期，该结果表明燃料中的硫含量对发动机缸内燃烧表现的影响有限。

5.2.2　基本颗粒尺寸

表 5-4 中列出了超低硫柴油、低硫柴油和生物柴油三种不同燃油在高低两种负荷下基本颗粒物的平均粒径及其相应的标准误差。发动机燃用超低硫柴油和低硫柴油产生的基本颗粒物尺寸在 95%置信区间内无明显差别，但两者均明显大于

生物柴油产生的基本颗粒物尺寸。如前所述，含氧的生物柴油可导致其燃烧生成的颗粒物表面包含较多的含氧官能团，这也进一步促进了颗粒物的氧化，导致小尺寸的碳烟颗粒生成。而超低硫柴油和低硫柴油相似的理化特性，导致了其类似的燃烧进程（见图 5－14），因此两者生成的碳烟颗粒有着类似的尺寸。

5.2.3 颗粒物纳米结构

图 5－15 为两种负荷下发动机燃用三种不同燃油所产生颗粒物的高分辨率电镜图像。如图所示，在低负荷下，颗粒物样品均呈现无序的碳层结构。而在高负荷下，燃用超低硫柴油和低硫柴油产生的碳烟颗粒物呈现明显的核-壳结构，而生物柴油的颗粒物样品内部碳层结构趋向无序。

表 5－4 不同燃油及发动机负荷条件下基本颗粒的尺寸及其结构参数

	BMEP/MPa	D_p(sd)/nm	L_a(sd)/nm	T_f(sd)	D_s(sd)/nm
ULSD	0.08	23.8(5.4)	0.795(0.0324)	1.202(0.0349)	0.376(0.0129)
	0.7	25.3(7.6)	0.880(0.1079)	1.091(0.0304)	0.365(0.0145)
BD	0.08	21.4(3.6)	0.695(0.0826)	1.279(0.0382)	0.373(0.0244)
	0.7	23.1(8.1)	0.746(0.0298)	1.231(0.0409)	0.369(0.0118)
LSD	0.08	22.9(4.9)	0.784(0.0699)	1.281(0.0418)	0.374(0.0097)
	0.7	26.0(7.5)	0.888(0.0796)	1.093(0.0432)	0.365(0.0178)

与上文相同，颗粒物纳米结构特征的定量描述仍是基于对碳层长度、扭曲度和相邻碳层间距的测量，表 5－4 列出了不同燃油的高低负荷下颗粒物样品的内部结构参数。在高低两种负荷下，生物柴油颗粒物内部碳层平均长度在 0.61～0.77 nm 之间，短于其他两种燃油产生的颗粒，且扭曲程度也更加明显。基于 t－test 样品统计表明，在 95%的置信区间内，生物柴油颗粒物与其他两种燃油颗粒物的内部碳层长度及扭曲程度的区别很明显。Morjan[11]等人的研究也表明氧含量在燃料的裂解过程中可导致生成的颗粒物中包含较多短小且弯曲的碳层结构。比较低硫柴油和超低硫柴油颗粒物内部碳层的长度及扭曲程度，统计结果表明，在 95%的置信区间内，两者间的差别并不明显。而对于相邻碳层间距，0.08 MPa 负荷条件下，三种燃油颗粒的碳层间距均在 0.375 nm 左右，0.7 MPa 条件下，该值为 0.365 nm 左右，可见颗粒物内部碳层间距受负荷的影响更加明显，而对燃料性质并不敏感。结构参数的分析表明，燃油中的氧含量较含硫量对颗粒物内部碳层的长度及扭曲程度有着更明显的影响。

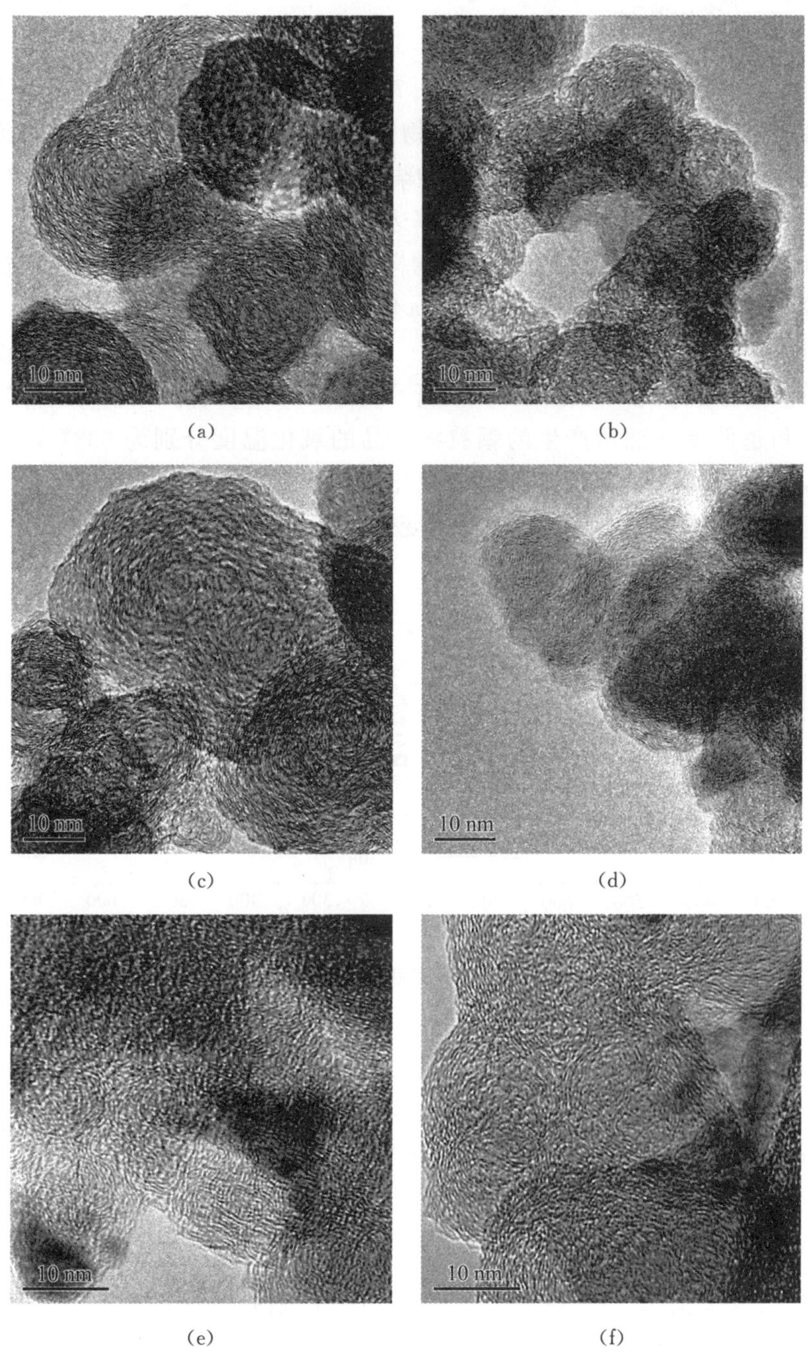

图 5-15　基本颗粒的 HRTEM 图像(*BMEP*＝0.7 MPa)

(a) 超低硫柴油　(b) 生物柴油　(c) 低硫柴油 *BMEP*＝0.08 MPa
(d) 超低硫柴油　(e) 生物柴油　(f) 低硫柴油

5.2.4 颗粒物氧化性

图5-16是BMEP为0.08 MPa，0.7 MPa两种负荷下，发动机燃用超低硫柴油、生物柴油和低硫柴油所产生的颗粒物样品在热重实验中的质量损失曲线。在相对较低的0.08 MPa负荷下，燃用生物柴油所产生的颗粒物样品质量在300℃左右即开始缓慢损失，在550℃左右损失率达到最高，在600℃左右基本燃尽，而燃用超低硫柴油和低硫柴油所产生的颗粒物样品质量则在500℃左右才开始损失，于650℃左右燃尽。在相对较高的0.7 MPa负荷条件下，燃用不同燃料所产生的颗粒物样品均在650℃以上才能燃尽。图5-17为对应DSC信号的导数，用于定量确定不同颗粒物样品的氧化温度。如图所示，在0.7 MPa负荷下，燃用生物柴油、低硫柴油和超低硫柴油所产生的颗粒物样品的氧化温度分别为639℃，651℃与659℃，在0.08 MPa负荷条件下，对应氧化温度分别为587℃，600℃与634℃。图5-18为颗粒物样品氧化温度随负荷的变化趋势，结果表明，颗粒物的氧化温度随

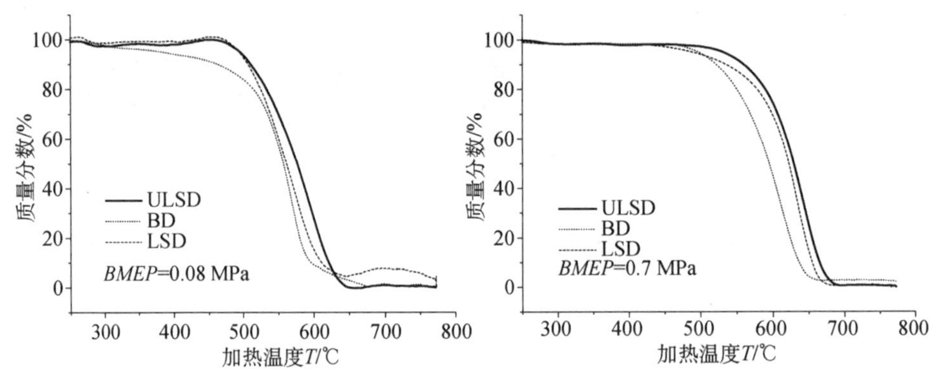

图5-16　热重分析中颗粒物样品的质量损失曲线

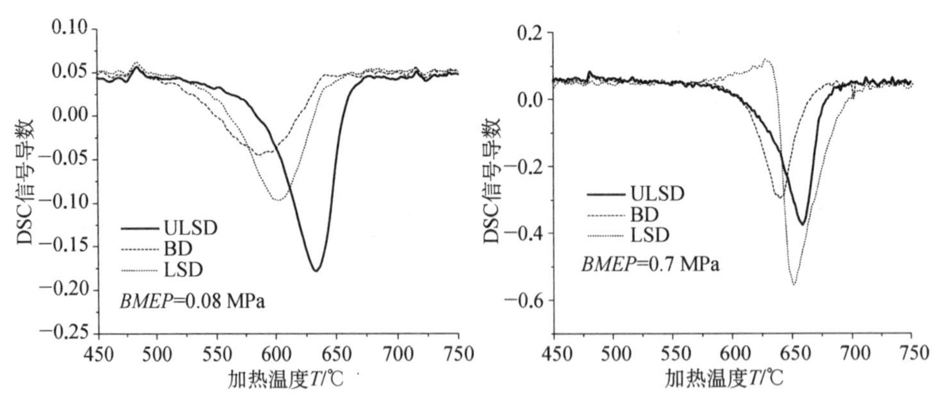

图5-17　用以确定颗粒物氧化温度的DSC信号导数曲线

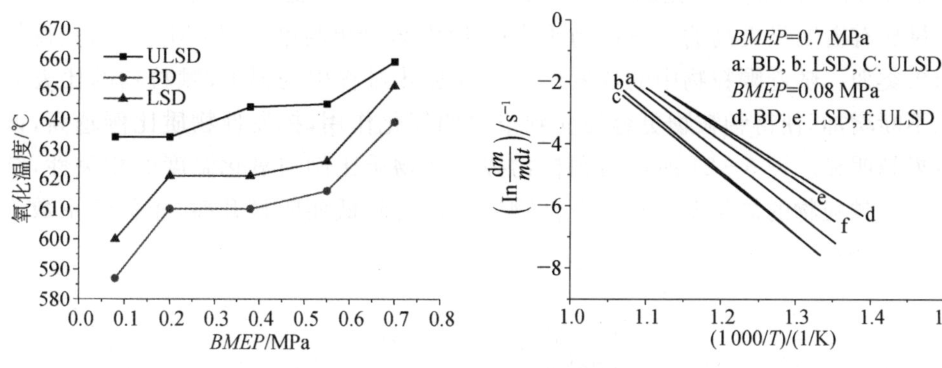

图 5－18　不同燃油及发动机负荷条件下颗粒物氧化温度

图 5－19　基于颗粒物质量损失的热动力学分析

负荷的增加逐步上升。在 5 种不同负荷下，生物柴油颗粒物均表现出最低的氧化温度，而超低硫柴油颗粒物的氧化温度最高。表 5－5 中列出了不同燃油产生的颗粒物样品的动力学参数。超低硫柴油、生物柴油、低硫柴油颗粒物的活化能范围分别为 142～175 kJ/mol，76～127 kJ/mol 与 133～162 kJ/mol。生物柴油颗粒物的活化能明显低于超低硫柴油和低硫柴油。图 5－19 为颗粒物氧化率的阿累尼乌斯表达，在不同负荷下，颗粒物氧化率均依照生物柴油、低硫柴油、超低硫柴油的速率逐步降低。

表 5－5　不同燃油及发动机负荷条件下颗粒物样品的动力学参数

	ULSD		BD		LSD	
BMEP/MPa	*E*/(kJ/mol)	*A*/s^{-1}	*E*/(kJ/mol)	*A*/s^{-1}	*E*/(kJ/mol)	*A*/s^{-1}
0.08	142	1.70E+07	76	1.42E+03	133	7.33E+06
0.2	149	2.65E+07	87	5.41E+03	150	5.62E+07
0.38	147	3.21E+07	116	4.56E+05	146	3.27E+07
0.55	167	2.46E+08	117	5.82E+05	149	3.03E+07
0.7	175	9.48E+08	127	9.87E+07	162	9.17E+07

发动机燃烧不同燃油所产生颗粒物的不同氧化性可归因于颗粒物形貌、纳米结构、成分等多种因素。生物柴油排气颗粒所表现出的强氧化性可归因于其相对短小、无序的碳层结构，颗粒物内部结构的定量统计表明，生物柴油颗粒物内部碳层较超低硫柴油、低硫柴油更加短小、弯曲，同时其小的基本颗粒尺寸也为颗粒物的氧化提供了更大的表面积。颗粒物排放所包含的挥发性物质比例也是造成其不同氧化性表现的可能原因之一。图 5－20 为 TGA 获得的三种不同燃油颗粒物排

放中挥发性物质的质量比例。结果表明，生物柴油颗粒物相对其他两种燃油颗粒物排放有着明显更高的挥发性物质质量比例，该结果与第4章$PM_{1.8}$中所获得的结果类似。随着颗粒物中的挥发性成分在加热过程中的损失，颗粒物的比表面积不断增加，使得颗粒物更容易受到空气的氧化作用，挥发性物质比例越高，该效果越明显。图5-21所示为颗粒物挥发性物质比例与氧化温度的相关性，结果表明颗粒物的氧化温度随挥发性物质比例的降低而明显升高，相关性系数为$R^2=0.67$。

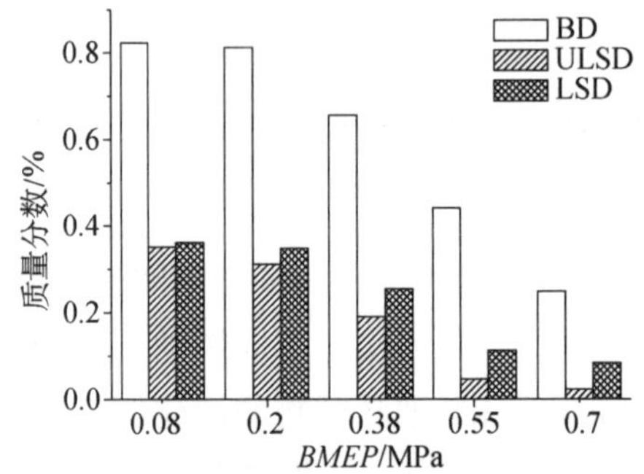

图5-20 不同燃油及发动机负荷条件下颗粒物挥发性物质的质量比例

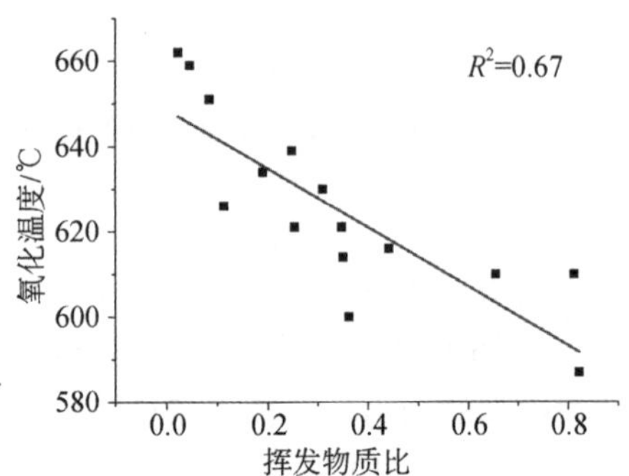

图5-21 颗粒物氧化温度与其中挥发性物质比例的相关性

由于超低硫柴油和低硫柴油有着类似的基本颗粒尺寸和内部纳米结构，低硫柴油相对超低硫柴油略高的挥发性物质比例可能是相对较高氧化活性的主要原因之一。另一个可能的原因是低硫柴油相对超低硫柴油有着较高的芳香烃比例。De Soete[12]的研究表明，燃烧芳烃燃料所产生的碳烟的氧化性要高于脂肪烃燃料。Vander Wal和Tomasek[13]的实验也表明，燃烧乙炔燃料所产生的碳烟氧化性要明显低于甲苯燃烧所产生的碳烟。这些结果均表明，燃油中较高的芳香烃含量是导致排气颗粒物较高氧化性的可能原因。

5.3 废气再循环对颗粒物纳米结构和氧化特性的影响

EGR将部分燃烧产生的废气回流至进气管路，降低了缸内氧浓度和燃烧温度，对NO_x的生成具有明显的抑制效果。然而，由于NO_x和PM之间存在的trade-off关系，EGR的运用又容易造成颗粒排放量的急剧增加。近年来，研究者在运用EGR的基础上结合喷油策略调整、燃料特性设计以及燃烧室结构优化等技术思路，试图通过控制缸内局部混合气的当量比和燃烧温度，同时避开NO_x和PM的生成区，实现新型的低温燃烧模式[13-20]以满足最新的排放法规对于发动机排放的要求。然而，目前对于在EGR作用下颗粒具体理化特性的研究却十分缺乏，因此尚无法深入理解 EGR 对于颗粒特性变化的影响作用。

本节分别考查 EGR 在高低负荷状况下对于颗粒排放及其理化特性的影响，并结合缸内燃烧过程的分析，研究 EGR 在不同负荷水平下对颗粒生成和氧化的作用机制。

实验在一台四缸中型柴油机上进行，表 5－6 为发动机的具体参数。发动机转速和扭矩通过一台电涡流测功机进行控制。利用开放式的 ECU 控制系统对发动机的具体喷油参数(包括喷油时刻 SOI、喷油压力 IP 等)进行精确控制。实验采用国四 0 号柴油，硫含量为 46 ppm。

表 5－6　发动机主要技术参数

发动机参数	参数值
气缸数	4
喷油系统	高压共轨
喷油策略	单次喷射
进气方式	增压中冷
排量	4.751L
缸径×冲程	110 mm×125 mm
压缩比	17.8∶1
额定功率	96 kW/2 500 r/min
额定扭矩	450 Nm/1 450 r/min

图 5－22 为 EGR 系统的结构示意图，其中包括一个前置的 DPF 颗粒捕集器，用以捕集循环废气中的颗粒，防止排气颗粒回流至发动机内，对增压器和发动机部件造成损坏。之后配置一个 EGR 冷却器，将循环废气的温度降至室温，使进气温度保持稳定，不受 EGR 率变化的影响。EGR 率通过调节安装在排气管路上的背

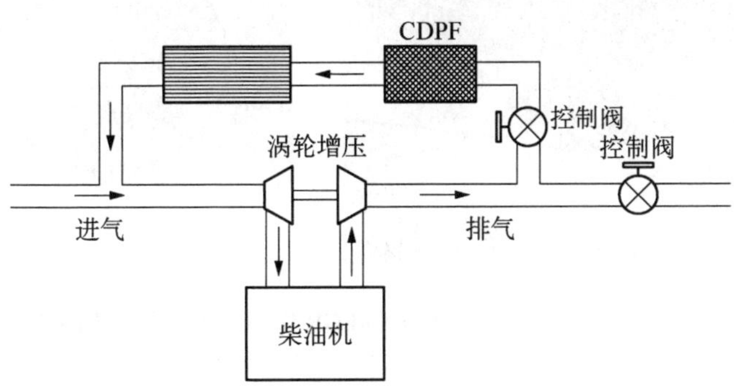

图 5－22　EGR 系统示意图

压阀开度进行控制。准确的 EGR 率可根据下式计算得到[21]：

$$EGR = \frac{[CO_2]_{intake}}{[CO_2]_{exhaust}} \times 100\% \qquad (5-2)$$

式中，$[CO_2]_{intake}$和$[CO_2]_{exhaust}$分别代表进气和排气中的 CO_2 浓度(%)。

5.3.1 颗粒物纳米结构

我们进一步对上述测试工况的颗粒样品进行了 TEM 分析。图 5-23、图 5-24 为 $BMEP = 0.3\,MPa$ 时不同 EGR 率下颗粒样品的电镜图像。从图中可以发现，当 EGR 从 0%增加到 10%时，颗粒表面的粗糙度略有增加，这表明 EGR 的加入缩短了颗粒的有效反应时间，颗粒的系统能量无法达到最低的平衡状态[22]。Su 等人[23]认为表面粗糙的颗粒容易在氧化过程中与活性基团结合反应。而当 EGR 率进一步增加到 30%时，颗粒的形貌发生了更为明显的变化，组成团聚体的基本颗粒形成了一种类似液晶的状态，颗粒间的边界较为模糊，Dobbins 等人[24]在扩散燃烧火焰的碳烟生成区内发现了类似的颗粒结构，并将此归因于颗粒较低的碳化程度。因此，本研究进一步对各 EGR 条件下的颗粒碳化程度进行了估算。

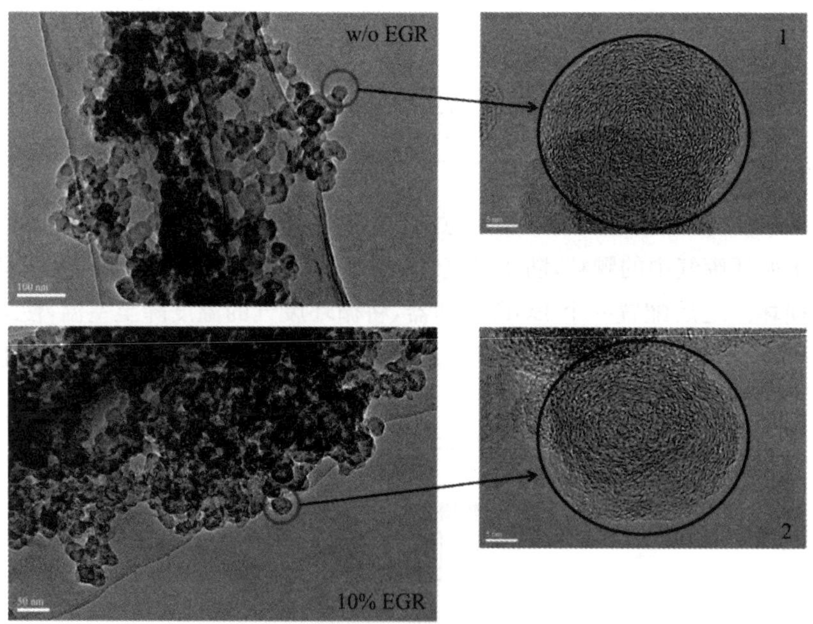

图 5-23 低负荷下 0%和 10%EGR 作用下的典型电镜图像

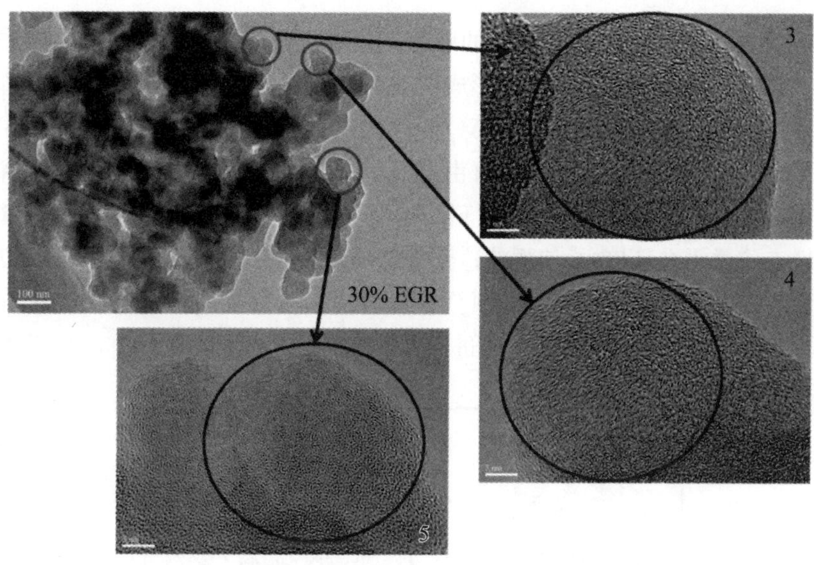

图 5－24　低负荷下 30%EGR 作用下的典型电镜图像

根据 Dobbins 等的方法[25]，颗粒完成 90%碳化所需的反应时间可由下式计算得到：

$$t_c = \frac{2.303}{A}\exp\left(\frac{E}{RT}\right) \tag{5-3}$$

式中，t_c 为碳化所需的时间，A 和 E 则分别为该反应的指前因子（1.78×10^6/s）和活化能（113 kJ/mol），T 为颗粒在火焰燃烧区内的反应温度。

假定燃烧持续期为颗粒在火焰中的反应停留时间，燃烧持续期内的平均温度作为反应温度，并以反应停留时间与 t_c 的比值 σ 作为表征颗粒碳化程度的特征值。表 5－7 为各颗粒样品的计算结果。从计算结果可见，在低负荷下，颗粒在缸内无法完成充分的碳化，且随着 EGR 率的增加，碳化程度不断下降。而由于单个颗粒在火焰燃烧区的实际停留时间应小于燃烧持续期，且 EGR 的引入能进一步推迟颗粒在火焰内的生成时间[26, 27]，因此低负荷状况下各颗粒样品的碳化程度差异应比 σ 值表征的情况更为明显。

表 5－7　低负荷各颗粒样品的碳化程度计算结果

BMEP/MPa	EGR 率/%	反应温度/K	停留时间/ms	t_c/ms	σ
0.3	0	1474	2.303	13.075	0.18
0.3	10	1450	2.104	15.230	0.14
0.3	30	1393	2.230	22.350	0.09

图 5－25 为图 5－23、图 5－24 的 HRTEM 图像中指定区域经骨骼化后的碳层分布图像。其中 0%和 10% EGR 的颗粒结构相对较为有序，在颗粒外周形成了向

心的碳层堆叠排列。而 30% EGR 的颗粒碳层排列没有明显的导向性，颗粒内杂乱地分布着大量小尺寸碳层，没有形成明显的核壳结构。Hurt 等人[1]认为颗粒的结构发展主要可以分为两个阶段：第一阶段碳层之间以头碰头（edge-to-edge）的方式结合生长，以降低颗粒系统内的自由能，达到化学平衡状态；第二阶段相邻碳层通过面对面（face-to-face）的方式进行排列，形成向心结构，最大限度地把各碳层边缘的活性点位暴露在环境中，使颗粒达到物理平衡状态。由此可以认为当 *BMEP* = 0.3 MPa 时，30% EGR 率作用下，颗粒的碳层生长在第一阶段时即被终止，而 0% 和 10% EGR 率作用下的颗粒则已经进入了生长过程的第二阶段。图 5 - 26 为相应颗

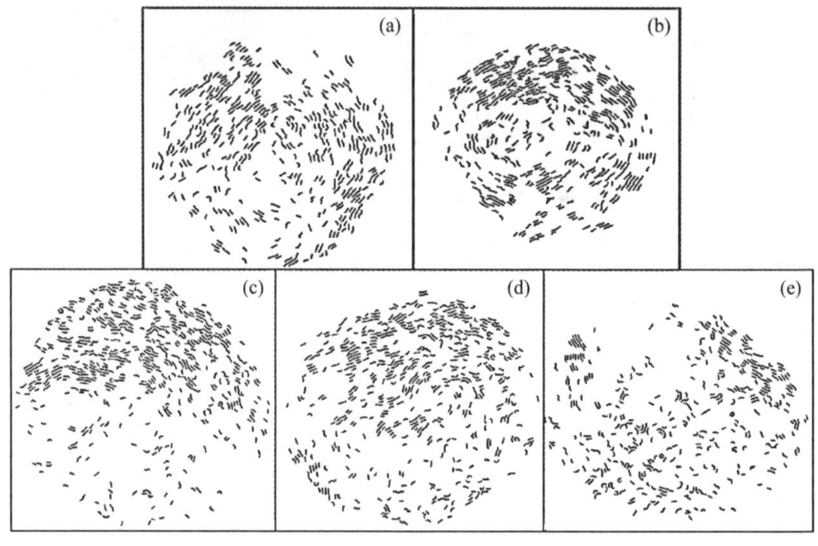

(a) w/o EGR (b) 10% EGR (c)～(e) 30% EGR

图 5 - 25 骨骼化处理后的颗粒碳层分布图像

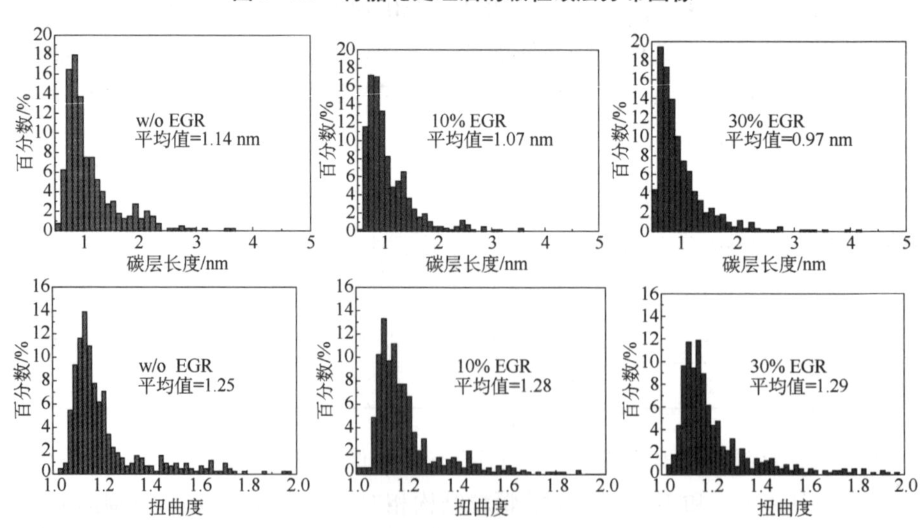

图 5 - 26 0.3 MPa 负荷下各样品基本颗粒的碳层长度和扭曲度的统计结果

粒样品碳层长度和扭曲度的统计结果。

在高负荷下，颗粒结构随 EGR 率却呈现不同的变化趋势。表 5 - 8 首先给出了各测试工况的颗粒碳化程度计算结果。从表中可以发现颗粒的 σ 值均大于 1，这表明在此负荷状况下，颗粒在火焰区的停留时间远大于其充分碳化所需的时间，因而生成的颗粒碳化程度高，结构有序，这与之前观察得到的结果一致。

表 5 - 8　高负荷各颗粒样品的碳化程度计算结果

BMEP/MPa	EGR 率/%	反应温度/K	停留时间/ms	t_c/ms	σ
0.9	0	2162	2.287	0.695	3.29
0.9	10	2150	2.593	0.720	3.60
0.9	30	2165	3.214	0.689	4.66

图 5 - 27 为 *BMEP* = 0.9 MPa 时不同 EGR 率下颗粒样品的 HRTEM 图像。随着 EGR 率的增加，颗粒外部平行堆叠的碳层数量有所增加，碳层排列较为紧密。

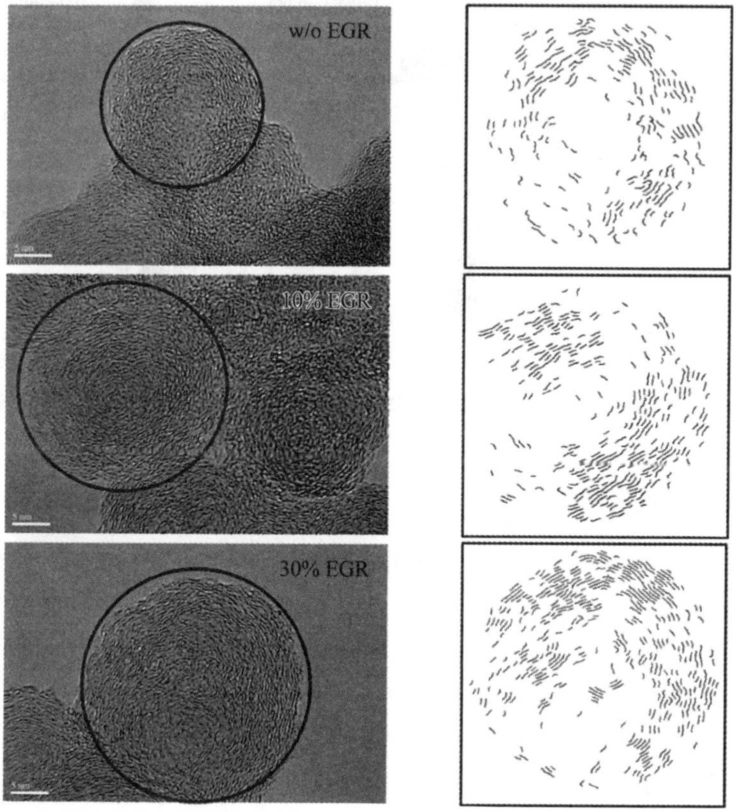

w/o EGR

10% EGR

30% EGR

图 5 - 27　高负荷下不同 EGR 率颗粒的典型 HRTEM 图像

图 5－28 为各样品碳层长度和扭曲度的统计结果。碳层长度平均值从 w/o EGR 时的 1.32 nm 增加到了 30% EGR 时的 1.46 nm，而碳层扭曲度则从 w/o EGR 时的 1.17 降低至 30% EGR 时的 1.08。这一变化趋势与 Seong 等人的研究结果相似[28]，他们发现在高负荷区降低进气氧浓度能削弱对气态前驱物的氧化，从而使碳层的生长速率加快，颗粒结构的有序性提高。然而，这却与低负荷时的情况相反，表明 EGR 在高低负荷区对颗粒结构的影响作用不同。当 *BMEP* ＝ 0.9 MPa 时，各工况燃烧持续期内的平均温度均高于 2 100 K，这为颗粒的快速生成提供了足够的热能，因此颗粒的生成速率不再由化学动力学主导。高负荷下引入 EGR 使燃烧恶化，局部富燃区增加，从而产生了大量的气态前驱物，同时燃烧持续期延长，增加了颗粒在生成区的停留时间，因此燃烧期内碳层与气态前驱物之间、碳层与碳层之间的有效碰撞概率增加，碳层的生长速率加快。

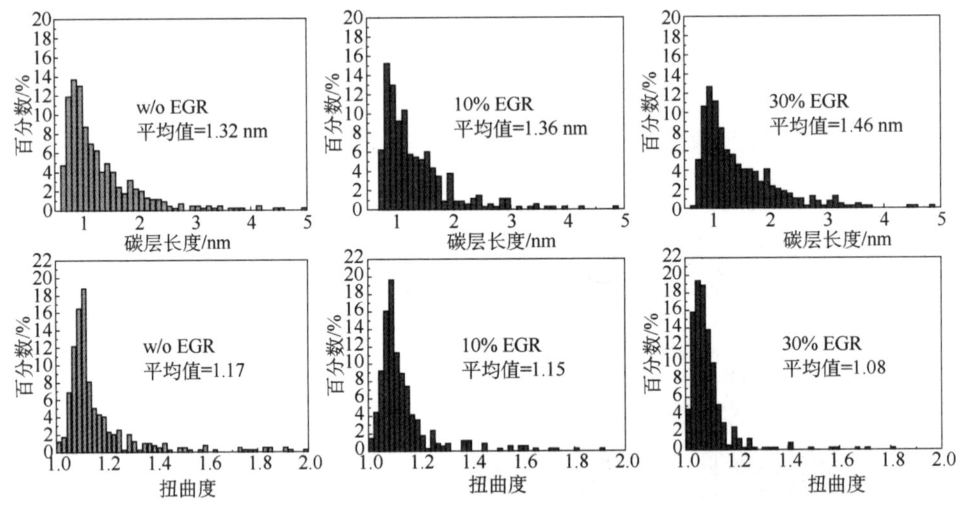

图 5－28　*BMEP* ＝ 0.9 MPa 负荷下各样品基本颗粒的碳层长度和扭曲度的统计结果

5.3.2　颗粒物氧化性

图 5－29 为各碳烟样品的热重分析结果。低负荷下，随着 EGR 率的增加，颗粒的起燃温度下降，氧化活性提高，而在高负荷条件下颗粒的起燃温度却随着 EGR 率的增加而上升。低负荷条件下，EGR 率增加使颗粒的碳化程度降低，产生了大量小尺寸的碳层，从而增加了碳层边缘活性点位的数量，颗粒的氧化活性增加。而高负荷下，EGR 率增加加速了颗粒碳层的生长速率，使颗粒结构的有序性增加，导致颗粒的氧化活性下降。

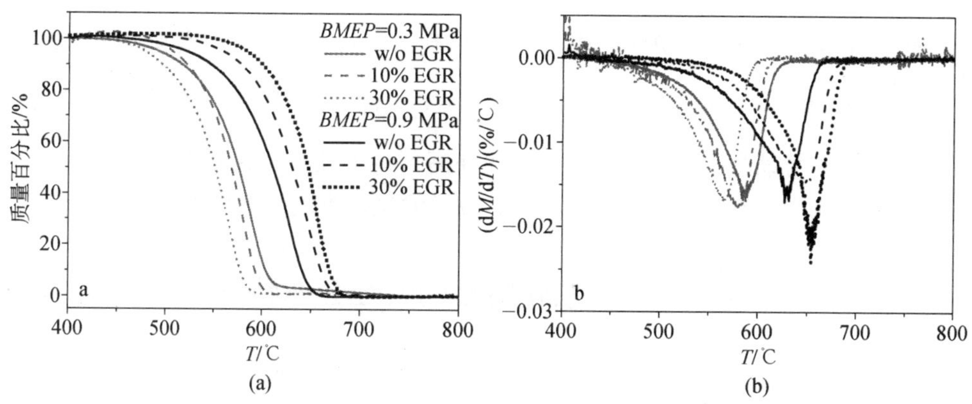

图 5-29　不同 EGR 率对颗粒氧化活性的影响

(a) 重量损失曲线　(b) DTG 曲线

图 5-30 和表 5-9 分别为各颗粒样品的氧化速率变化情况和相应的氧化活性特征参数。在相同氧化温度(500℃,图中点线所示)下比较颗粒的氧化速率发

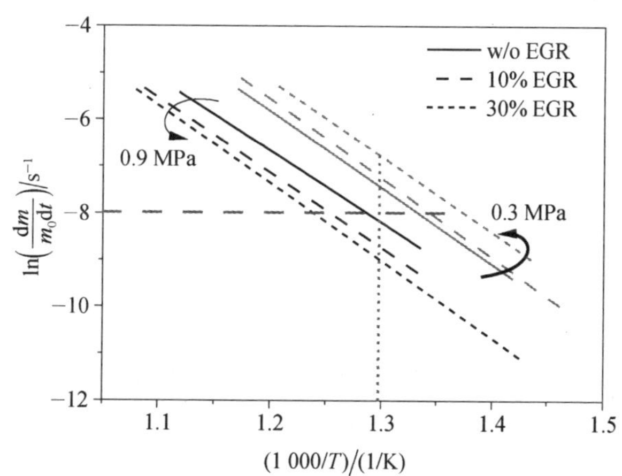

图 5-30　颗粒氧化速率与温度的变化关系

表 5-9　各颗粒样品相应的起燃温度和氧化反应动力学参数

BMEP/MPa	*EGR*/%	起燃温度/℃	*E*a/(kJ/mol)	*A*/s^{-1}
0.3	0	587.13	135.40	9.00E+05
0.3	10	580.32	140.03	1.28E+06
0.3	30	565.61	133.46	2.28E+06
0.9	0	628.75	127.00	1.16E+05
0.9	10	648.42	142.56	6.84E+05
0.9	30	654.27	138.33	4.23E+05

现，低负荷条件下当 EGR 率从 0% 增加到 30% 时，颗粒的实际氧化速率 $\left(\ln\left(\frac{dm}{m_0 dt}\right)\right)$ 增加了 1 倍，也就是说如果在 500℃下进行等温氧化，经 30% EGR 作用产生的颗粒可缩短一半的氧化时间。而在高负荷下，30% EGR 颗粒在 500℃下的氧化速率仅为 0% EGR 颗粒的 0.4 倍，颗粒的氧化难度大大增加。

5.4　颗粒物形貌结构及其氧化特性的粒径分布特征

本节重点考查了不同动力学尺寸下颗粒物的形貌、内部结构及其氧化性特征。区分粒径的颗粒物样品由 MOUDI 采集，采样设置如图 2－3 所示。为获得颗粒物样品的分形特征，在本次实验中 TEM 网格直接放置于 MOUDI 的采样盘上。电镜样品的采样时间为 2 min 左右。4 种动力学粒径＜56 nm，100～180 nm，320～560 nm 和 1000～1800 nm 的颗粒物用于电镜及氧化实验，实验选取工况为定转速 1800 r/min 下高低两种负荷（*BMEP* 分别为 0.7 MPa，0.08 MPa），即表 5－1 中的工况 3 和 5。实验所用燃料为超低硫柴油。

5.4.1　颗粒物形态

图 5－31 和图 5－32 分别为发动机的 BMEP 为 0.7 MPa 和 0.08 MPa 两种负荷下，不同动力学尺寸的颗粒物样品图像。在图 5－31(a)～(c)中，随着动力学尺寸的增加，颗粒团聚物中基本颗粒的数目增加。在＜56 nm 的粒径范围内[见图 5－31(a)]，颗粒团聚物一般仅由很少的几个基本颗粒组成，而较大的动力学尺寸下，这一数目可达到几十甚至上百。然而在图 5－31(b)，(c)中仍有一些颗粒团聚物仅包含很少的基本颗粒物（圆圈所示），这些小的颗粒团聚物尺寸明显小于所在采样盘设定的颗粒物动力学尺寸，这可能是由于大的颗粒团聚物在撞击到采样盘上的时候分裂而成。在颗粒物形貌参数统计中，这些小的颗粒团聚物被作为实验误差而忽略。在 1000～1800 nm 的采样盘上，颗粒团聚物结构紧凑[见图 5－31(d)]，基本颗粒物紧密堆积，类似的紧凑结构在低负荷颗粒物样品的电镜图像中非常普遍（见图 5－32）。Zhu[3] 等认为，此类紧密的颗粒物团聚物一般表明其包含了较多的可溶性有机物成分或其他液相化学成分。

分形维数 D_f(fractal dimension)是用来统计燃烧产生的颗粒团聚形态特征的常用参数。其统计方法如下所示[3]：

$$N = k_f\left(\frac{2R_g}{D_p}\right)^{D_f} \tag{5-4}$$

式中，N 为颗粒团聚物中基本颗粒物的数目，D_p 是基本颗粒物的平均直径，k_f 是指前因子。R_g 为颗粒团聚物的回转半径，通过下列方程求得：

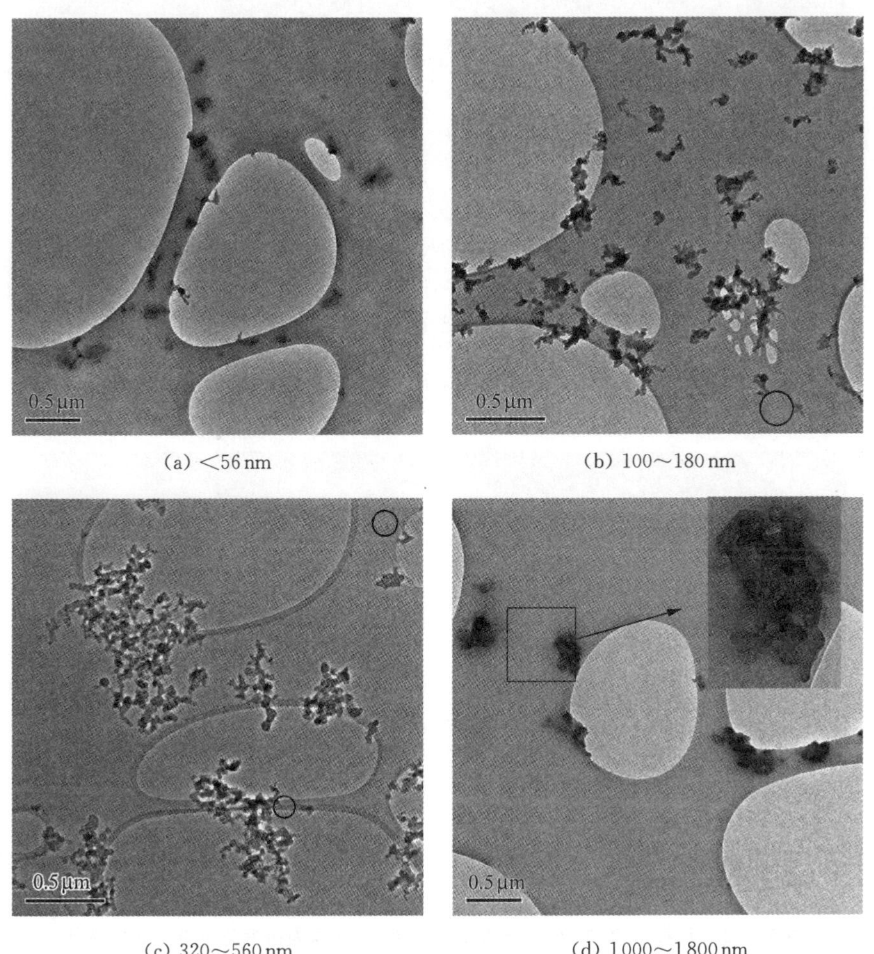

(a) <56 nm　(b) 100～180 nm

(c) 320～560 nm　(d) 1000～1800 nm

图 5-31　负荷 0.7 MPa 下不同动力学粒径范围内排气颗粒的 TEM 图像

$$R_g = \sqrt{\frac{1}{N}\sum_{i=1}^{N} r_i^2} \tag{5-5}$$

式中，r_i 是单个基本颗粒物中心与颗粒团聚物形心之间的距离。颗粒团聚物中基本颗粒物的尺寸 N 可由下列方程获得：

$$N = k_\alpha \left(\frac{A_a}{A_p}\right)^\alpha \tag{5-6}$$

式中，A_a 是颗粒团聚物的投影面积，可由图像处理软件直接获得，A_p 是基本颗粒物的平均投影面积，可由基本颗粒物直径 D_p 计算得到。k_α 和 α 为经验参数，根据 Oh[29] 的建议，k_α 和 α 取值分别为 1.81 和 1.19。

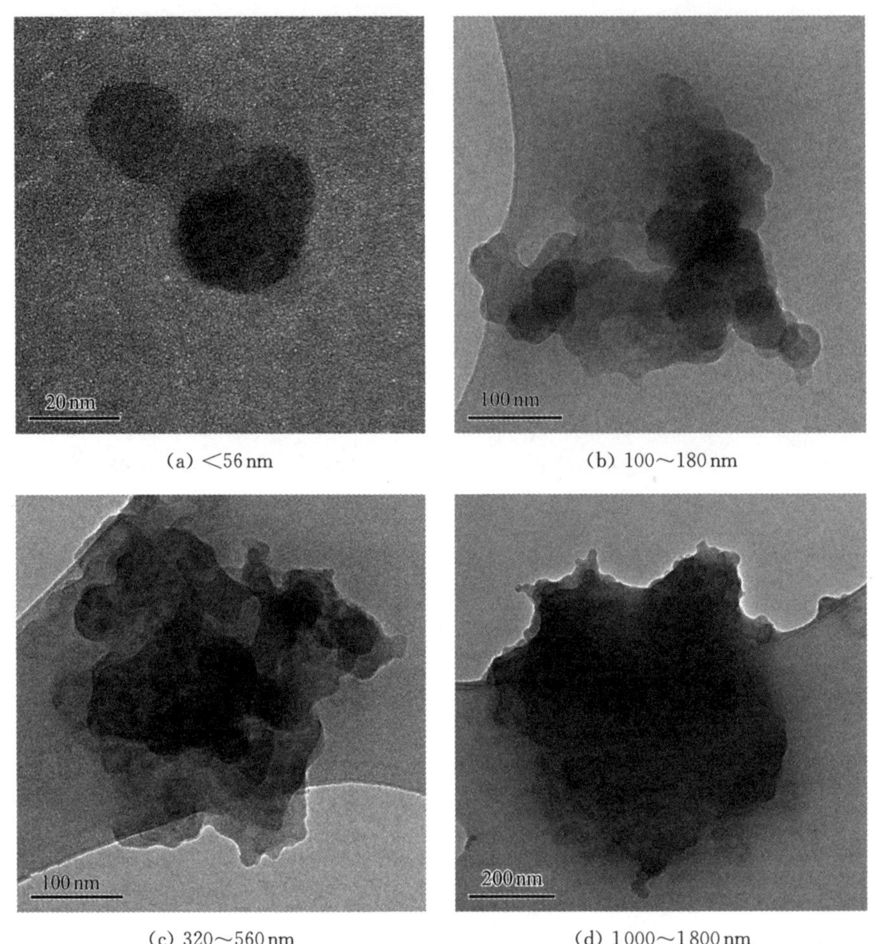

(a) <56 nm　(b) 100～180 nm

(c) 320～560 nm　(d) 1000～1800 nm

图 5－32　负荷 0.08 MPa 下不同动力学粒径范围内排气颗粒的 TEM 图像

对于所选的每种颗粒物动力学尺寸范围，30～40 个颗粒物团聚物从低倍投射电镜图像中选出用以统计颗粒团聚物的分形维数。图 5－33 为高负荷下，动力学粒径为 100～180 nm 的颗粒团聚物分形维数统计结果，结果表明此颗粒团聚物的分形维数为 1.71。表 5－10 列出了不同发动机负荷下，不同动力学尺寸范围颗粒物的分形维数。在负荷 0.7 MPa 下，最小的分形维数出现在 320～560 nm 范围内，其值为 1.66。而在<50 nm 和 1000～1800 nm 范围内，颗粒团聚物的分形维数均在1.8 左右。在负荷 0.08 MPa 下，不同动力学尺寸的颗粒团聚物分形维数均在 1.85 左右。在相对较低的负荷下，发动机排出的颗粒团聚物表现较高的分形维数，类似的结果在 Park[30] 等及 Zhu[1] 等人的文献中亦有报道。

在较高的发动机负荷下，颗粒团聚物的分形维数随着动力学尺寸的增加，首先呈现增大的趋势，这说明了较大动力学尺寸的颗粒团聚物拥有更为松散的结构。Park[30] 等人使用 DMA(differential mobility analyzer)将颗粒团聚物根据其迁移粒

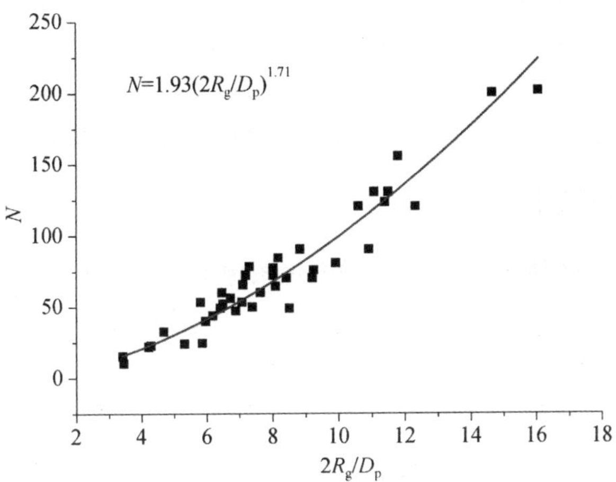

图 5-33　动力学粒径 100～180 nm 范围内颗粒团聚物分形维数的确定

表 5-10　不同动力学尺寸范围内基本颗粒尺寸及其内部结构参数

$BMEP$/MPa	D_{ae}/nm	D_p(sd)/nm	D_f	La(sd)/nm	T_f(sd)	Ds(sd)/nm
0.7	<56	22.8(6.9)	1.83	0.794(0.115)	1.217(0.024)	0.375(0.017)
	100～180	27.7(7.5)	1.71	0.925(0.079)	1.138(0.033)	0.366(0.015)
	320～560	30.1(8.1)	1.66	0.871(0.105)	1.150(0.031)	0.367(0.006)
	1000～1800	36.9(8.6)	1.87	0.816(0.084)	1.194(0.028)	0.371(0.009)
0.08	<56	20.7(4.6)	1.85	0.712(0.084)	1.219(0.021)	0.373(0.009)
	100～180	22.9(5.7)	1.82	0.886(0.102)	1.192(0.034)	0.367(0.010)
	320～560	25.4(7.3)	1.90	0.854(0.077)	1.214(0.029)	0.370(0.006)
	1000～1800	27.3(8.2)	1.86	0.788(0.080)	1.218(0.011)	0.372(0.007)

径进行分类，也发现了颗粒团聚物随着其迁移粒径的增加，结构更加松散。小尺寸的颗粒团聚物一般则是通过基本颗粒物之间的堆积而形成。在颗粒团聚形成的初始阶段，此种堆积方式非常普遍，导致颗粒团聚物的分形维数接近 2。而大尺寸的颗粒团聚物一般是通过颗粒团聚物之间的堆积而形成，此种方式在颗粒物排放形成的后期占主导地位，此类颗粒团聚物结构一般比较松散，其分形维数一般在 1.6～1.7 范围内。由于发动机缸内混合气及燃烧的非均质特征，排气颗粒包含了不同形成阶段的颗粒团聚物，这就导致了排气颗粒物在不同的动力学尺寸下拥有不同的分形维数。而在 1000～1800 nm 的动力学尺寸范围内，颗粒团聚物中的基本颗粒物紧密堆积在一起，其分形维数为 1.87。颗粒团聚物的分形维数随动力学尺寸的增大而减少，这种现象在以前的文献中未见报道。结合第 2 章中挥发性物质的

粒径分布结果，这一现象可能是由于大尺寸的颗粒团聚物包含了较大比例的挥发性物质所致。原本呈松散多孔结构的大尺寸颗粒团聚物很容易吸收可溶性有机物或其他液相物质，大量的此类物质在多孔结构中可造成非对称的毛细力(capillary force)，从而导致多孔结构的坍塌[31-33]，造成颗粒团聚物的紧凑结构。

5.4.2 基本颗粒尺寸

对不同颗粒物样品，从低分辨率的电镜图像中选出大约150～250个拥有清晰边界的基本颗粒，用以统计其基本颗粒物的尺寸(D_p)。图5-34为高低两种负荷下，动力学粒径为100～180 nm的颗粒团聚物中基本颗粒物粒径分布。可以看出，基本颗粒物的粒径均呈正态分布。表5-10列出了不同动力学尺寸、不同负荷下基本颗粒物的平均直径及其相应的标准差。从表中可以看出，高负荷条件下基本颗粒物尺寸普遍大于低负荷条件下的基本颗粒物尺寸，其原因见第4章中的分析。

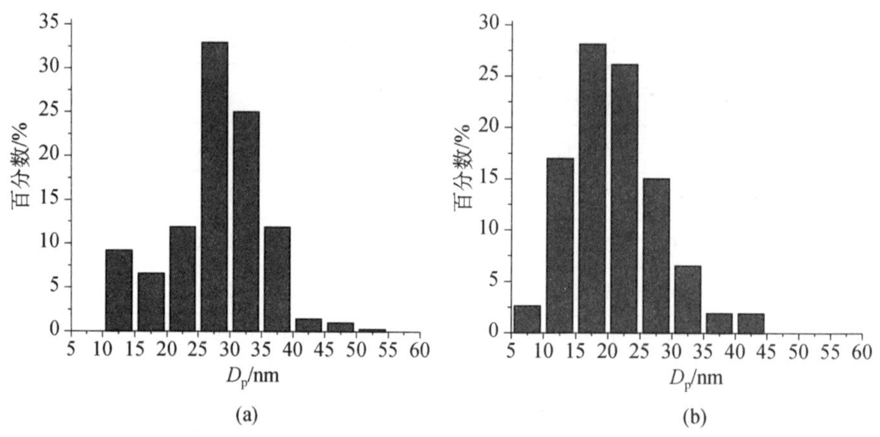

图5-34 动力学粒径100～180 nm范围内基本颗粒尺寸分布

(a) $BMEP=0.7$ MPa (b) $BMEP=0.08$ MPa

如表5-10所示，在所测试的两种发动机负荷条件下，大尺寸的颗粒团聚物所包含的基本颗粒物尺寸也更大，这是由于大尺寸的基本颗粒物有着较大的概率与小尺寸的基本颗粒物碰撞合并，形成大尺寸的颗粒团聚物。另外，如前所述，大尺寸的颗粒团聚物一般形成于颗粒物生成的后期，对于包含的基本颗粒物来说，其在缸内生长的时间亦更加充分，因此大动力学尺寸的颗粒团聚物包含的基本颗粒物尺寸更大。

5.4.3 颗粒物纳米结构

图5-35和图5-36为负荷0.7 MPa及0.08 MPa下，不同动力学粒径的颗粒团聚物的高分辨率电镜图像。如图所示，发动机排放的基本颗粒物均是由长度不

一的碳层组成，不同动力学粒径的颗粒团聚物其碳层结构的组织形态也并不完全相同。在高负荷下，如图 5－35(b)，(c)所示的壳-核结构是 100～180 nm 和 320～560 nm 采样盘中颗粒物样品内部结构的普遍形态。而如图 5－35(a)，(d)所示，在 <56 nm 和 1 000～1 800 nm 的采样盘上，颗粒物内的碳层大多呈随机分布，明显的核-壳结构在这两级的颗粒物样品中并不普遍。在低发动机负荷条件下，如图 5－36(a)～(d)所示，壳-核结构很难找到，颗粒物内的碳层短小、弯曲，且无明显的分布规律。

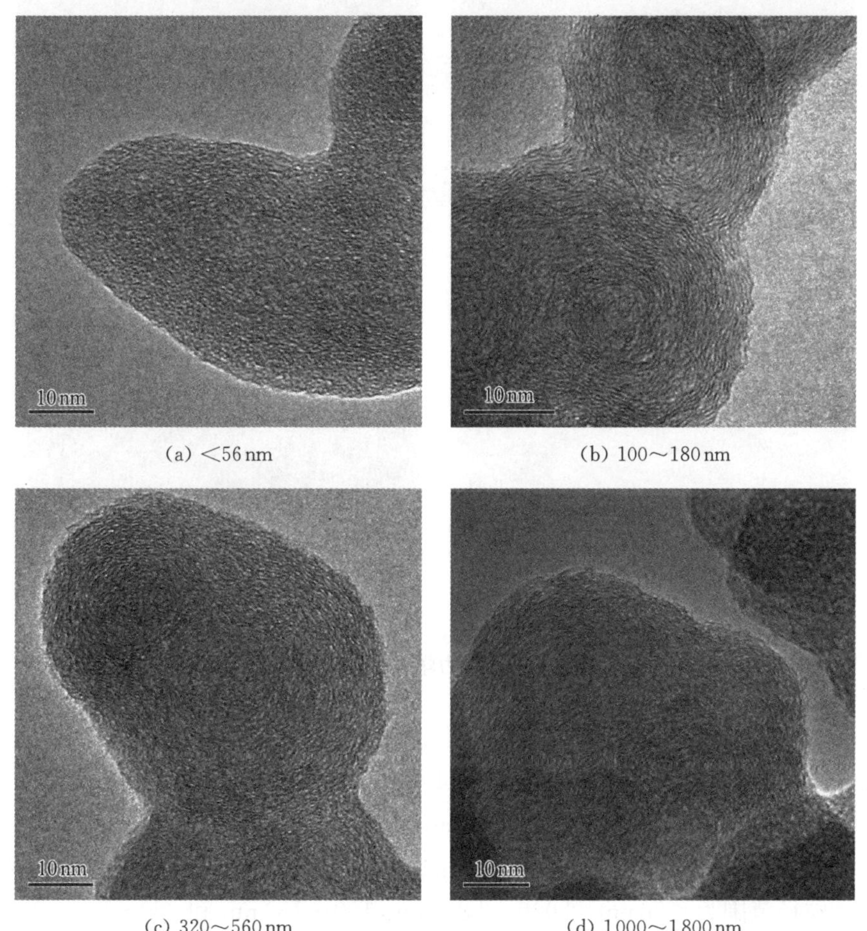

(a) <56 nm　(b) 100～180 nm　(c) 320～560 nm　(d) 1 000～1 800 nm

图 5－35　高负荷条件下不同动力学粒径颗粒物样品的 HRTEM 图像

为定量描述颗粒物内部碳层的结构特征，本节统计了颗粒物内碳层长度、扭曲度及相邻碳层间的距离。测量及统计方法在上节中已有介绍。表 5－10 列出了不同负荷及动力学粒径范围，颗粒物内部结构参数及其相应标准差。在高低两种负荷下，颗粒物内部纳米结构随动力学粒径呈类似的变化趋势。动力学粒径 100～

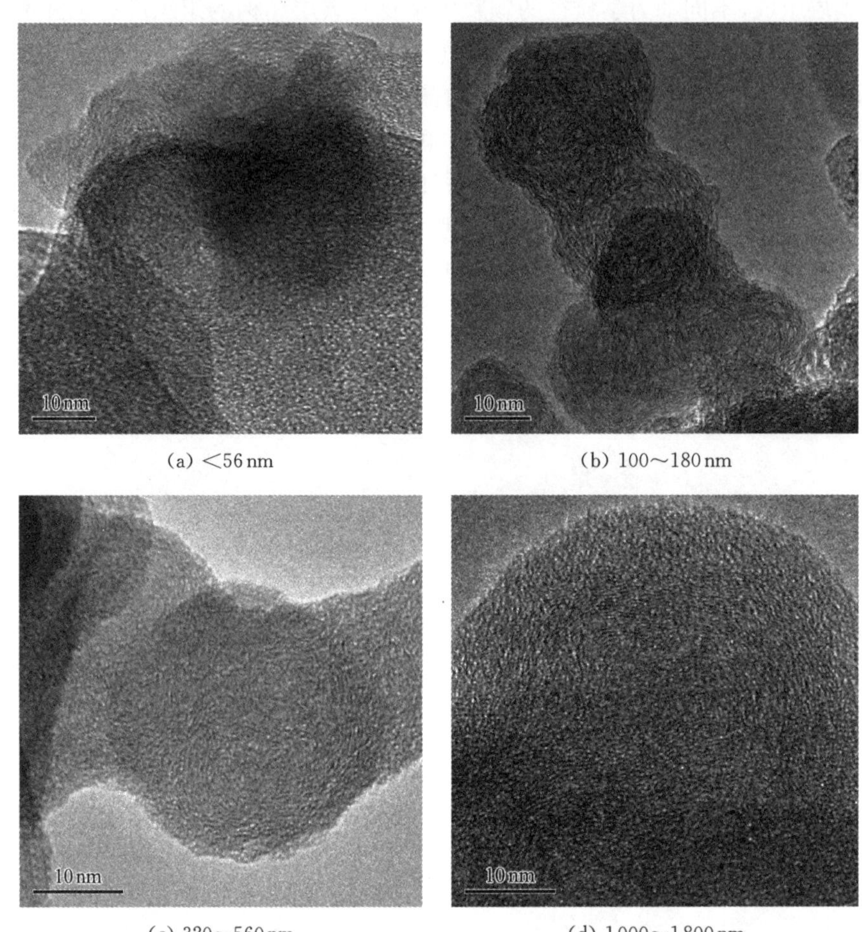

(a) <56 nm (b) 100～180 nm

(c) 320～560 nm (d) 1000～1800 nm

图 5-36 低负荷条件下不同动力学粒径颗粒物样品的 HRTEM 图像

180 nm 和 320～560 nm 的颗粒团聚物相比其他两种动力学粒径的颗粒物，其碳层较为平直，相邻碳层的间距也较小，说明其具有相对较高的石墨化程度。颗粒物的纳米结构按照 100～180 nm，320～560 nm，1000～1800 nm 与<56 nm 的顺序趋向无序，即更加短小、扭曲且相邻间距较大的碳层结构。基于 t-test 样品统计表明，动力学粒径范围为<56 nm，1000～1800 nm，100～180 nm 和 320～560 nm 时，颗粒物纳米结构参数的差别在 95%的置信区间内并不明显。不同负荷之间颗粒物纳米结构参数的比较在前面已有介绍，总的来说，相对低负荷下颗粒物排放，高负荷颗粒物呈现更加有序的、石墨化程度更高的内部纳米结构。

碳烟颗粒的内部纳米结构受燃料特性、燃烧温度、燃烧持续期、空燃比等众多因素的影响，而且在颗粒物形成的不同阶段其纳米结构也不相同。如前所述，由于油气混合的不均匀性以及燃油喷射的持续时间，发动机尾气中的颗粒物可能处于颗粒物形成的各个阶段，或形成于不同的燃烧条件下。一般说来，处于生成初级阶段或形成于低温条件下的颗粒物拥有较短小、弯曲的碳层以及较大的相邻碳层间距，而处于成熟期或形成于高温条件下的颗粒物碳层结构则相反，呈典型的核-壳状排列[34]。由此可以推断，在本次实验中，高负荷下动力学粒径小于 56 nm 的颗粒物以及低负荷颗粒物可能处于碳烟生成的初级阶段或形成于缸内局部燃烧温度较低的区域。

5.4.4　颗粒物氧化性

图 5－37 为两种负荷下，不同动力学尺寸范围颗粒物样品在热重实验中的质量损失曲线，图 5－38 为对应 DSC 信号的导数，用于定量确定不同颗粒物样品的氧化温度。如图 5－37(a)所示，在负荷 0.7 MPa 条件下，粒径范围 100～180 nm 和 320～560 nm 的颗粒物样品在氧化温度低于 400℃条件下质量基本保持稳定，之后随着氧化温度的上升，颗粒物质量开始减小，其质量损失速率分别在 663℃ 和 644℃达到最大值(见图 5－38)。而粒径范围＜56 nm 及 1000～1800 nm 的颗粒物样品在氧化温度 300℃左右质量即开始损失，其质量损失率分别在 570℃及 600℃(见图 5－38)达到最大值。在较低负荷 0.08 MPa 下，粒径范围＜56 nm，1000～1800 nm，320～560 nm 及 100～180 nm 的颗粒物样品氧化温度分别为 560℃，572℃，588℃，600℃，均小于对应较高负荷下样品的氧化温度。在高低两种不同负荷下，颗粒物的氧化温度均按照＜56 nm，1000～1800 nm，320～560 nm，100～180 nm 的顺序递增。从上节颗粒物微观结构参数的统计可知，颗粒物碳层长度按此顺序变长，扭曲程度降低，该结果表明颗粒物氧化性与其微观结构强烈的相关性。

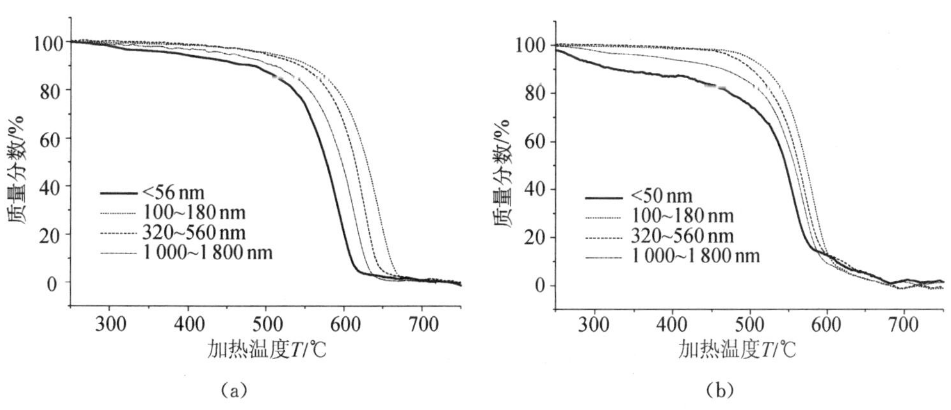

图 5－37　不同动力学粒径颗粒物样品的质量损失曲线

(a) *BMEP* = 0.7 MPa　(b) *BMEP* = 0.08 MPa

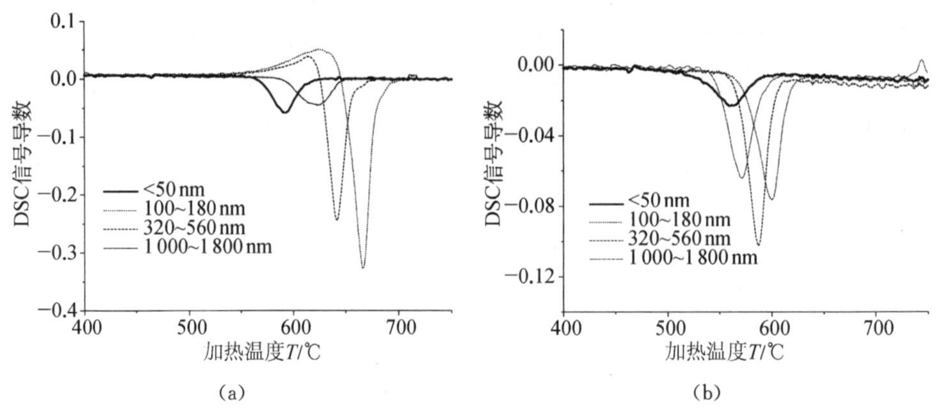

图 5-38 不同动力学尺寸颗粒物样品的 DSC 信号导数曲线

(a) $BMEP = 0.7\,\text{MPa}$ (b) $BMEP = 0.08\,\text{MPa}$

图 5-39 为氧化率的阿累尼乌斯表达,由图可知,在高低两种负荷条件下,颗粒物氧化率均按照 100~180 nm, 320~560 nm, 1 000~1 800 nm,<50 nm 的顺序逐步增强,低负荷颗粒物样品的氧化率均高于高负荷样品。表 5-11 中列出了不同粒径范围及负荷条件下颗粒物样品的动力学参数,高低负荷颗粒物样品的活化能分别在 188~209 kJ/mol 和 150~198 kJ/mol 的范围内,该结果与文献中碳烟样品活化能在 140~210 kJ/mol 范围的结果十分符合[8, 35-37]。

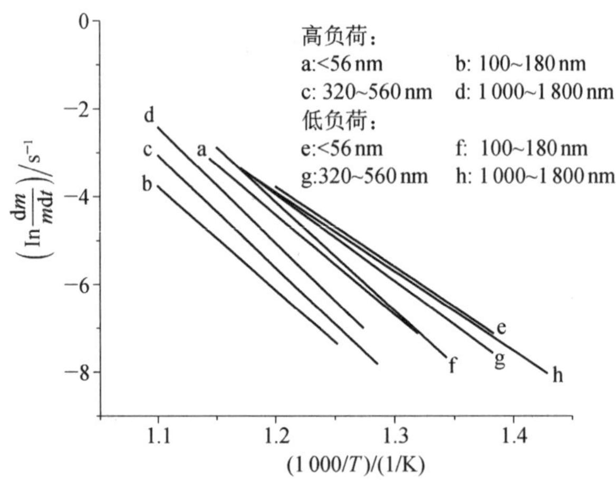

图 5-39 基于颗粒物质量损失的热动力学分析

表 5-11　不同动力学粒径颗粒物样品的热动力学参数

BMEP/MPa	D_p/nm	<50/nm	100～180/nm	320～560/nm	1000～1800/nm
0.7	*E*/(kJ/mol)	189	188	208	209
	A/s^{-1}	8.72E+9	1.38E+9	4.23E+10	8.31E+10
0.08	*E*/(kJ/mol)	151	198	165	150
	A/s^{-1}	7.41E+7	4.61E+10	4.86E+8	6.02E+7

Higgins 等人[38-39]使用 HTO-TDMA 热吸附管(high temperature oxidation-tandem differential mobility analyzer)比较了初始粒径为 40 nm，90 nm 和 130 nm 的燃烧产生的颗粒物样品在经过高温氧化后的粒径变化情况，发现氧化导致的颗粒物尺寸变化率随着颗粒物初始粒径的增加而增加。Higgine[38]等人认为不同的颗粒物有效密度及成分可能是造成不同粒径颗粒物样品不同氧化率的主要原因。在 Higgins 等人的实验中，柴油机碳烟活化能 *E* 在 108～114 kJ/mol 范围内，明显低于本次实验的结果，不同的活化能可能是由不同的测试方法造成，Higgins 等人的实验中悬浮的碳烟颗粒通过 HTO-TDMA 热吸附管直接氧化，该方法更有利于热量的传输，而本次实验采用的 TGA 方法，样品呈块状堆积，在热量传输效率上低于 HTO-TDMA 热吸附管方法。

在本实验中，颗粒物的氧化率仅在较大粒径范围内随着颗粒物初始粒径的增加而增加，而最小粒径范围(<56 nm)内的颗粒物样品在热重分析中表现出了最易被氧化的性质。如前所述，在<56 nm 的粒径范围内，颗粒物样品拥有最小的基本颗粒尺寸及最为无序的内部纳米结构，这些特性均会使颗粒物更容易被氧化，除此之外，第 2 章的结果表明该粒径范围内，颗粒物挥发性物质质量分数较高，在氧化过程中，挥发性物质首先被气化，大比例的挥发性物质有助于颗粒物形成更多的多孔结构，增加颗粒物的比表面积，亦可促进颗粒物的氧化。同样，粒径范围在 1000～1800 nm 的颗粒物样品，其较高的氧化率可能归因于其较大比例的挥发性物质。

5.5　本章小结

本章考查了发动机负荷、燃油类型、废弃再循环等对压燃式发动机颗粒物形貌、氧化特性的影响，并考查了其粒径分布特征，同时结合发动机缸内燃烧特性及颗粒成分特征对颗粒物不同氧化性表现的可能原因作了分析，主要结论如下：

(1) 排气颗粒中基本颗粒尺寸受燃烧持续期影响最为明显，较长的燃烧持续期使得颗粒物在缸内燃烧过程中通过合并、表面生长等过程形成较大尺寸的基本颗粒；颗粒物的内部结构特征受温度的影响最为明显，在低的燃烧温度下，颗粒物多呈现无序的内部结构，碳层短小、扭曲，碳层间距较大，而在高的燃烧温度条件下，颗粒物多呈现典型的壳-核结构，碳层平直，碳层间距减小，并且一旦稳定的类石墨化碳层结构形成，燃烧持续期对颗粒物内部结构的进一步影响将十分困难。

(2) 不同燃油特性对颗粒物形貌特征也有着一定影响。生物柴油颗粒物相对低硫柴油和超低硫柴油呈现最小的基本颗粒尺寸及最为无序的内部碳层结构，而燃料硫含量对颗粒物内部碳层结构的影响并不明显。

(3) EGR 对颗粒结构的影响因发动机的负荷状况而异。在低负荷条件下，缸内燃烧温度成为限制颗粒结构生长的主要因素，随着 EGR 率的增加，颗粒碳层间加合和碳化速率减慢，颗粒的碳化程度下降；而在高负荷条件下，颗粒的生成能够获得足够的热能，其生成速率不再由化学动力学主导，EGR 率增加提高了气态前驱物的生成量，延长了颗粒生成的反应时间，使颗粒的碳层生长速率提高，结构有序性增加。低负荷条件下，EGR 率增加使颗粒的碳化程度降低，产生了大量小尺寸的碳层，从而增加了碳层边缘活性点位的数量，颗粒的氧化活性增加。而高负荷下，EGR 率增加加速了颗粒碳层的生长速率，使颗粒结构的有序性增加，导致颗粒的氧化活性下降。

(4) 对于不同动力学尺寸，颗粒团聚物随动力学尺寸的增加呈现逐渐松散的结构，然而在更大的动力学尺寸下，随着颗粒团聚物捕捉的挥发性物质的增多可能造成其多孔结构的坍塌。颗粒团聚物中基本颗粒物尺寸随着动力学粒径的增加而增加，颗粒物内部结构在中等动力学尺寸范围内，呈现最为稳定的碳层结构。发动机缸内燃烧的不均匀特质可能是相同发动机条件下，排气颗粒不同的形态特征的主要原因。

(5) 颗粒物氧化活性受颗粒物内部碳层结构、基本颗粒尺寸、挥发性物质含量等多种因素的影响。一般说来，颗粒物氧化活性随着颗粒物内部碳层长度，碳层间距的增加而减弱，随碳层扭曲度的增加而增强；小的基本颗粒尺寸为颗粒物氧化提供了更大的比表面积，亦有利于颗粒物氧化活性的增强；颗粒物中的挥发性成分在加热过程中首先挥发，使得颗粒物样品呈现更为明显的多孔结构，加大了氧化反应的表面积，亦可增强颗粒物的氧化性，颗粒物中挥发性物质的比例与颗粒物氧化性呈现明显的正相关性。

参考文献

[1] Hurt R H, Crawford G P, Shim H S. Equilibrium nanostructure of primary soot particles [J]. Proc. Combust. Instit., 2000,28:2539 - 2546.

[2] Mitchell P, Frenklach M. Monte Carlo simulation of soot aggregation with simultaneous surface growth—why primary particles appear spherical [J]. Proc.

Combust. Instit. , 1998,27:1507 - 1514.

[3] Zhu J, Lee K O, Yozgatligil A, et al. Effects of engine operating conditions on morphology, microstructure, and fractal geometry of light-duty diesel engine particulates [J]. Proc. Combust. Instit. , 2005,30:2781 - 2789.

[4] Hu B, Yang B. Koylu U O. Soot measurements at the axis of an ethylene/air nonpremixed turbulent jet flame [J]. Combust. Flame. , 2003,134:93 - 106.

[5] Dobbins R A, Fletcher R A, Chang H C. The evolution of soot precursor particles in a diffusion flame [J]. Combust. Flame. , 1998,115:285 - 298.

[6] Vander Wal R L, Tomasek A J. Soot nanostructure: dependence upon synthesis conditions [J]. Combust. Flame. , 2004,136:129 - 140.

[7] Stratakis G A, Stamatelos A M. Thermogravimetric analysis of soot emitted by a modern diesel engine run on catalyst-doped fuel [J]. Combust. Flame. , 2003,132:157 - 169.

[8] Neeft J P A, Nijhuis T X, Makkee M, et al. Kinetics of the oxidation of diesel soot [J]. Fuel, 1997,76:1129 - 1136.

[9] Vander Wal R L, Mueller C J. Initial investigation of effects of fuel oxygenation on nanostructure of soot from a direct-injection diesel engine [J]. Energy Fuel, 2006,20: 2364 - 2369.

[10] Tsolakis A. Effects on particle size distribution from the diesel engine operating on RME-biodiesel with EGR [J]. Energy Fuel, 2006,20:1418 - 1424.

[11] Morjan I, Voicu I, Alexandrescu R, et al. Gas composition in laser pyrolysis of hydrocarbon-based mixtures: influence on soot morphology [J]. Carbon, 2004,42: 1269 - 1273.

[12] De Soete G. Catalysis of soot combustion by metal oxides [C]. Western states section meeting of the combustion institute, Salt Lake City, 1988.

[13] Vander Wal R L, Tomasek A J. Soot oxidation: dependence upon initial nanostructure [J]. Combust. Flame, 2003,134:1 - 9.

[14] Desantes J M, Arrègle J, Molina S, et al. Influence of the EGR rate, oxygen concentration and equivalent fuel/air ratio on the combustion behavior and pollutant emissions of a heavy-duty diesel engine [C]. SAE, 2000,1:1813.

[15] Russo C, Stanzione F, Tregrossi A, et al. The effect of temperature on the condensed phases formed in fuel-rich premixed benzene flames [J]. Combustion and Flame, 2012,159(7):2233 - 2242.

[16] Giechaskiel B, Dilara P, Sandbach E, et al. Particle measurement programme (PMP) light-duty inter-laboratory exercise: comparison of different particle number measurement systems [J]. Measurement Science and Technology, 2008, 19 (9): 095401.

[17] Han D, Ickes A M, Bohac S V, et al. HC and CO emissions of premixed low-temperature combustion fueled by blends of diesel and gasoline [J]. Fuel, 2012,99(0):13-19.

[18] Zhu L, Zhang W G, Huang Z. Influence of biodiesel-methanol blends on the emissions in the low-temperature combustion of a direct-injection diesel engine using high levels of exhaust gas recirculation [J]. Proceedings of the Institution of Mechanical Engineers, Part D: Journal of Automobile Engineering, 2011,225:1044-1054.

[19] Fang Q, Fang J, Zhuang J, et al. Effects of ethanol-diesel-biodiesel blends on combustion and emissions in premixed low temperature combustion [J]. Applied Thermal Engineering, 2013,54(2):541-548.

[20] Zhu H, Bohac S V, Nakashima K, et al. Effect of fuel oxygen on the trade-offs between soot, NO_x and combustion efficiency in premixed low-temperature diesel engine combustion [J]. Fuel, 2013,112(0):459-465.

[21] Zheng M, Mulenga M C, Reader G T, et al. Biodiesel engine performance and emissions in low temperature combustion [J]. Fuel, 2008,87(6):714-722.

[22] Müller J-O, Su D, Jentoft R, et al. Morphology-controlled reactivity of carbonaceous materials towards oxidation [J]. Catalysis Today, 2005,102:259-265.

[23] Su D, Jentoft R, Müller J-O, et al. Microstructure and oxidation behaviour of Euro IV diesel engine soot: a comparative study with synthetic model soot substances [J]. Catalysis Today, 2004,90(1):127-132.

[24] Dobbins R, Fletcher R A, Chang H-C. The evolution of soot precursor particles in a diffusion flame [J]. Combustion and Flame, 1998,115(3):285-298.

[25] Dobbins R, Govatzidakis G, Lu W, et al. Carbonization rate of soot precursor particles [J]. Combustion Science and Technology, 1996,121(1-6):103-121.

[26] Du D, Axelbaum R, Law C. The influence of carbon dioxide and oxygen as additives on soot formation in diffusion flames [C]. Symposium (International) on Combustion, 1991,23:1501-1507.

[27] Axelbalim R, Flower W, Law C. Dilution and temperature effects of inert addition on soot formation in counterflow diffusion flames [J]. Combustion Science and Technology, 1988,61(1-3):51-73.

[28] Seong H J, Boehman A L. Impact of intake oxygen enrichment on oxidative reactivity and properties of diesel soot [J]. Energy & Fuels, 2011,25(2):602-616.

[29] Oh C, Sorensen C M. The effect of overlap between monomers on the determination of fractal cluster morphology [J]. J. Coll. Interface Sci., 1997,193:17-25.

[30] Park K, Feng C, Kittelson D B, et al. Relationship between particle mass and mobility for diesel exhaust particles [J]. Environ. Sci. Technol., 2003,37:577-583.

[31] Colbeck I, Appleby L, Hardman E J, et al. The optical properties and morphology of

cloud processed carbonaceous smoke [J]. J. Aerosol Sci., 1990,21:527 - 538.

[32] Huang P F, Turpin B J, Pipho M J, et al. Effects of water condensation/evaporation on diesel chain agglomerate morphology [J]. J. Aerosol Sci., 1994,25:447 - 459.

[33] Kerminen V M, Makela T E, Ojanen C H, et al. Characterization of the particulate phase in the exhaust from a diesel car [J]. Environ. Sci. Technol., 1997,31:1883 - 1889.

[34] Alfè M, Apicella B, Barbella R, et al. Structure-property relationship in nanostructures of young and mature soot in premixed flames [J]. Proc. Combust. Instit., 2009,32:697 - 704.

[35] Otto K, Sieg M H, Zinbo M, et al. The oxidation of soot deposits from diesel engines [C]. SAE paper, 1981,80:0336.

[36] Ciambelli P, Corbo P, Gambino M, et al. Catalytic combustion of carbon particulate [J]. Catal. Today, 1996,53:99 - 106.

[37] Stanmore B, Brihlac J F, Gilot P. The ignition and combustion of cerium doped diesel soot [C]. SAE paper, 1999,1:0115.

[38] Higgins K J, Jung H, Kittelson D B, et al. Kinetics of diesel nanoparticle oxidation [J]. Environ. Sci. Technol., 2003,37:1949 - 1954.

[39] Higgins K J, Jung H, Kittelson D B, et al. Size-selected nanoparticle chemistry: kinetics of soot oxidation [J]. J. Phys. Chem. A, 2002,106:96 - 103.

第 6 章 机动车颗粒物道路排放特征及其对环境的影响

台架实验表明，发动机会排放出大量颗粒物和气体组分，其排放特性受发动机所用燃料性质和发动机运行工况等因素的影响显著。颗粒排放从“排气管”排入“道路”实际大气环境中后，往往伴有成核、凝并、凝结、挥发和沉降等动力学作用，其浓度和粒径分布特性也将会受到如道路类型、车流构成、车流时间分布、气象条件等众多其他环境因素的影响[1-4]。在大气环境中较开阔空间内，机动车超细颗粒物分布特性还随排放源距离变化而变化。此外，城市建筑布局情况亦对大气悬浮颗粒物的浓度分布有着重要的影响。城市街道峡谷作为城市地区典型街道配置形式，由于其通风差、污染物不易扩散，峡谷内往往形成高浓度的空气污染[5, 6]。近年来关于街道峡谷内气体污染物的传输和扩散规律研究表明，一定环境风速风向条件下，峡谷内会产生一个或多个旋涡，街道配置如建筑高度与街道宽的比，屋顶形状以及谷顶风速风向对峡谷内旋涡的数量和旋涡强度产生显著的影响，从而影响污染物的浓度[7-10]。本章从高速公路、城市街道两种受机动车排放影响严重的典型环境入手，研究机动车颗粒物道路排放特性及其对局部环境的影响。

6.1 道路环境机动车颗粒物排放特征

6.1.1 实验设备及方法

1) 测试地点

选取上海市典型主干路(虹桥路)、次干道(番禺路)和高速公路(A4 高速公路)作为实地测试对象，测点周边地图及位置见图 6 - 1。虹桥路、番禺路均处徐家汇商业区，周边无工业污染源。虹桥路大致为东西走向，车道为双向 8 车道，宽约 30 m，中间有宽约 3 m 的绿化隔离带，人行道宽约 2 m。测试地点 1 位于虹桥路东北面，距地面高 1.5 m，离车流中心约 17 m，两侧建筑物低矮，且较为分散，车速约为 30～40 km/h。番禺路南北走向，行车道为双向 4 车道，宽约 20 m，人行道宽约 2 m，无绿化带。测试地点 2 位于番禺路东面，距路面高 1.5 m，离车流中心约 11 m，两侧建筑低矮且分散，车速约为 0～40 km/h。A4 高速公路处高教文化区段，周边无其他

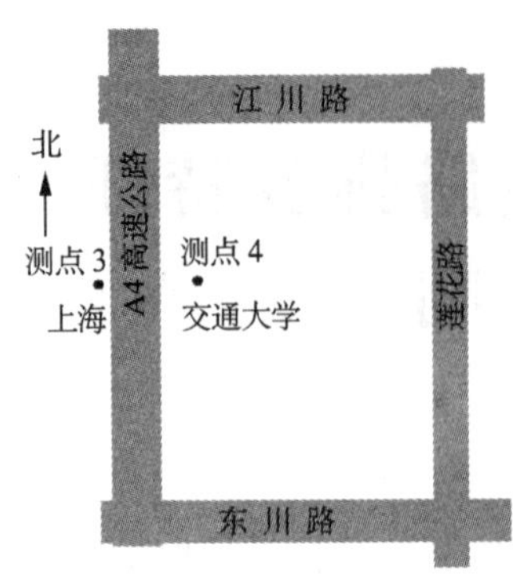

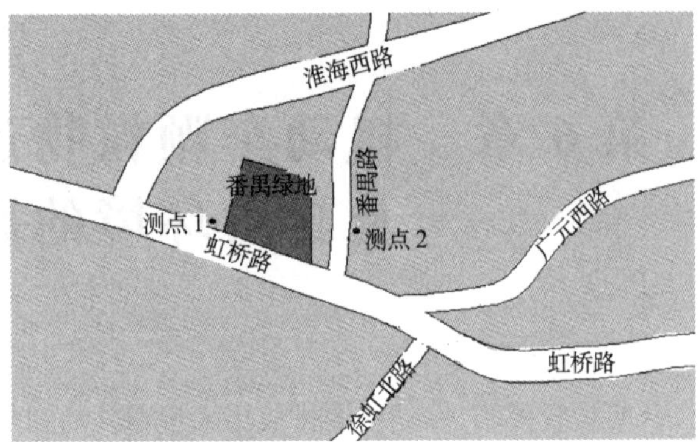

图 6-1　测点周边地图及位置

工业污染源。A4 高速公路南北走向，双向 6 车道，宽约 30 m。测试地点 3，位于路的西侧，距路面高 1.5 m，离车流中心约 17 m，无人行道，两侧为灌木隔离带，车速约为 60～100 km/h。测试点 4 位于 A4 高速公路东侧离车流中心约 50 m 处，当风向为上风向时，测得的污染物浓度视为背景浓度[11]。

2）测试仪器

实验采用 SMPS(3034，美国 TSI)进行颗粒数浓度粒径分布测试，颗粒测量范围为 10～487 nm，共分 54 个粒径分级，每 3 min 完成整个粒径范围的 1 次扫描，总颗粒浓度范围为 10^2～10^7个/cm^3。采用 TSI 公司的 DustTruck 进行 PM_1 采样测试。采用北京华云分析仪器研究所的 GXH23011 型便携式红外线 CO 分析仪测量 CO。采用上海风云气象仪器厂生产的 FYF21 型便携式测风仪测量风速风向。仪器使用前均经过校准。

3）测试方法

本研究分别在一段时间内对主干道路（虹桥路）、次干道（番禺路）和高速公路（A4 高速公路）进行了超细颗粒、PM_1 及 CO 连续测试，分别记为测试Ⅰ、测试Ⅱ和测试Ⅲ，测试安排见表 6-1。每日测试从早上 7:30 到晚上 19:30 结束，测试的同时记录车流量、车型。测试Ⅲ中上、下风向分别交替测试半小时，上风向污染物浓度通常视为背景浓度。测试Ⅰ和测试Ⅱ中气象参数测量地点相同，风速风向仪置

表 6-1　测试日期与地点

地点	日期	测试代号
测点 1	2006.10.20—2006.10.26	测试Ⅰ
测点 2	2006.10.27—2006.11.5	测试Ⅱ
测点 3、测点 4	2007.3.10—2007.3.27	测试Ⅲ

于距离测点1约500m，测点2约30m的建筑楼顶上，建筑物高约20m。测试Ⅲ中，风速风向仪置于距离测点3约800m，10m高的建筑楼顶上。采用温湿度计记录环境温湿度。每隔20min记录一次风速风向、温度和湿度等气象参数。

4）气象状况

风速风向见图6-2。测试期间3个测试地点的平均气象状况如表6-2所示，测试Ⅰ中风向以西南风为主，平均风速约为1.1m/s；测试Ⅱ中主导风向为西南风，主导风向基本与番禺路垂直，且较为稳定，平均风速约为0.9m/s；测试Ⅲ中主导风向为东南风，平均风速约为1.7m/s。

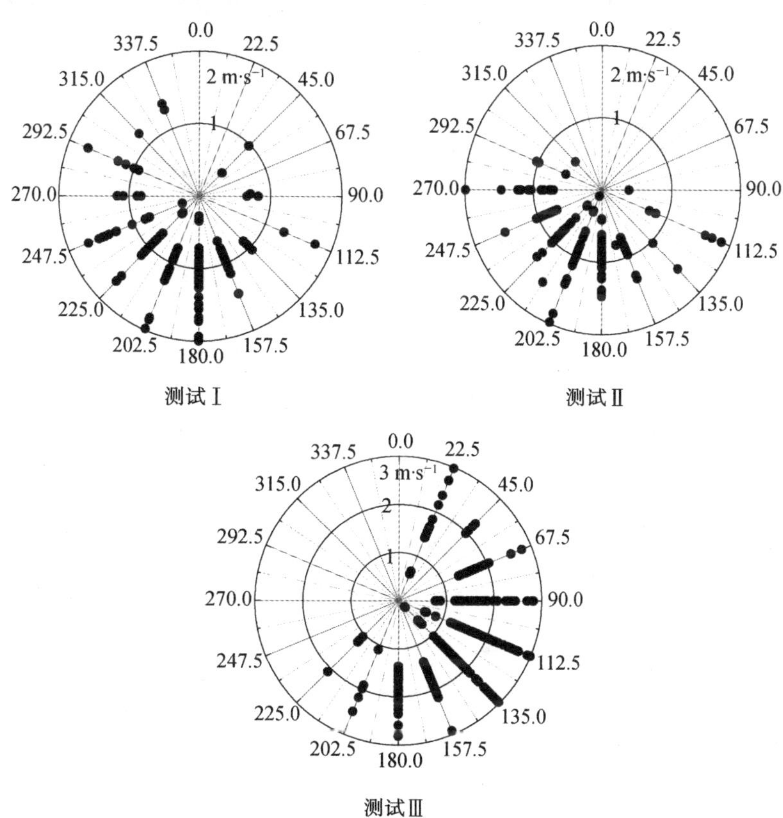

图6-2　测点风速风向

表6-2　平均气象状况

测试	主导风向	平均风速/(m/s)	平均气温/℃	平均湿度/%
Ⅰ(虹桥路)	南	1.1±0.2	22.5±3.7	56±5
Ⅱ(番禺路)	西南	0.9±0.3	23.2±3.4	72±4
Ⅲ(A4高速公路)	东南	1.7±0.5	16.8±2.3	63±6

注：平均风速、平均气温、平均湿度均表示为：平均值±标准差。

5）交通状况

图 6－3 表示了工作日、星期六和星期天 3 组测试中车流量分布。车流量测试结果表明，测试期间 3 组测试车流量时间分布存在较大差异。测试Ⅰ（虹桥路）和测试Ⅱ（番禺路）车流量时间分布基本相似，在测试期间工作日车流量呈现较明显的上下班车流高峰（8：00—9：00 和 16：00—18：00）；周六车流分布与工作日较接近；而周日车流量要明显小于工作日，车流高峰时段为下午 16：00—18：00。测试Ⅲ（A4 高速公路）工作日、周六和周日车流均呈双峰分布，高峰时段为 8：00—10：00 和 14：00—17：00。相对工作日，周末双休日车流量明显减小。3 组测试中车流构成见表 6－3。测试中车辆类型分为摩托车、轻型车和重型车。其中虹桥路车流量

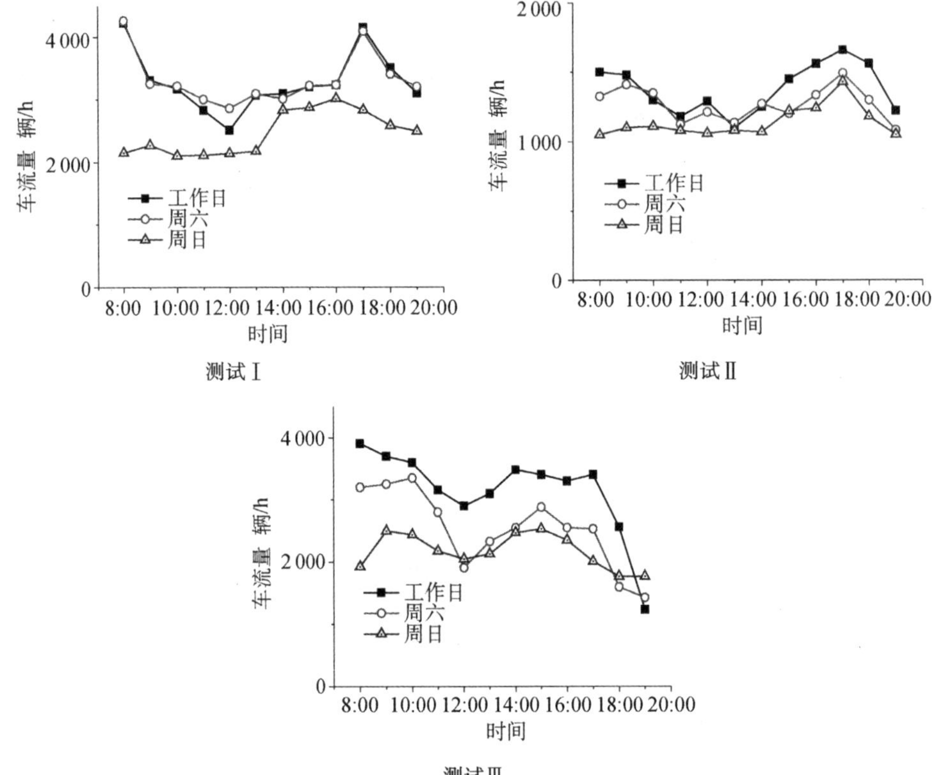

图 6－3 平均车流量

表 6－3 平均交通构成状况

测试	平均车流量/(辆/h)	摩托车比例/％	轻型车比例/％	重型车比例/％
Ⅰ（虹桥路）	2500～3200	15.6	78.1	6.3
Ⅱ（番禺路）	1100～1400	24.2	70.0	5.8
Ⅲ（A4 高速公路）	2000～3000	0	72.4	27.6

约为 2500～3200 辆/h，番禺路车流量为 1100～1400 辆/h，均以轻型车为主，重型车比例较小，约为 6%左右。A4 高速公路上车流量约为 2000～3000 辆/h，重型车比例较大，达到 27.6%。

6.1.2　总颗粒浓度时间分布特征

图 6-4 到图 6-6 为工作日、星期六和星期天 3 组测试中总颗粒(10～487 nm)数浓度和质量浓度时间分布。由图可知，3 组测试中平均数浓度和质量浓度的时间分布与车流量明显相关。测试Ⅰ和测试Ⅱ中工作日呈现双峰分布，高峰出现在车流高峰期，即上午 8:00—9:00 和下午 16:00—17:00，且超细颗粒数浓度随车流量的增大而增大。相对于周末，工作日超细颗粒数浓度和质量浓度明显较大。同时可以看出，3 组测试中，工作日由于车流量变化较大，超细颗粒数浓度和质量浓度随车流分布的变化也较为明显。然而，星期天由于车流量较小，3 组测试超细颗粒浓度均变化较小，峰值浓度也较小。

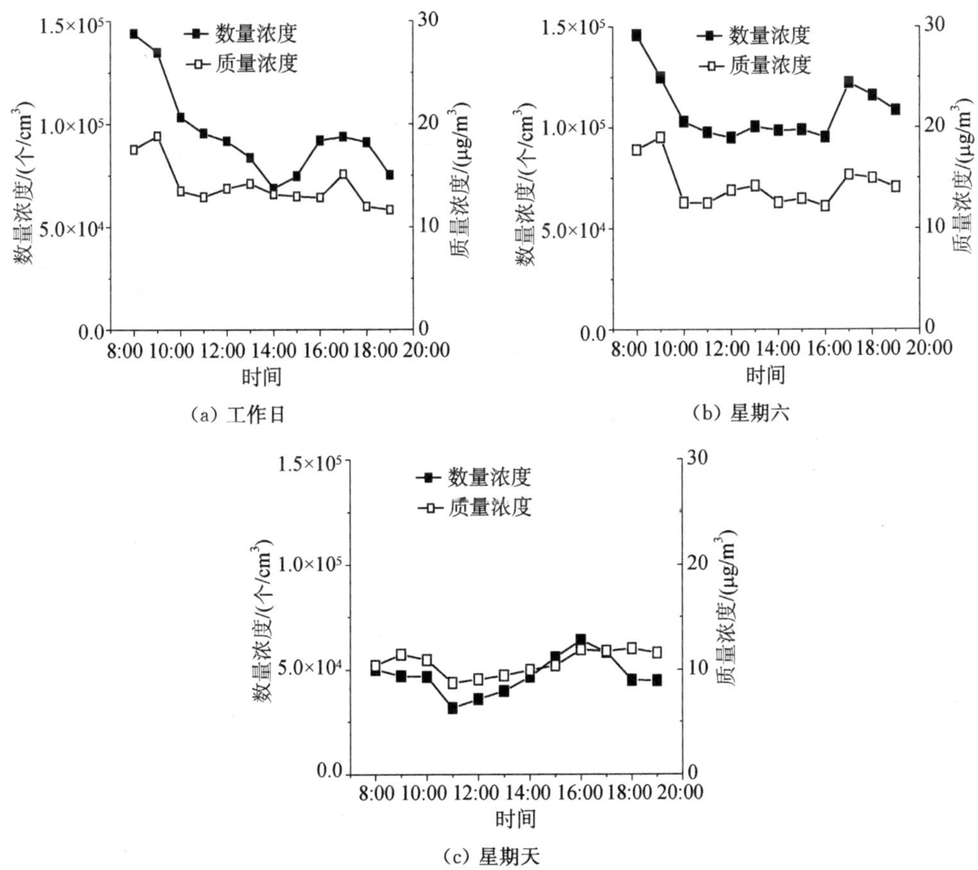

图 6-4　测试Ⅰ总颗粒数量和质量浓度时间分布

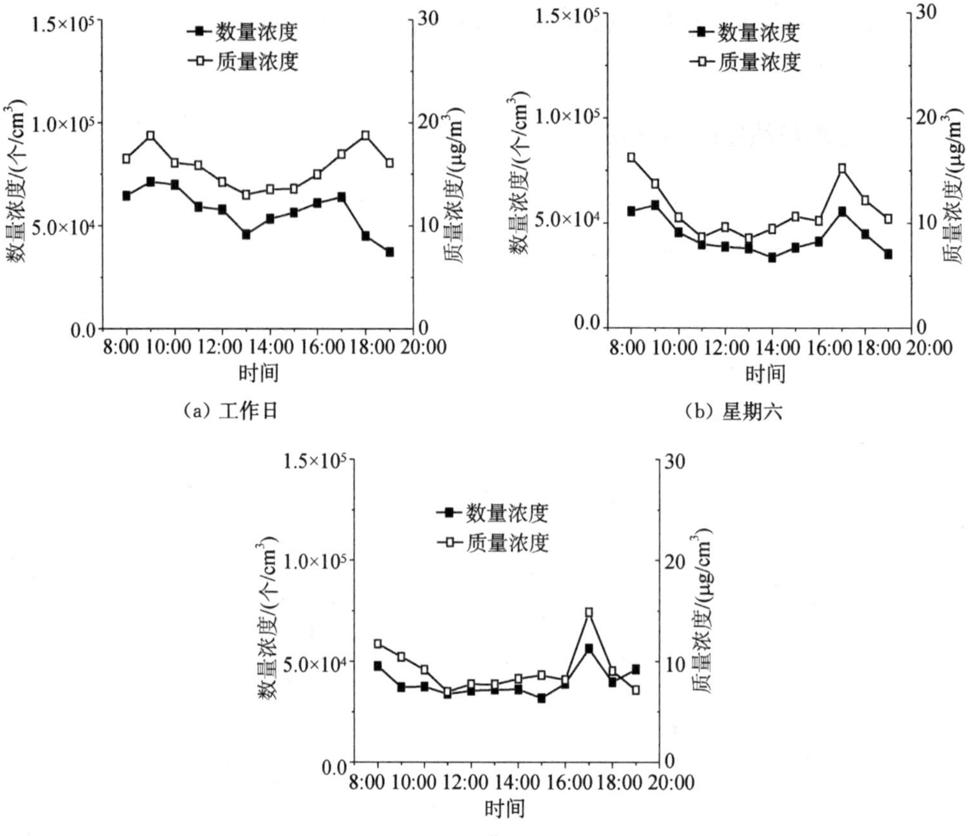

(a) 工作日

(b) 星期六

(c) 星期天

图 6-5　测试Ⅱ总颗粒数量和质量浓度时间分布

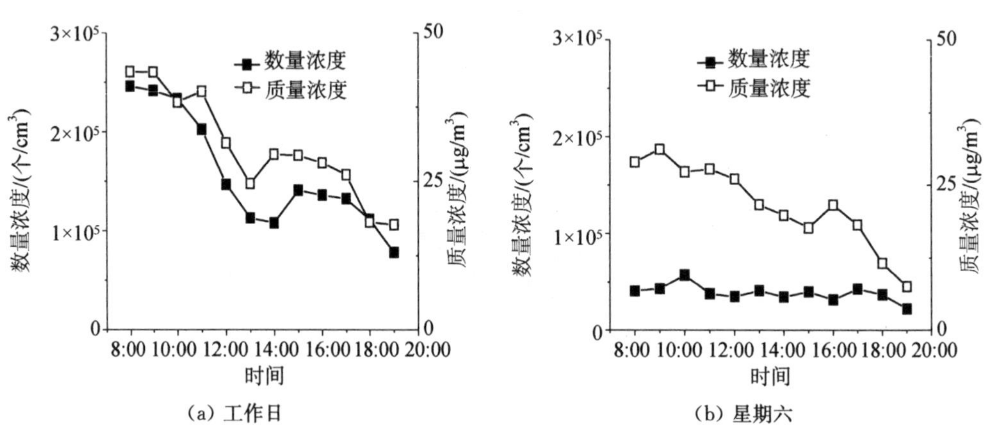

(a) 工作日

(b) 星期六

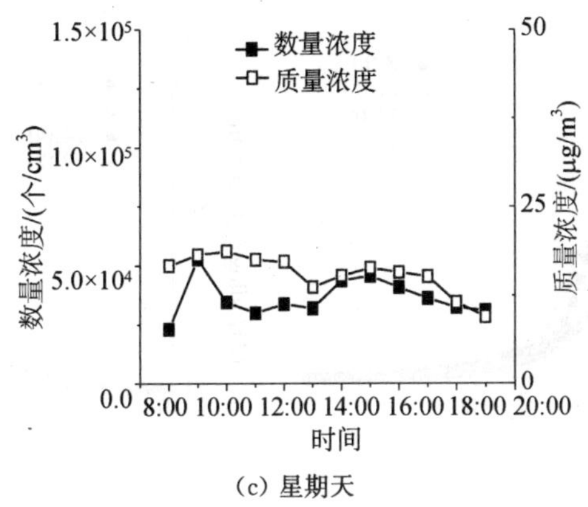

(c) 星期天

图 6-6　测试Ⅲ总颗粒数量和质量浓度时间分布

6.1.3　超细颗粒粒径分布特征

图 6-7 到 6-9 表示了 3 组测试中超细颗粒数浓度和质量浓度不同时段的粒径分布(分别选取了工作日车流量高峰和低峰期的数浓度平均分布)。由图可知,3 组测试中上午车流高峰期(8:00)数浓度和质量浓度峰值最大,与车流量有较大的相关性。对于最大峰值浓度,测试Ⅲ总颗粒数量和质量浓度峰值最高,测试Ⅰ次之,测试Ⅱ最小。这主要是因为 3 组测试地点的交通状况存在较大差异,虹桥路车辆类型和番禺路车辆构成基本相同,但虹桥路车流量是番禺路车流量的 2 倍多,较多的车辆排放了较多的超细颗粒。A4 高速公路车流量与虹桥路相当,但其重型车比例是虹桥路的 4 倍多。一般认为,重型车相对于轻型车会排放较多的超细颗粒。

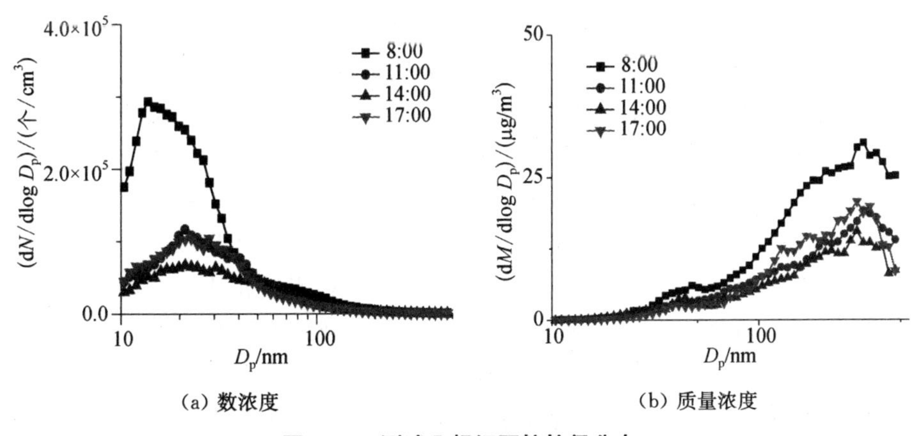

(a) 数浓度　　(b) 质量浓度

图 6-7　测试Ⅰ超细颗粒粒径分布

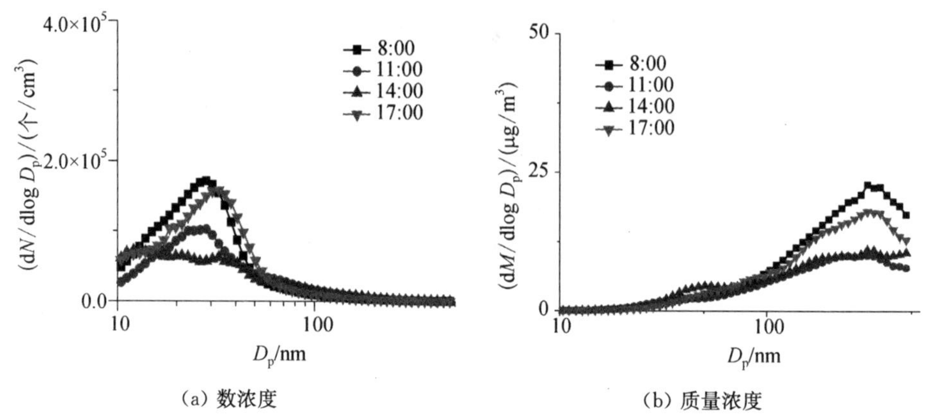

(a) 数浓度　　(b) 质量浓度

图 6-8　测试Ⅱ超细颗粒粒径分布

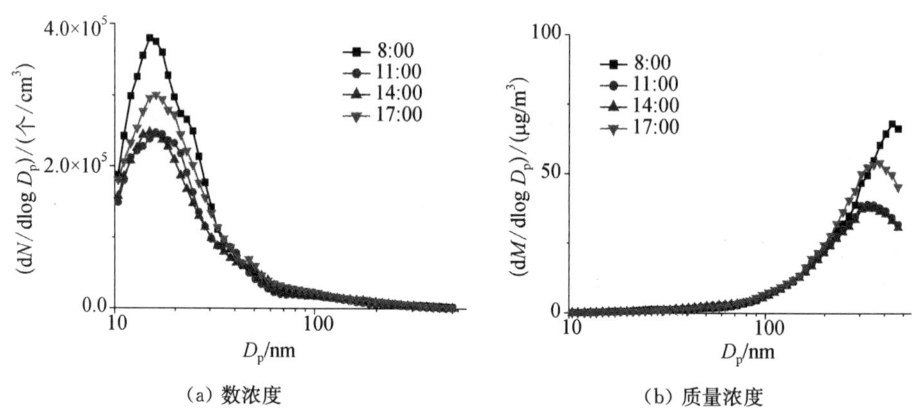

(a) 数浓度　　(b) 质量浓度

图 6-9　测试Ⅲ超细颗粒粒径分布

图 6-10 为超细颗粒几何平均粒径(GMD)以及质量平均直径(MMD)在测试期间的时间分布。由图可知,3 组测试超细颗粒数浓度粒径分布几何平均粒径和质量浓度粒径分布几何平均粒径与时间没有明显的相关性,即与车流量没有明显的相关性;且数浓度分布几何平均粒径和质量浓度分布几何平均粒径之间也没有明显的相关性。测试Ⅰ和测试Ⅱ数浓度分布几何平均粒径和质量浓度分布几何平均粒径基本相同,数浓度分布几何平均粒径约为 25～35 nm,质量浓度分布几何平均粒径为 135～195 nm。测试Ⅲ数浓度分布几何平均粒径约为 22～30 nm,质量浓度粒径分布几何平均粒径为 215～253 nm。测试Ⅰ和测试Ⅱ几何平均粒径相似可能是因为虹桥路和番禺路的车辆构成、气象条件以及地形等基本相同所致。然而对于测试Ⅲ,A4 高速公路测点重型柴油车较多且车速较大。一方面是因为柴油含硫量较大,第 4 章的台架实验结果表明,发动机排气核模态颗粒数浓度随燃料含硫量显著增大。一般认为,在稀释过程中 H_2SO_4 与 H_2O 的均相成核作用能生成

大量的核模态微粒；另一方面，测点风速较大，机动车排放的超细颗粒扩散更快，以致“表面长大过程”缩短。以上两方面的原因导致了测试Ⅲ总颗粒数浓度分布几何平均粒径相对测试Ⅰ和测试Ⅱ小 3～5 nm。另外，测试Ⅲ中质量浓度分布几何平均粒径较大可能是由于测点车速较快，扬尘较多。再加上风速较大，使得一些粒径较大的扬尘进入了测试仪器(SMPS)，而这部分微粒在总颗粒质量浓度中所占比例较大，因此增大了质量分布几何平均粒径。

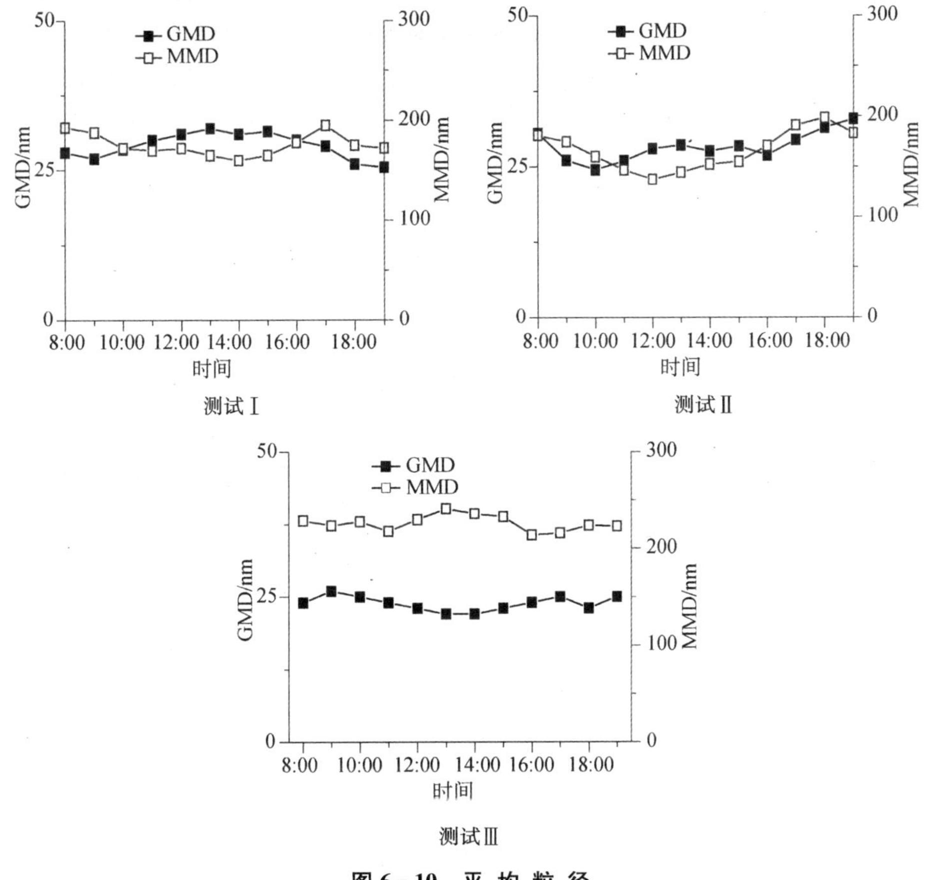

图 6-10　平 均 粒 径

6.1.4　PM_1 和 CO 时间分布

3 组测试的总颗粒数浓度(N_{SMPS})、PM_1 以及 CO 的日平均浓度时间分布如图 6-11所示。由图可知，PM_1 和 CO 平均浓度分布与 SMPS 测得的超细颗粒数浓度有明显的相关性，二者的浓度高峰均出现在超细颗粒浓度高峰期，即车流高峰期。对于车流高峰期，测试Ⅰ中 PM_1 浓度相对测试Ⅱ大 25%左右。PM_1 有一大部分为 SMPS 测量范围以外的颗粒物，应视为较粗的一次颗粒，如扬尘、液滴等以及大部分经过凝并、成核等作用后的较大的二次颗粒。测试Ⅰ测点车流量相对测试Ⅱ较大，车速较测点Ⅱ快，易扬起较多的粗粒子。测试Ⅲ中 PM_1 浓度最高，PM_1 平均浓度约为测试Ⅰ和测试Ⅱ的4倍多，这可能也是测试Ⅲ测点车流速度、载重和环境风速都较大的综合结果。车流扬起了较多的扬尘，同时又由于测试Ⅲ期间风速较大，这些颗粒悬浮在大气中，更不易沉降，进入 PM_1 采样器，从而增大了 PM_1 浓度。测试Ⅰ中CO的平均浓度最高，测试Ⅱ和测试Ⅲ中CO平均浓度相当。由于3个测点周围没有其他污染源，CO主要源自机动车排放。一般认为汽油车CO排放因子大于柴油车。测试Ⅰ中CO浓度相对测试Ⅱ较高主要是因为其车流量大2倍多。测试Ⅲ中CO平均浓度相对于测试Ⅱ较低，一方面可能是因为车流量相当的情况下，其柴油车比例较大，另一方面测试Ⅲ车速远大于测试Ⅱ，有利于降低CO排放，更主要的是因为测试Ⅲ中风速较大，CO扩散较快。

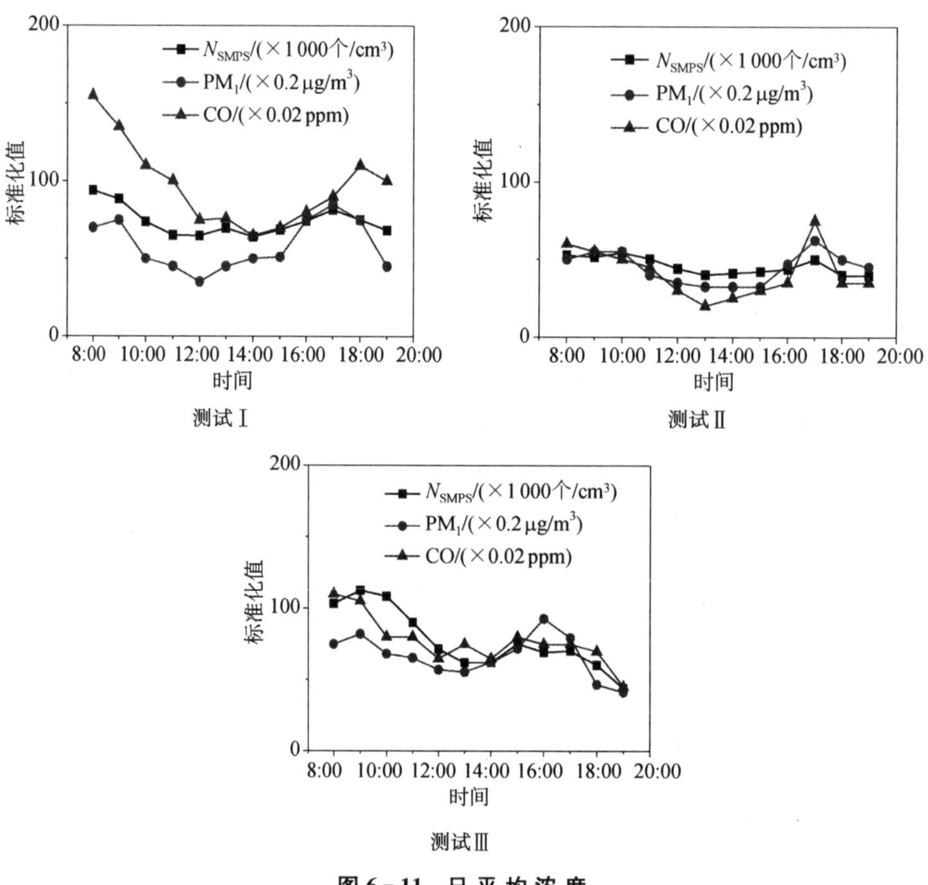

图6-11　日平均浓度

3组测试中均发现上午车流高峰期超细颗粒数浓度明显大于下午车流高峰期。一方面是因为大气密度的变化。一天之中由于日照以及温度的关系造成大气密度变化、大气浮升力变化，从而影响街道内的流场变化和污染物扩散。上午日照较弱，地面附近空气温度较低，大气浮升力较小，所以污染物扩散较慢，造成颗粒物数浓度偏高[12]。另外，一般认为，路旁机动车超细颗粒数浓度分布受已有悬浮物浓度的影响显著[13-14]。机动车排放的 HC 和硫酸等成核前体物，燃料中的硫与过量的氧发生反应形成 SO_2 气体，部分 SO_2 被继续氧化成 SO_3，排气中的 SO_3 进入环境空气后遇 H_2O 形成 H_2SO_4 蒸汽，H_2SO_4 在极低的饱和蒸汽压下能够与 H_2O 发生均相成核作用形成 0.1～1 nm 左右的核液滴。排气中的半挥发性组分的饱和度随气象条件等参数而发生变化，当饱和度达到临界饱和度时，均相成核作用导致了临界核液滴的产生。然而环境空气中较高浓度的悬浮颗粒会促使半挥发性组分在颗粒表面的大量凝结，从而抑制了半挥发性组分的成核或半挥发性组分在新形成的临界核液滴上的凝结。实验中，3 组测试均发现早上车流高峰期 PM_1 浓度相对下午车流高峰期较低。因此也可以得出，相对于上午车流高峰期，下午车流高峰期较高的悬浮颗粒浓度对超细颗粒生成的抑制作用较强。

图 6 - 12 到图 6 - 14 为 3 组测试中 N_{SMPS} 与 CO 及 PM_1 日平均浓度之间的相关性分析。可以看出，测试Ⅰ和测试Ⅱ中 N_{SMPS} - CO 相关系数基本相当，均为 0.7 左右。测试Ⅲ中二者相关系数略大，相关性略好。超细颗粒与 CO 存在分布差异主要是因为固态和气态微粒的差异而引起的扩散差异造成的。许多学者的研究表明道路测试得到的超细颗粒数浓度和 CO 浓度之间有着较好的相关性[15]，这主要是因为二者均源自机动车的同时排放，同时二者背景浓度值均相对较低，在相同的气象条件下有着相似的扩散规律。然而由于固态微粒和气体之间的差异，在扩散过程中，固态的气溶胶存在凝并和沉积等变化过程使得气溶胶不但由于扩散稀释而浓度下降之外，还存在其他损失[16]，因此气体污染物和超细微粒之间也存在着

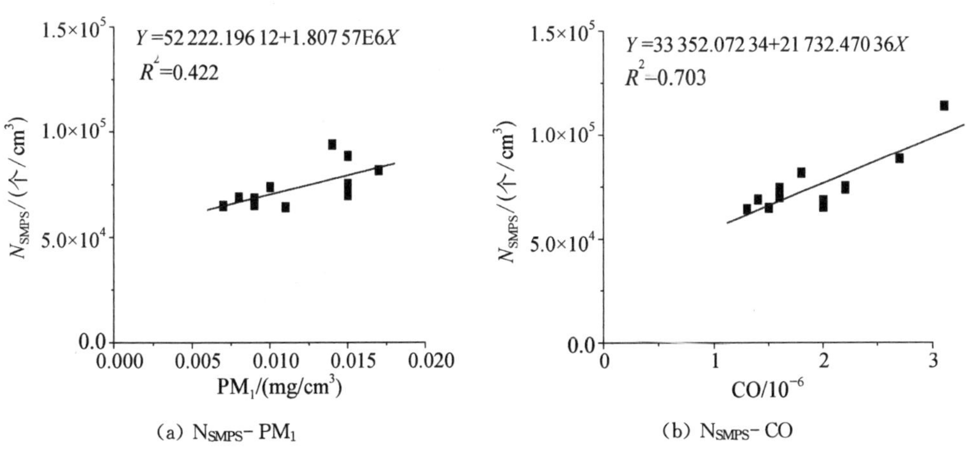

(a) N_{SMPS} - PM_1　　(b) N_{SMPS} - CO

图 6 - 12　测试Ⅰ总颗粒数浓度与 PM_1 和 CO 日平均浓度相关性分析

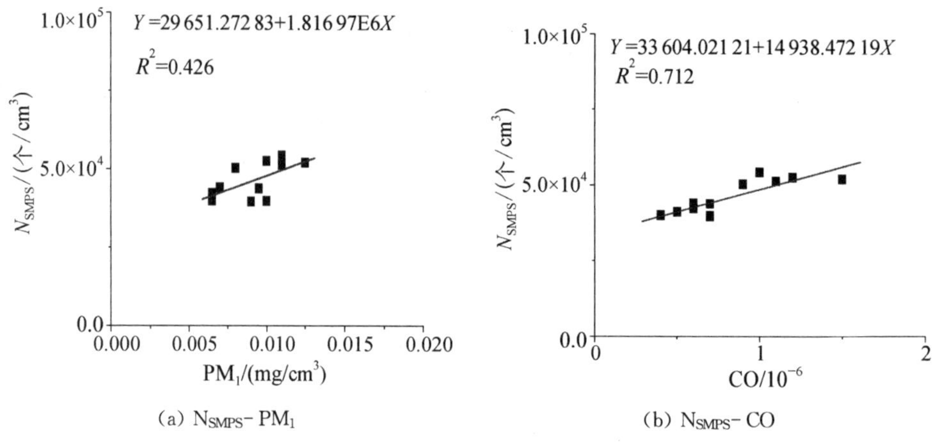

(a) N_{SMPS} - PM_1　　(b) N_{SMPS} - CO

图 6-13　测试Ⅱ总颗粒数浓度与 PM_1 和 CO 日平均浓度相关性分析

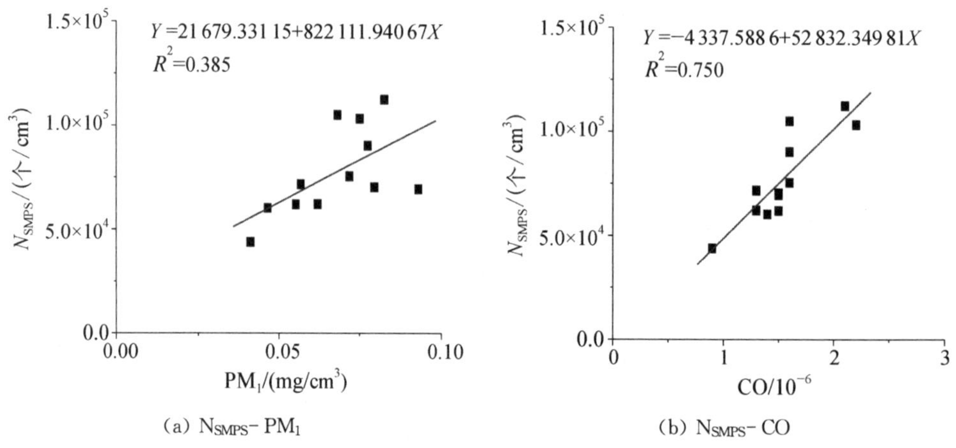

(a) N_{SMPS} - PM_1　　(b) N_{SMPS} - CO

图 6-14　测试Ⅲ总颗粒数浓度与 PM_1 和 CO 日平均浓度相关性分析

浓度衰减差异。相对于测试Ⅲ，测试Ⅰ和测试Ⅱ N_{SMPS} - CO 相关性较差主要是由于测试Ⅰ和测试Ⅱ测点相对测试Ⅲ测点植物和建筑物较多，增大了微粒表面沉降，同时环境风速较小增加了超细颗粒反应和沉降的时间，从而使得 N_{SMPS} 与 CO 浓度相关性下降。测试Ⅲ相对于测试Ⅰ和测试Ⅱ SMPS N_{SMPS} - PM_1 相关系数较小，可能是因为测试Ⅲ中车流速度较大，扬起了更多粒径相对较大的扬尘，增大了 PM_1 值，而这部分粗颗粒对 N_{SMPS} 影响较小。

6.2　高速公路下风向超细颗粒数浓度粒径分布特征

6.2.1　实验方法和条件

1）测试地点

本实验仍选择 A4 高速公路作为实地测试对象。测点布置及 A4 高速公路几何布局如图 6－15 所示。

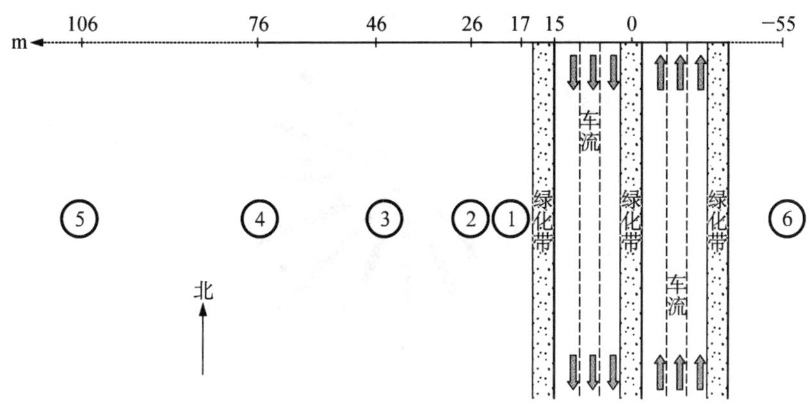

图 6－15　A4 公路几何布局

2）测试仪器

测试仪器同 6.1 节。

3）测试方法

实地监测实验于 2007.03.27—2007.04.02 进行，每日测试从早上 8:00 开始到下午 19:00 结束。如图 6－15 所示，西侧测点分别距车流中心 17 m，26 m，46 m，76 m 和 106 m，分别对应测点 1、测点 2、测点 3、测点 4 和测点 5。东侧测点距车流中心约 50 m，对应测点 6，东风和东南风时测点 6 测得的污染物浓度为上风向浓度、背景浓度。各个测点均距路面高 1.5 m。依次测试超细颗粒浓度的同时，也测试了 CO 和 PM_1。SMPS 在每一个测点进行 3 次扫描，顺次完成 6 个测点采样为完成一组测试，每组测试的顺序均为由测点 1 到测点 6，每天采样 5～7 组，共 30 组。气象仪器置于测点 5，距地面高 1.5 m，每隔 10 min 记录一次风速风向、温度和湿度等相关气象数据。

4）交通和气象状况

测试地点的平均交通和气象状况如表 6－4 所示。风速风向见图 6－16。测试期间车流量约为 2000～3000 辆/h，重型车比例较大，达到 27%；主导风向为东南风，平均风速为 1.8 m/s。

表 6－4　平均气象和交通状况

平均气象和交通状况			
主导风向	东南	平均湿度/%	60±10
平均风速/(m/s)	1.8±0.5	平均车流量/(辆/h)	2000～3000
平均气温/℃	18.0±3.2	重型车比例/%	27±7

注：表中数值为平均值±标准差。

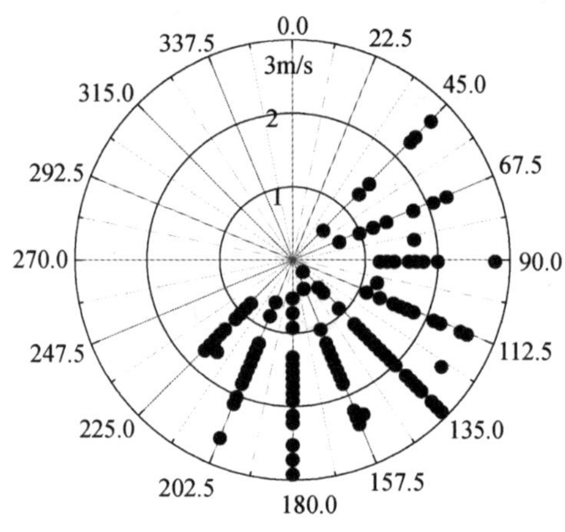

图 6-16　测点风向风速

6.2.2　风向、风速对超细颗粒数浓度分布的影响

图 6-17 和图 6-18 表示风向、风速对测点 3(距离车流中心 46 m)超细颗粒数浓度分布的影响。图中数据为相同时段所对应风向和风速数据的平均。结果表明,风向、风速对超细颗粒的数浓度分布影响显著。东风、偏东风时,测得的超细颗粒浓度为下风向浓度。西风、偏西风时,测得的超细颗粒浓度为上风向浓度。由图 6-17 可知,上风向超细颗粒数浓度很低,下风向浓度相对上风向浓度高很多。因此,对于道路实验,上风向浓度一般可视为背景浓度[17]。当测点位于下风向时,风速对超细颗粒数浓度分布也有明显影响,由图 6-18 可知,超细颗粒数浓度随风速增大而明显减小。对于超细颗粒数浓度峰值,风速大于 2 m/s 时相对风速小于 0.5 m/s 时下降了约 80%。随着风速的增大,空气湍流稀释作用增强,因此道路实验测得的超细颗粒数浓度降低。

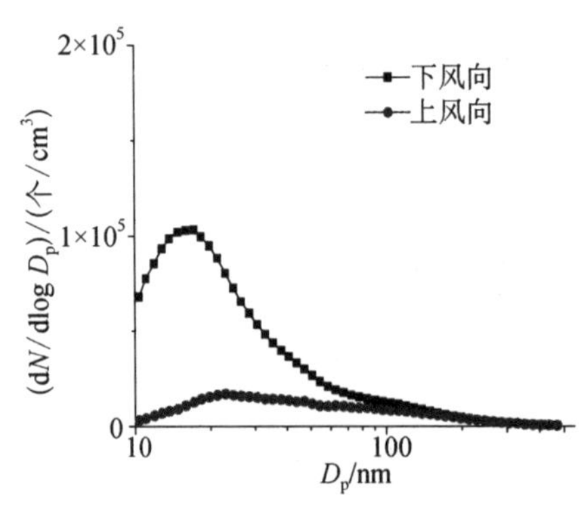

图 6-17　风向对超细颗粒粒径分布的影响

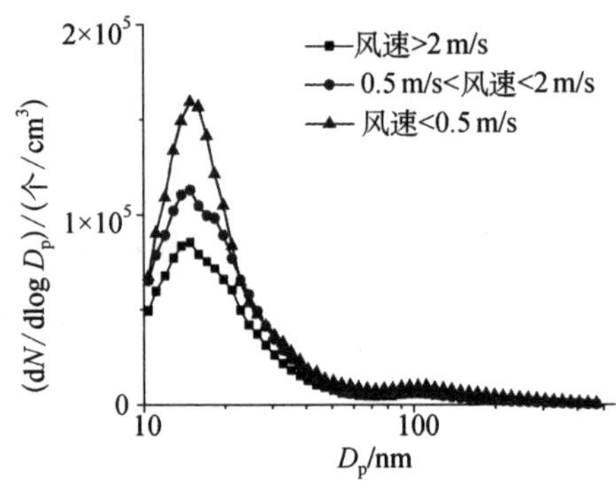

图 6-18　风速对超细颗粒粒径分布的影响

6.2.3　颗粒数浓度粒径分布特性

图 6-19 分别给出了不同测点、不同时段下超细颗粒数浓度粒径分布曲线。据统计，13：00—14：00 为当天车流低峰期，17：00—18：00 为当天车流高峰期。图中数据为所对应时刻各个测点数据的平均。由图可知，在不同时段下，细颗粒数量浓度均随距高速公路距离的增加而减小，在核模态表现尤为明显。相对于车流低峰期，车流高峰期较近测点(17 m，26 m 和 46 m)超细颗粒数浓度显著较大，而较远测点(76 m 和 106 m)峰值浓度差别较小。图 6-20 为不同测点平均颗粒数浓度和质量浓度粒径分布，平均颗粒分布则为所有数据的平均。由图可知，对于数浓度，超细颗粒中核模态占绝大多数，其比例为 90%左右；数浓度分布核模态峰值粒径约为 15～20 nm；而对于质量浓度，积聚模态比例较大，质量浓度分布积聚模态峰值粒径约为 200～250 nm。随着测点距离增加，数浓度和质量浓度分布的峰值均显著下降，而峰值粒径变化不明显。对于颗粒平均数浓度和质量浓度，106 m 处峰值相对 17 m 处分别下降了约 82%和 46%。

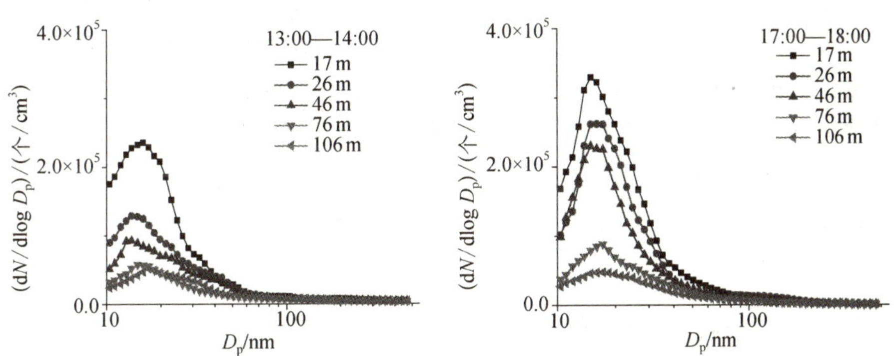

图 6-19　不同时段距离变化对超细颗粒粒径分布的影响

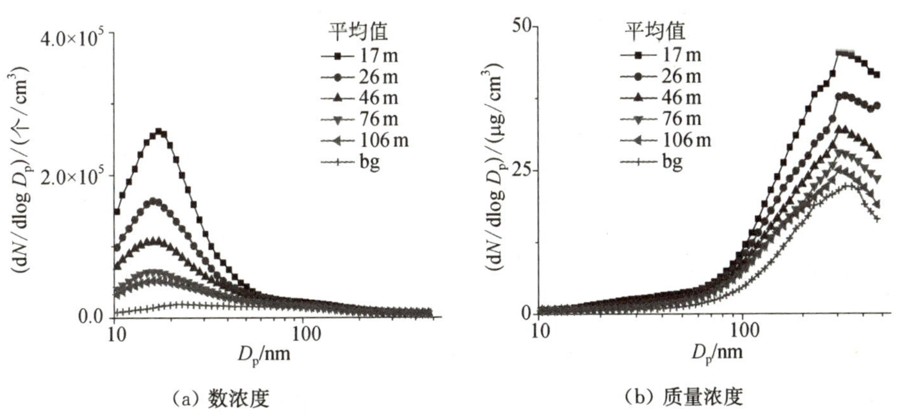

(a) 数浓度　　(b) 质量浓度

图 6-20　距离变化对平均超细颗粒粒径分布的影响

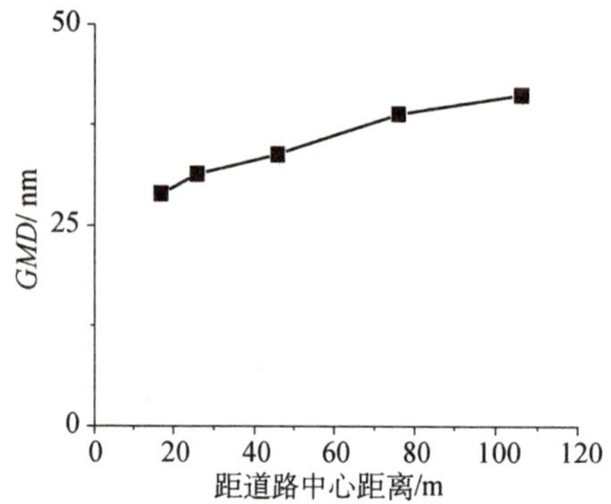

图 6-21　距离变化对超细颗粒粒径分布平均粒径的影响

图 6-21 为平均颗粒数浓度分布平均粒径随距离的变化曲线。可以明显看出，随着距离的增加，数浓度分布平均粒径明显增大，106 m 处相对于 17 m 处，其数浓度分布平均粒径增大了约 12 nm。Zhu 等[18]的高速公路测试研究也发现了平均粒径随距离增大的现象。

相对于车流低峰期，车流高峰期车流量较大，较多的机动车排放了较多的超细颗粒，因此其数浓度分布峰值相应较大。然而，在较远的距离处，由于气流的稀释作用，车流量的影响也被削弱，因此较远距离处浓度峰值变化较小。超细颗粒由“机动车”向“环境”扩散过程中受到空气的湍流稀释，也会发生沉降、吸附及凝并等动力学反应。Zou 等[19]发现绿化带的“净化作用”对道路机动车污染物的横向衰减有明显的促进作用。本测试中，测试地点道路两侧较近距离有灌木绿化带，机动车超细颗粒在绿化植物表面沉积或吸附也有可能导致机动车超细颗粒在较近距离上的快速衰减。一般认为，平均颗粒数浓度和质量浓度分布峰值随距离逐渐降低的主要原因是空气湍流稀释作用(稀释衰减)。距离越远，稀释比例越大，以致超细颗粒数浓度和质量浓度也越低。另一方面，超细颗粒在大气扩散过程中，也会通过凝并、聚集等动力学作用成为大粒径颗粒，超细颗粒浓度进一步降低。

6.2.4　CO、PM_1 和总颗粒数浓度横向分布

图 6-22 给出了 CO，PM_1 和总颗粒数浓度随距离的变化曲线，图中数据为各个测点所有采样的平均。由图可知，CO，PM_1 和总颗粒数浓度(N_{Total})均随与公路距离的增加而减小。其中，N_{Total} 浓度下降最快，CO 次之，PM_1 浓度下降最慢。相对于 17 m 处，106 m 处 N_{Total}，CO 以及 PM_1 分别下降了约 83.6%，66.6%和 38.1%。由于机动车排放的超细颗粒质量浓度在 PM_1 中比例较小，因此车流对 PM_1 的影响也较小。Li 等[20]研究发现在街道峡谷中，$PM_{2.5}$ 随高度的衰减速率也大大低于超细颗粒的衰减速率。超细颗粒随距离衰减速率大于 CO 衰减速率，说明除了稀释扩散，颗粒物的沉降、凝并等动力学变化过程对超细颗粒数浓度的横向分布特性也有重要影响。

另外，图 6-23 表示了各测点对应的 N_{Total} 与 CO 平均浓度及 PM_1 平均浓度之间的线性相关系数 R^2 的值。可以看出，N_{Total} 与 CO 相关性较好，其相关系数 $R^2 = 0.78$。N_{Total} 与 PM_1 相关系数较小，$R^2 = 0.56$。这主要是由于 A4 高速公路上车流

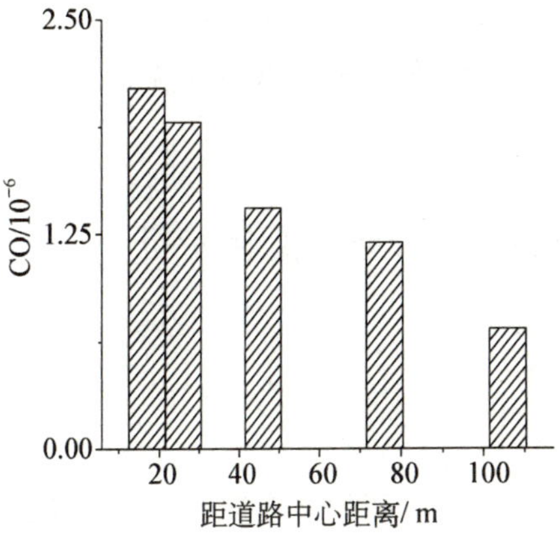

(a)

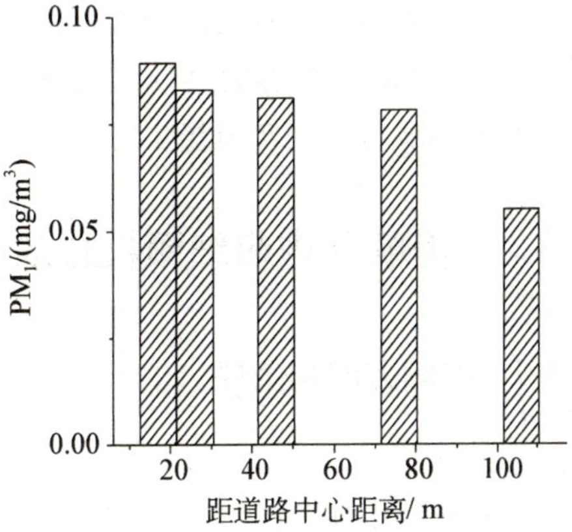

(b)

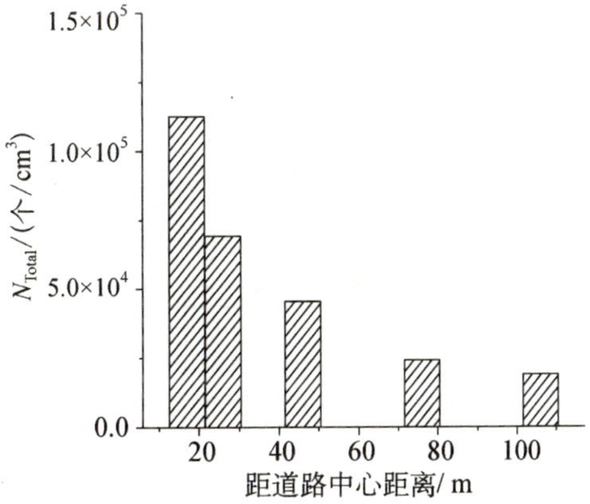

(c)

图 6 - 22　不同距离平均浓度

(a)

(b)

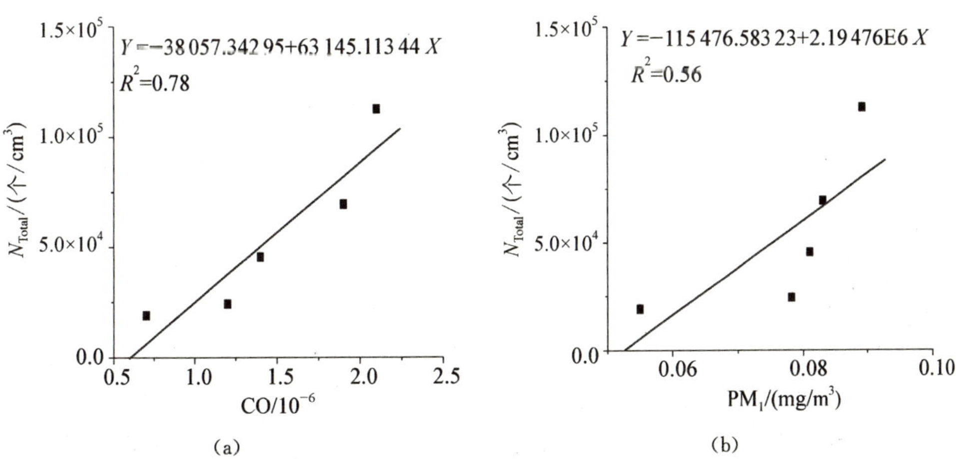

图 6 - 23　总颗粒数浓度与 PM_1 和 CO 日平均浓度相关性分析

会扬起较多粒径相对较大的扬尘，增大了 PM_1 值，这部分颗粒对 PM_1 浓度的影响较大，而对 SMPS 测得的 N_{Total} 影响较小。王嘉松等[21]通过对 3 条不同类型道路进行实地测试也发现车流扬尘对 $PM_{2.5}$ 有一定的影响。

6.3 街道峡谷内超细颗粒数浓度粒径分布垂直变化特征

6.3.1 实验方法和条件

1）测试地点

实验选定上海市中心城区具有典型街道峡谷特征的北京东路为实地观测场所，测试路段为东西走向，为一不等高街道峡谷，北侧建筑高 40～50 m，南侧建筑高 18 m，车道宽 12 m，共 5 个车道，两侧人行道分别为 3 m 和 6 m，街道峡谷布局如图 6 - 24所示。测试仪器与上节相同。

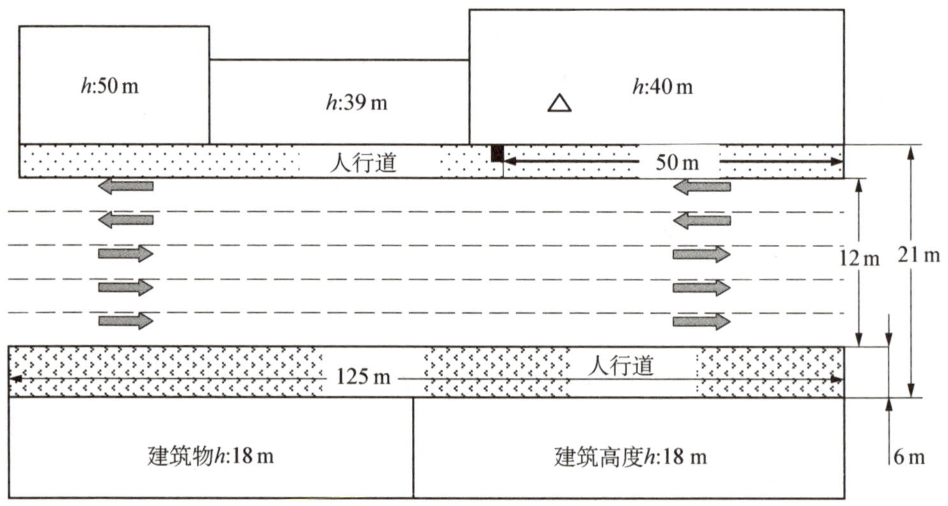

图 6 - 24　街道峡谷布局

2）测试方法

实验分别于 2005. 05. 30—2005. 05. 31 和 2005. 11. 23—2005. 11. 25 进行了两次测试，分别称其为测试Ⅰ和测试Ⅱ。每日测试从早上 9:00 开始到下午 17:00 结束。采样布点如图 6 - 25 所示，测点分别为北侧楼，高度为 1. 5 m，8 m，20 m 和 38 m，分别对应测点 1、测点 2、测点 3 和测点 4，同时测试超细颗粒、CO 以及 $PM_{2.5}$。SMPS 在每一个测点进行 3 次扫描，顺次完成 4 个测点采样为完成一组测试，每组测试的顺序均为由测点 1 到测点 4，每天采样 8～10 组。每日实验开始前和实验结束后分别进行 1 h 的背景污染物浓度测试，背景测点距离实验地点 400 m

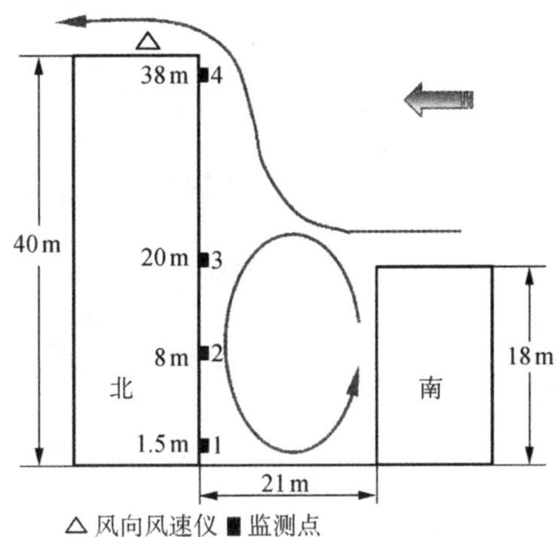

图 6－25　峡谷内测点位置垂直分布及测试Ⅰ流场示意

左右，且距离背景测点 100 m 范围内无车辆经过。风速风向仪置于北侧楼顶上，此高度高于市区建筑的平均高度。采用温湿度计记录环境温湿度。

3）气象和交通状况

测试道路地处商业中心地区，车流繁忙，小时车流量差别较小，测量结果为 1700～1800 辆/h，测试道路禁止摩托车通行，小轿车、中型车和重型车比重分别为 70%，22%和 8%左右。测试Ⅰ和测试Ⅱ两个实验阶段的气象条件存在较大差异，如表 6－5 所示，测试Ⅰ的主导风向南风，垂直于街道，小时平均风速为 3 m/s 左右；测试Ⅱ主导风向为西风，风向平行于街道，小时平均风速为 1.6 m/s 左右。风速风向如图 6－26(a)和(b)所示。

表 6－5　平均气象和交通状况

参数	测试Ⅰ		测试Ⅱ		
	5 月 30 日	5 月 31 日	11 月 23 日	11 月 24 日	11 月 25 日
车流/(辆/h)	1780±240	1660±150	1610±140	1778±260	1748±180
重型车比重/%	8±2	8±2	8±1	8±2	7±1
平均风速/(m/s)	3.3±0.9	2.9±1.0	1.6±0.2	1.4±0.3	1.6±0.4
气温/℃	30.1±1.4	32.8±1.8	21.1±1.2	18.1±3.1	18.1±3.1
湿度/%	38.5±6	41.1±4	38.2±3	30.7±5	30.7±5

注：表中数据为平均值±标准差。

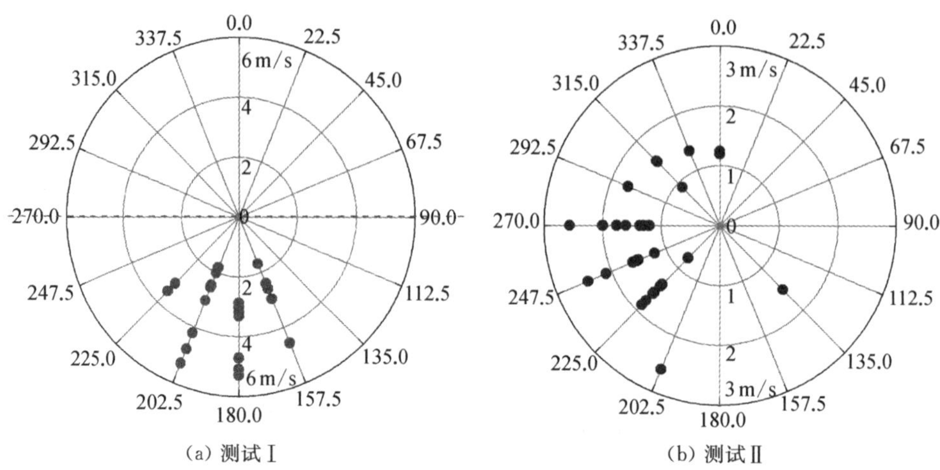

(a) 测试Ⅰ　(b) 测试Ⅱ

图 6-26　测点风速风向

6.3.2　颗粒数浓度粒径分布特性

图 6-27(a)，(b)给出了进行测试Ⅰ和测试Ⅱ时高度变化对平均颗粒粒径分布的影响。图中数据为每一测点所有采样的平均。

由图 6-27(a)知，测试Ⅰ时，主导风向垂直于街道，1.5 m 处颗粒呈包括核模态、爱根模态和积聚模态的 3 峰分布，峰值粒径分别为 10.4 nm，28.4 nm 和 89.8 nm。随高度增加，核模态粒径分布发生显著变化：8 m 处核模态和爱根模态的数浓度峰值与 1.5 m 处相比均显著下降，20 m 处核模态峰值与 8 m 处相比继续显著下降，爱根模态的峰值稍有下降，20 m 处核模态的峰结构基本消失；1.5 m 和 8 m 处核模态的峰值粒径均为 10.4 nm，四个高度处，随高度增加，爱根模态峰值粒径向大粒子方向偏移，由 1.5 m 处的 28.4 nm 增大为 20 m 处的 35.4 nm，20 m 和 38 m 处核模态粒径分布特性(包括峰值和峰值粒径)无显著差异。不同高度处积聚模态的峰值和峰值粒径无显著差异。

由图 6-27(b)知：测试Ⅱ时，主导风向平行于街道，1.5 m 处颗粒数浓度也呈包括爱根模态 1、爱根模态 2 和积聚模态的 3 峰分布，峰值粒径分别为 22.9 nm，35.2 nm 和 77.7 nm；8 m 处爱根模态 2 消失；与 1.5 m 处相比，20 m 处爱根模态 1 峰值随高度增加显著降低，峰值粒径向大粒子方向偏移，由 1.5 m 处的 22.9 nm 增大到 20 m 处的 28.4 nm；38 m 和 20 m 处爱根模态 1 的粒径分布无显著差异。四个高度处，随高度增加，积聚模态数浓度有一定程度的下降，而其粒径分布特性没有发生显著变化。

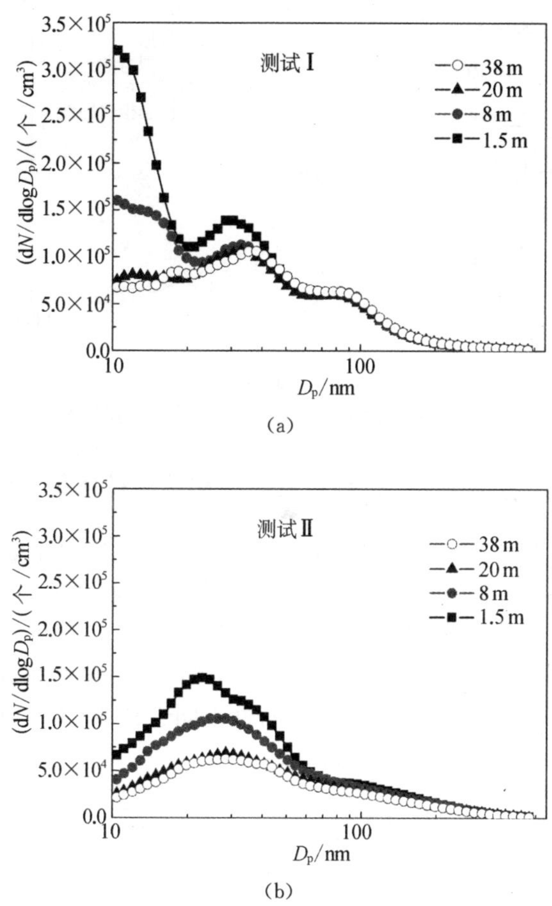

图 6-27　高度变化对平均颗粒粒径分布的影响

图 6-28(a)和(b)分别对测试Ⅰ和测试Ⅱ在 1.5 m 处的颗粒数浓度粒径分布进行了对数正态分布拟合，显然两者均呈 3 峰对数正态分布。

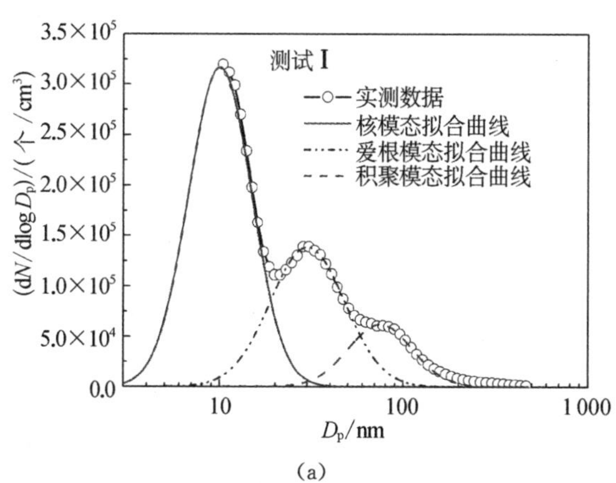

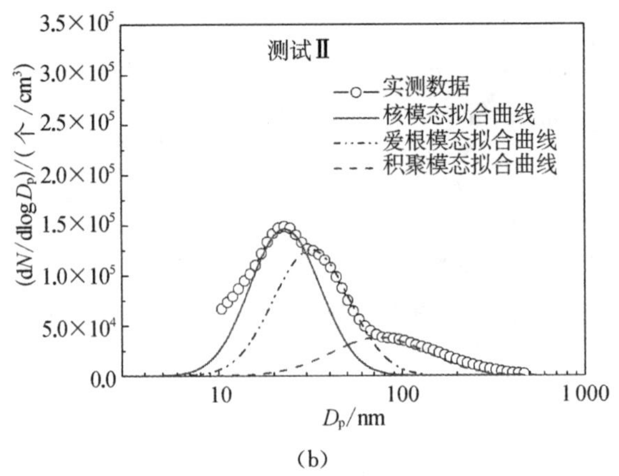

(b)

图 6-28　1.5m 高度处颗粒平均数浓度的测量值和拟合值

6.3.3　CO、$PM_{2.5}$、总颗粒数、总颗粒表面积和总颗粒体积浓度的垂直分布

为进一步研究超细颗粒的垂直分布特性，图 6-29 给出了测试Ⅰ和测试Ⅱ时 CO，$PM_{2.5}$，总颗粒数、总颗粒表面积以及总颗粒体积浓度随高度的变化，图中数据为每一测点所有采样的平均。测试Ⅱ时 CO，$PM_{2.5}$，总颗粒表面积以及总颗粒体积浓度分别为测试Ⅰ时的 1.5～3 倍左右，而测试Ⅰ时总颗粒数浓度为测试Ⅱ时的 1.5 倍左右，可见总颗粒数浓度的浓度特性不同于其他 CO，$PM_{2.5}$等污染物。

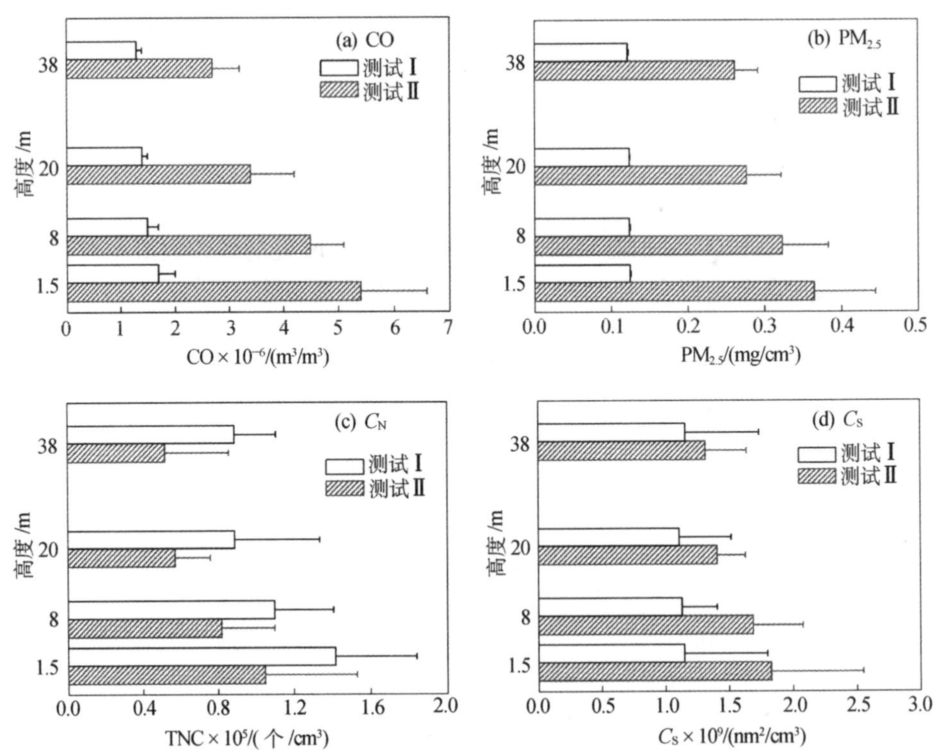

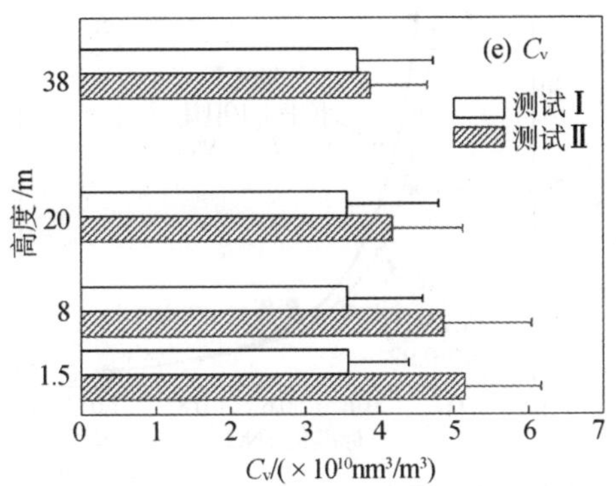

图 6-29　测试Ⅰ和测试Ⅱ时(a)CO,(b)$PM_{2.5}$,(c)总颗粒数 C_N,(d)总颗粒表面积 C_S 和(e)总颗粒体积浓度 C_V 及其标准差随高度的变化

根据测试结果,可以得到污染物浓度随高度变化的衰减公式,为消除城市背景污染物对街道峡谷内污染物的影响,污染物浓度采用下式进行归一化处理:

$$C_{\text{norm}} = \frac{C_i - C_b}{C_{1.5} - C_b} \tag{6-1}$$

上式中 C_i 表示不同高度处污染物的浓度,$i = 1.5$, 8, 20 和 38;C_b 为城市背景污染物浓度,图 6-30 给出了测试Ⅰ和测试Ⅱ时总颗粒数浓度、CO 和 $PM_{2.5}$ 归一化浓度衰减曲线。测试Ⅰ时 CO 和 $PM_{2.5}$ 的浓度衰减率明显低于测试Ⅱ时,而测试Ⅰ和测试Ⅱ时总颗粒数浓度的衰减率比较接近。测试Ⅰ和测试Ⅱ总颗粒数浓度的衰减率均大于 CO 和 $PM_{2.5}$ 的衰减率。例如测试Ⅰ和测试Ⅱ时,与 1.5 m 处相比,38 m 处 CO 分别下降 33%和 69%,总颗粒数浓度分别下降 72%和 85%。

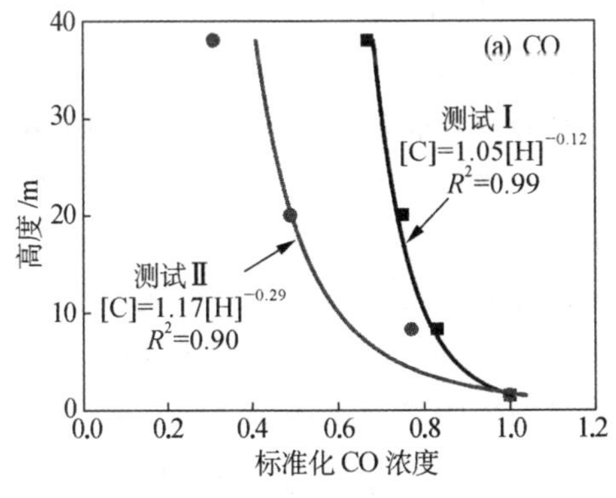

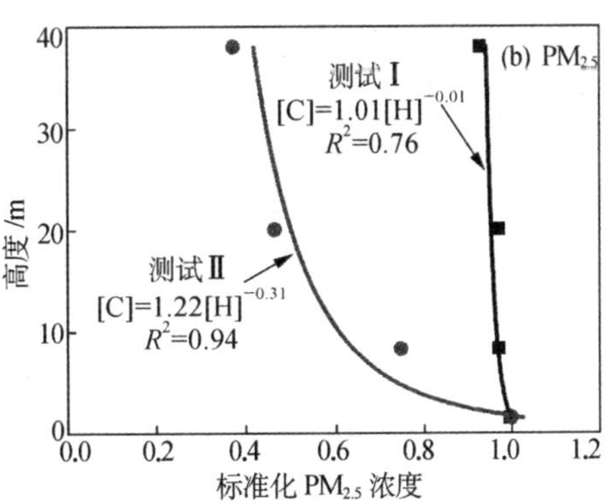

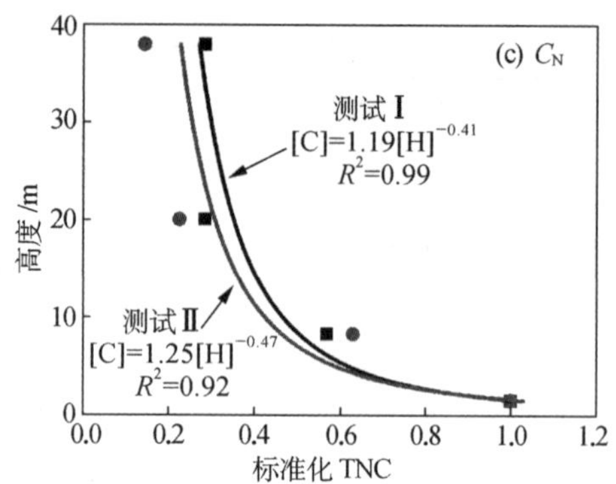

图 6-30　高度变化对归一化(a)CO,(b)$PM_{2.5}$和(c)总颗粒数浓度的影响

6.3.4　颗粒数浓度粒径分布垂直变化影响因素分析

测试Ⅰ和测试Ⅱ时,1.5m,8m 和 20m 三个高度处,高度变化对细颗粒的影响比对粗颗粒的影响显著,如随高度增加,核模态和爱根模态峰值显著降低,爱根模态的峰值粒径向大粒子方向偏移,而积聚模态的峰值和峰值粒径随高度增加无显著变化。

尽管两个测试时期的交通流量无大的差别,而两次测试时期污染物的浓度和污染物浓度垂直梯度有显著的差异,两个时期核模态粒子的差异与机动车排放的半挥发性组分的成核作用有关。燃料中的硫与过量的氧发生反应形成 SO_2 气体,部分 SO_2 被继续氧化成 SO_3,排气中的 SO_3 进入环境空气后遇 H_2O 形成 H_2SO_4 蒸汽,H_2SO_4 在极低的饱和蒸汽压下能够与 H_2O 发生均相成核作用形成 0.1～1 nm 左右的核液滴。当太阳辐射较强时,光化学作用促进半挥发性组分的产生[22,23],如发生 $SO_2+OH\rightarrow H_2SO_4$,成核作用增强。当环境空气中悬浮气溶胶的表面积浓度较低时,容易发生均相成核作用形成新的颗粒。测试Ⅰ时较强的太阳辐射可能导致了大量核模态粒子的产生。这与 Woo 等[24]和 Shi 等[25]的结果相一致。机动车排放 HC 和少量的硫酸等组分,这些组分为形成新粒子的成核前体物。发动机排气进入环境空气后,排气中的半挥发性组分的饱和度随气象条件如环境温度和湿度等参数而发生变化,当饱和度达到临界饱和度时,均相成核作用导致了临界核液滴的产生,然而环境空气中高浓度的悬浮颗粒会促使半挥发性组分在颗粒表面的大量凝结,从而抑制了半挥发性组分的成核或半挥发性组分在新形成的临界核液滴上的凝结。实验发现测试Ⅱ时总颗粒表面积和 $PM_{2.5}$ 的浓度均比测试Ⅰ时高 1.5～2 倍,这就表明测试Ⅱ时总悬浮颗粒的表面积明显高于测试Ⅰ时。排气中的凝结组分凝结于空气中的悬浮颗粒上从而抑制了核模态粒子的生成。因此测试Ⅰ时较低的悬浮颗粒数浓度可能促进了大量核模态粒子的形成。这与 Charron 等[26]和 Mönkkönen 等[27]的测试结果相一致。

测试Ⅰ和测试Ⅱ时总颗粒表面积、总颗粒体积、CO 和 $PM_{2.5}$ 浓度之间的差异可能与风速和风向条件有关。测试Ⅰ风速较高，主导风向垂直于街道，且迎风侧建筑高于背风侧，这种街道配置形式与 Assimakopoulos 等[28]描述的递升型街道峡谷相似。测试Ⅱ时，风速较低，主导风向平行于峡谷。不同配置形式的街道峡谷内空气和污染物扩散和传输方面的研究发现[261]，递升型街道峡谷内污染物容易被充分稀释，并且，增大峡谷内的湍流强度时街道水平污染物浓度显著降低。有利的风速和风向条件可能导致了测试Ⅰ时总颗粒表面积浓度、总颗粒体积浓度、CO 和 $PM_{2.5}$ 浓度低于测试Ⅱ时。由于颗粒在传输过程中受到凝并或沉降等动力学作用，无论风向如何变化，即无论是递升街道峡谷还是风向平行于街道峡谷时，总颗粒数浓度的衰减率总大于 $PM_{2.5}$ 和 CO 浓度的衰减率[29]。

6.4　本章小结

本章研究了机动车颗粒物道路排放特征及其对环境的影响，主要结论如下：

(1) 不同类型道路，由于其车流量、车流构成以及车速的不同，路旁测得的超细颗粒数浓度和质量浓度、CO 以及 PM_1 存在明显差异。总颗粒平均数浓度与 CO 平均浓度之间明显线性相关，相关系数约为 0.7，在高速公路旁该相关性尤为明显。

(2) 超细颗粒数浓度和质量浓度随时间分布变化明显，与车流量变化密切相关。超细颗粒数浓度随车流量的增大而增大；上午车流高峰期测得的超细颗粒数浓度和质量浓度明显高于下午车流高峰期，超细颗粒最大数浓度和质量浓度的出现时段均为上午车流高峰期。

(3) 风向、风速及横向距离对超细颗粒道路实验结果影响显著。下风向超细颗粒数浓度随风速增大而明显减小。而随横向距离的增加，数浓度和质量浓度峰值均显著下降，而其峰值粒径变化较小。对于数浓度分布，不同距离处积聚模态的峰值和峰值粒径变化较小。同时可以得出，随着距离的增加，超细颗粒数浓度分布平均粒径增大。106 m 处相对于 17 m 处，其平均颗粒数浓度分布平均粒径增大了约 12 nm。

(4) 街道峡谷内不同高度处，颗粒数浓度包含 2～3 个峰的对数分布特性，1.5 m，8 m 和 20 m 处，随高度增加，颗粒粒径分布发生显著变化，核模态和爱根模态显著降低，爱根模态峰值粒径向大粒子方向迁移，积聚模态的数浓度粒径分布变化不显著，38 m 和 20 m 处相比较颗粒粒径分布无显著变化。

(5) 车流量无显著变化时，气象条件对街道峡谷内的悬浮颗粒物浓度分布显著相关。实验结果表明，强的太阳辐射可促进新颗粒物形成，造成较高的超细颗粒物浓度；低风速以及风向平行于街道峡谷时，总颗粒表面积浓度，总颗粒体积浓度、

$PM_{2.5}$和 CO 浓度均高于高风速以及递升型街道峡谷的情况。

(6) 幂函数能较好地反映街道峡谷内污染物浓度(除去环境背景浓度)的垂直衰减率,由于颗粒在传输过程中受到凝并或沉降等动力学作用,无论风向如何变化,即无论是递升街道峡谷还是风向平行于街道峡谷时,总颗粒数浓度的衰减率总大于 $PM_{2.5}$和 CO 浓度的衰减率。

参考文献

[1] Wehner B, Philippin S, Wiedenshler A, et al. Volatility of aerosol particles next to a highwy [J]. J. Aerosol Sci., 2001,32: S117 - S118.

[2] 王嘉松,陈达良,宁治,等.不同人类汽车排放超细微粒特性的实验研究[J].环境科学,2006,27:2382 - 2385.

[3] 阚海东,陈秉衡,贾健.上海市大气污染与居民每日死亡关系的病例交叉研究[J].中华流行病学杂志,2003,24:863 - 867.

[4] Settumba N. A comparison of diffusive transport in a moment method for nanoparticle coagulation [J]. J. Aerosol Sci., 2004,35:93 - 101.

[5] Yamartino R J, Wiegand G. Development and evaluation of simple models for the turbulence and pollutant concentration fields within an urban street canyon [J]. Atmos. Environ., 1986,20:2137 - 2156.

[6] Hassan A A, Crowther J M. Modelling of fluid flow and pollutant dispersion in a street canyon [J]. Environ. Monit. Assess., 1998,52:281 - 297.

[7] Kastner-Klein P, Plate E J. Wind-tunnel study of concentration fields in street canyons [J]. Atmos. Environ., 1999,33:3937 - 3979.

[8] Chan T L, Dong G. Validation of a two-dimensional pollutant dispersion model in an isolated street canyon [J]. Atmos. Environ., 2002,36:861 - 872.

[9] Vardoulakis S, Fisher BEA, Gonzalez-Flesca N, et al. Model sensitivity and uncertainty analysis using roadside air quality measurements [J]. Atmos. Environ., 2002,36:2121 - 2134.

[10] 王嘉松,黄震.应用不同湍流模式预测城市街道峡谷的大气环境[J].上海交通大学学报,2002,36(10):1496 - 1499.

[11] Ketzel M, Wahlina P, Berkowicza R. Particle and trace gas emission factors under urban driving conditions in Copenhagen based on street and roof-level observations Finn Palmgrena [J]. Atmos. Environ., 2003,37:2735 - 2749.

[12] 屠晓栋.发动机排放与城市道路超细颗粒物特性研究[D].上海交通大学,2007.

[13] Pirjola L, Kulmala M. Modelling the formation of H_2SO_4 - H_2O particles in rural, urban and marine conditions [J]. Atmos. Res., 1998,46:321 - 347.

[14] Molnár P, Janhäll S, Hallquist M. Roadside measurements of fine and ultrafine

particles at a major road north of Gothenburg [J]. Atmos. Environ., 2002, 36: 4115-4123.

[15] Imhof D, Gartner E W, Ordonez C, et al. Real-world emission factors of fine and ultrafine aerosol particles for different traffic situations in switzerland [J]. Environ. Sci. Technol., 2005, 39: 8341-8350.

[16] Longley I D, Inglis D W, Gallagher MW. Using NO_x and CO monitoring data to indicate fine aerosol number concentrations and emission factors in three UK conurbations [J]. Atmos. Environ., 2005, 39: 5157-5169.

[17] Ketzel M, Wahlina P, Berkowicza R. Particle and trace gas emission factors under urban driving conditions in Copenhagen based on street and roof-level observations Finn Palmgrena [J]. Atmos. Environ., 2003, 37: 2735-2749.

[18] Zhu Y F, Kuhn T, Mayo P, et al. Comparison of daytime and nighttime concentration profiles and size distributions of ultrafine particles near a major highway [J]. Environ. Sci. Technol., 2006, 40: 2531-2536.

[19] Zou X D, Shen Z M, Yuan T, et al. Shifted power-law relationship between NO_2 concentration and the distance from a high way: a new dispersion model based on the wind profile model [J]. Atmos. Environ., 2006, 40: 8068-8073.

[20] Li X L, Wang J S, Tu X D, et al. Vertical variations of particle number concentration and size distribution in a street canyon in Shanghai, China [J]. Sci. Total Environ., 2007, 378: 306-316.

[21] 王嘉松,陈达良,宁治,等. 城市道路CO和$PM_{2.5}$浓度分布的线源模型预测及现场观测[C]. 第十三届全国大气环境学术会议,2006,92-97.

[22] Seinfeld J H, Pandis S N, Atmospheric chemistry and physics: from air pollution to climate change [M]. New York: John Wiley & Sons, Inc., 1998.

[23] Pirjola L, K ulmala M. Modelling the formation of $H_2SO_4-H_2O$ particles in rural, urban and marine conditions [J]. Atmos. Res., 1998, 46: 321-347.

[24] Woo K S, Chen D R, Puid Y H, et al. Measurement of Atlanta aerosol size distributions: Observations of ultrafine particle events [J]. Aerosol Sci. Technol., 2001, 34: 75-87.

[25] Shi J P, Khan A A, Harrison R M. Measurements of ultrafine particle concentration and size distribution in the urban atmosphere [J]. Sci. Total Environ., 1999, 235, 51-64.

[26] Charron A, Harrison R M. Primary particle formation from vehicle emissions during exhaust dilution in the roadside atmosphere [J]. Atmos. Environ., 2003, 37: 4109-4119.

[27] Mönkkönen P, Uma R, Srinivasan D, et al. Relationship and variations of aerosol number and PM_{10} mass concentrations in a highly polluted urban environment-New,

Delhi, India [J]. Atmos. Environ. , 2004,38:425 - 433.

[28] Assimakopoulos V D, ApSimon H M, Moussiopoulos N. A numerical study of atmospheric pollutant dispersion in different two-dimensional street canyon configurations [J]. Atmos. Environ. , 2003,37:4037 - 4049.

[29] Ketzel M, Berkowicz R. Modelling the fate of ultrafine particles from exhaust pipe to rural background: an analysis of time scales for dilution, coagulation and deposition [J]. Atmos. Environ. , 2004,38:2639 - 2652.

第 7 章　高速公路环境大气颗粒物理化特性及其来源解析

发动机颗粒物排放的理化特性存在明显的粒径分布特征，并受到发动机燃料性质和运行条件的影响。机动车尾气颗粒从“机动车”排入“道路”实际大气环境中后，除其数量浓度的粒径分布特征会发生明显改变外，颗粒物的其他理化特性同样将会受到众多其他环境因素的影响而发生变化，因此台架实验很难模拟实际大气条件下机动车颗粒物排放的理化特性。由于高速公路边测得的大气悬浮颗粒物主要来源于机动车排放，受到其他排放源的影响较小，因此高速公路边通常被用作测试机动车排气颗粒物从“机动车”到“道路”阶段实时特征的监测地点。对于不同的车流构成、车流量和气象条件，高速公路边大气悬浮颗粒物的理化特性亦存在差异。

本实验现场测试了上海市 A4 高速公路边白天及夜晚两个时间段大气悬浮颗粒物的理化特性，并将其与背景大气颗粒物的理化特性进行对比，分析了交通状况、气象条件等对颗粒物理化特性的影响。环境颗粒物样品采用 MOUDI 采样器收集，实验测试了不同粒径条件下颗粒物的理化特性，分析内容包括颗粒物质量浓度、形貌特征、金属元素、有机碳（OC）、元素碳（EC）、水溶性无机离子及 16 种 EPA 优先控制的多环芳烃成分（PAHs）。并根据道路实验的结果，使用正交矩阵因子（PMF）源解析模型分析了柴油机车和汽油机车对路边大气悬浮细（$PM_{1.8}$）及超细（$PM_{0.18}$）颗粒物的不同贡献率，据此改进了基于燃油消耗的机动车颗粒物排放因了的计算方法，得出不同类型机动车细及超细颗粒物主要成分的排放因子。

7.1　颗粒物采集及分析方法

如图 7－1 所示，本次实验选取了高速公路边和环境背景两个采样点。高速公路采样点位于 A4 高速公路的下风处，距离高速公路边线 2 m 左右。背景采样点选在上海交通大学机械 C 楼楼顶，为 A4 公路上风处，距离 A4 公路 1.4 km。A4 高速公路为南北双向 6 车道，其车流量特征通过不同时段的人工记录平均而得，每次记录间隔为 3 h，记录时间为 10 min，重型车为柴油车，而轻型车绝大多数为汽油车。本次实验于 2010 年 5 月底至 7 月初进行，期间上海地区主导风向为东南风。表 7－1 中列出了采样期间相关气象及交通流量特征。实验共采集了高速公路白天、夜间及背景三种大气颗粒物样品。路边白天样品采集时间为每天上午 7 点至傍晚 6 点 45 分，持续 4 天，夜间样品由傍晚 7 点至次日上午 6 点 45 分，亦持续 4 天，背景样品采样时间为连续的 72 h。在本次实验中共获得路边白天、夜间样品各四组，背景环境背景样品三组，文中所列数据均为相同实验条件下的平均值。

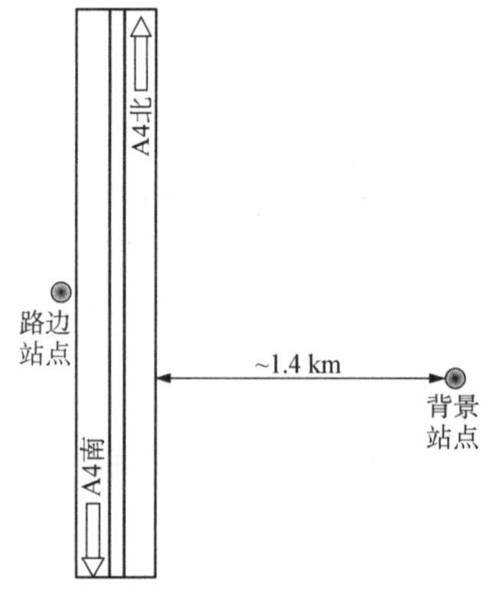

图 7－1　采样点位置示意图

表 7－1　采样点气象数据及交通流量统计

	白天	夜晚	背景
温度/℃	26.8±3.0	18.7±3.2	24.3±5
相对湿度/%	68±13.4	86±11.5	76±16.2
风速/(m/s)	2.0±0.87	3.1±1.2	3.2±1.4
重型车/(辆/h)	835±142	353±76	—
轻型车/(辆/h)	2312±247	1384±183	—

区分粒径的颗粒物样品通过 MOUDI 多级采样器获得。由于机动车颗粒物排放集中在细颗粒范围内，本次实验仅对 7 种粒径小于 3.2 μm 的颗粒物样品进行理化特性分析，其动力学粒径范围分别为 56～100 nm，100～180 nm，180～320 nm，320～560 nm，560～1000 nm，1000～1800 nm，1800～3200 nm。实验所用滤膜及其称重处理方法与第 4 章完全相同。颗粒物形貌分析采用透射电镜 TEM(Tecnai G2 20 S-TWIN)，TEM 样品采用超声方法制得，详细过程见第 3 章中的介绍。颗粒物样品中金属元素采用 TEM 配套的能量弥散 X 射线谱(EDS，Oxford Instrument)同时测得。颗粒物主要成分的分析包括 OC，EC，水溶性无机离子(K^+，Mg^{2+}，Ca^{2+}，Na^+，NH_4^+，Cl^-，NO_3^- 和 SO_4^{2-})及 16 种 EPA 优先控制的 PAHs。

7.2　颗粒物形貌特征及其金属成分

图 7－2 为高速公路边三种不同粒径颗粒物样品的形貌特征。如图所示，在 56～100 nm 及 180～320 nm 的范围内，路边颗粒物样品包含大量粒径在 25 nm 左右的

基本颗粒，其形貌与第 3 章中柴油机颗粒物样品十分相似。图 7－3 的高分辨率电镜图像也表明，此类颗粒物有着明显的条形碳层结构，部分基本颗粒呈现出典型的壳-核结构，可以看出，机动车颗粒物排放在小尺寸粒径范围内对大气颗粒物有明显影响，而在 1000～1800 nm 的粒径范围内，颗粒物样品呈现出完全不同的形态特征。在此粒径范围内，基本颗粒尺寸为 100 至数百纳米，其内部碳层短小无序，呈现明显的非晶态特征，此类碳颗粒一般被称为焦炭颗粒(char)，主要来源于燃煤或其他低温碳烧源的产物，发动机内燃油在不完全燃烧情况下也可能产生此类碳颗粒，但含量较低[1]。

56~100 nm

180~320 nm

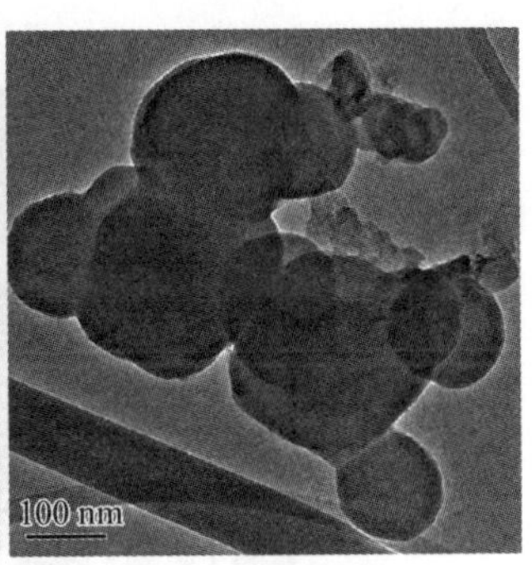

1 000~1 800 nm

图 7－2　高速公路边不同粒径颗粒物样品的形貌特征

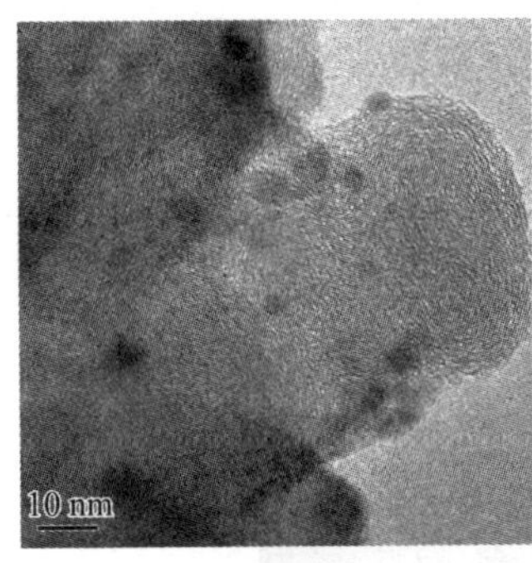

56~100 nm

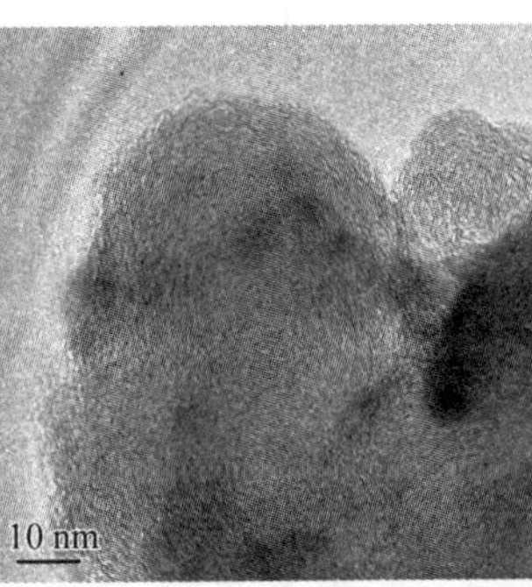

180~320 nm

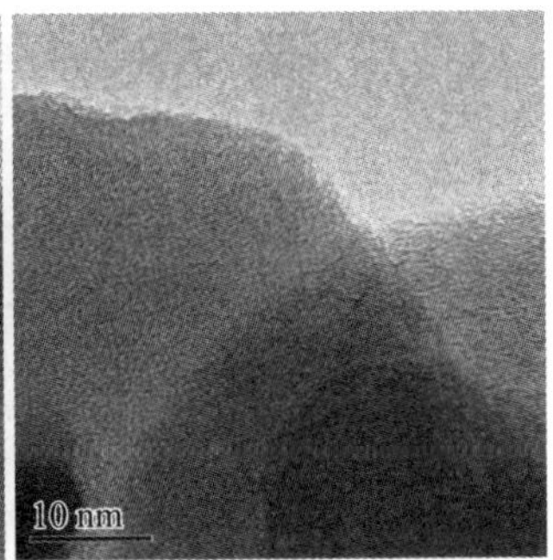

1 000~1 800 nm

图 7－3　高速公路边不同粒径颗粒物样品的微观结构特征

图 7－4(彩图见附录)为高速公路边不同粒径颗粒物样品的 EDS 检测结果。可以发现高速公路边的颗粒物样品中含有多种金属元素，如 Fe，Ca，Zn，Pb，Mn 等。一般来说，路边颗粒物样品中的金属元素主要来源于路面扬尘、机动车润滑油以及燃料中的微量金属元素。如图所示，随着颗粒物动力学粒径的增加，颗粒物样品中所包含的金属元素的种类也更加丰富。

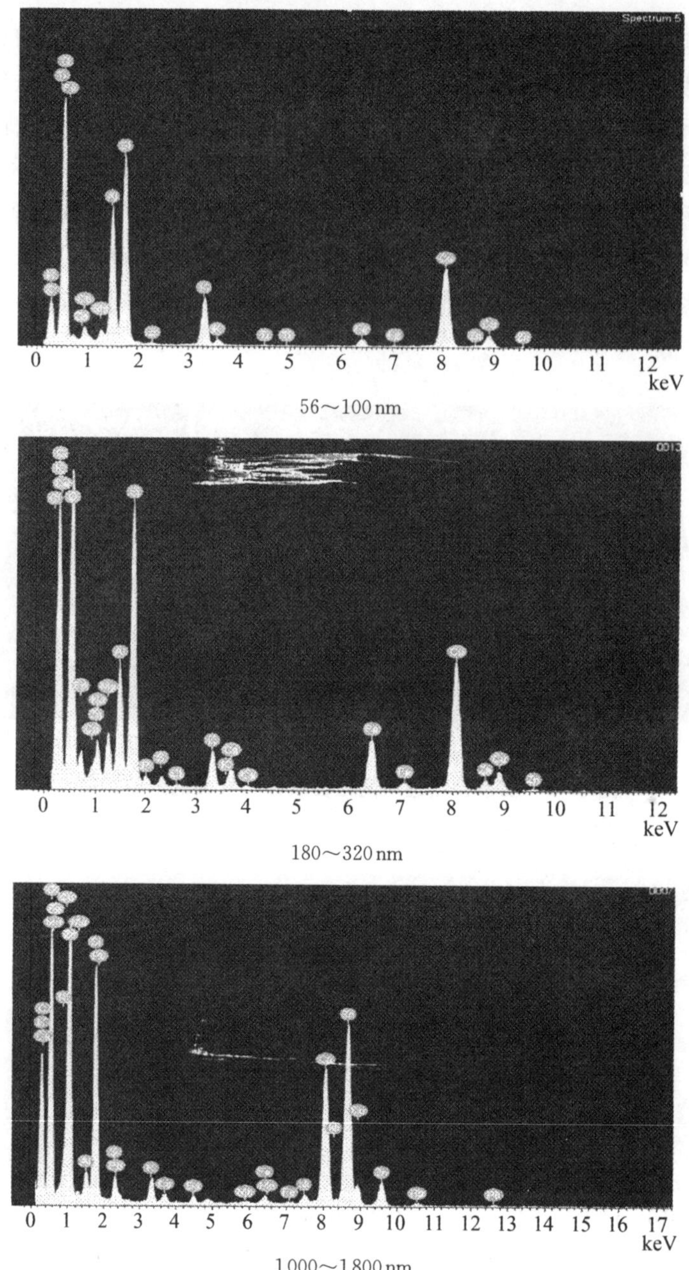

56～100 nm

180～320 nm

1000～1800 nm

图 7-4　高速公路边不同粒径颗粒物样品 EDS 结果

7.3　颗粒物质量浓度及其尺寸分布特征

图 7-5(a)为不同采样条件下，环境颗粒物总质量的粒径分布特征。由于其不

同的形成方式，细颗粒可被分为凝结态(condensation mode)和聚集态(droplet mode)两种模态[2]。在路边颗粒物样品中，这两种模态的分布尤为明显。细颗粒尺寸范围内(<1.8 μm)，凝结态对应颗粒物浓度峰值出现在动力学粒径范围 0.18～0.32 μm，聚集态对应峰值出现在 0.56～1 μm 粒径范围内。而在背景样品中，在细颗粒物尺寸范围内，颗粒物浓度呈单峰分布，对应峰值出现在聚集模态。路边白天、路边夜晚及背景样品中，凝结态颗粒物(0.05～0.56 μm)质量浓度分别为 45.8 μg/m³，44.7 μg/m³ 和 22.9 μg/m³，而在聚集态中(0.56～1.8 μm)，对应颗粒物质量浓度分别为 61.6 μg/m³，42.3 μg/m³ 和 44.7 μg/m³。取白天与夜间路边样品的均值，凝结态颗粒物质量浓度较背景浓度上升了 97.6%，而聚集态颗粒物浓度上升了 16.1%。该结果表明，机动车颗粒物排放对环境颗粒物的浓度有明显影响，尤其是在凝结态粒径范围内。一些柴油机及汽油机的台架实验也表明[3,4]，发动机颗粒物排放集中在 0.1～0.4 μm 粒径范围内，对应路边样品中的凝结态颗粒物。而在聚集态，路边样品与背景样品之间的差别不如凝结态那么明显，表明在路边环境空气中，聚集态颗粒物主要来源于背景大气。

7.4　颗粒物中 OC、EC 浓度及其尺寸分布特征

含碳成分(EC，OC)是机动车颗粒物排放的最主要组成[4]。背景采样点大气颗粒物中的含碳成分比例为 22%，而在路边大气细颗粒物中这一比例上升为 37%。图 7-5(b)，(c)为颗粒物中 EC，OC 成分质量浓度的粒径分布情况。如图 7-5(b)所示，在背景大气颗粒物中，EC 颗粒物质量浓度呈单峰分布，峰值浓度出现在 0.32～0.56 μm 粒径范围内，而在路边样品中 EC 峰值浓度出现在 0.18～0.32 μm 的凝结态颗粒物粒径范围内，在 1 μm 左右的粒径范围，EC 呈现微弱的聚集模态。路边样品中 EC 在凝结态的富集显示了明显的机动车颗粒物排放作用效果，其尺寸分布特征与发动机台架实验结果类似[3]。在质量浓度方面，细颗粒物中 EC 质量浓度由背景值的 7.4 μg/m³ 上升至路边采样点的 13.1 μg/m³(路边白天、夜间样品均值)，上升了 77%。对 EC 的分析表明，机动车颗粒物排放不仅导致环境气溶胶中 EC 浓度的明显上升，而且颗粒物中的 EC 成分更集中于小尺寸的凝结态范围。

如图 7-5(c)所示，背景大气细颗粒物中 OC 亦呈现单峰分布，其峰值出现在 0.56～1 μm 聚集态范围内，而在路边样品中，OC 除在聚集态呈现峰值外，在 0.18～0.32 μm 粒径范围内亦表现出了微弱的凝结态分布。与 EC 不同，在路边样品中，聚集态在 OC 质量浓度分布中占统治地位。一般说来，颗粒物中 OC，EC 的比值可用来衡量二次有机气溶胶在颗粒物中所占的比例，即颗粒物在大气进程中时间

的长短。OC/EC 值越高，二次有机气溶胶所占比例越大，颗粒物在大气进程中的作用时间越长，反之越短。图 7-6 为 OC/EC 值的粒径变化规律。由图可知，路边及背景样品中，OC/EC 随着动力学粒径的增加均呈现先减小后增大的趋势。在大粒径范围 $PM_{0.56\sim1.8}$ 中，路边颗粒物样品中 OC/EC 的平均值为 2.8，明显高于小粒径颗粒物 $PM_{0.056\sim0.32}$ 中的比值（OC/EC＝1），该结果表明聚集态颗粒物经历了较长的大气作用过程，其主要来源为环境背景颗粒物。而在最小的颗粒物粒径范围内（$PM_{0.056\sim0.1}$），路边颗粒物 OC/EC 的比值为 1.2，略微上升的 OC/EC 比值主要由于在此粒径范围内凝结的气态 HC 对 OC 的贡献。在路边样品中 OC 微弱的凝结态分布与台架实验中 OC 粒径分布的峰值对应，体现了机动车排放的作用效果，然而其作用效果远不如机动车排放对路边样品中 EC 作用效果明显。

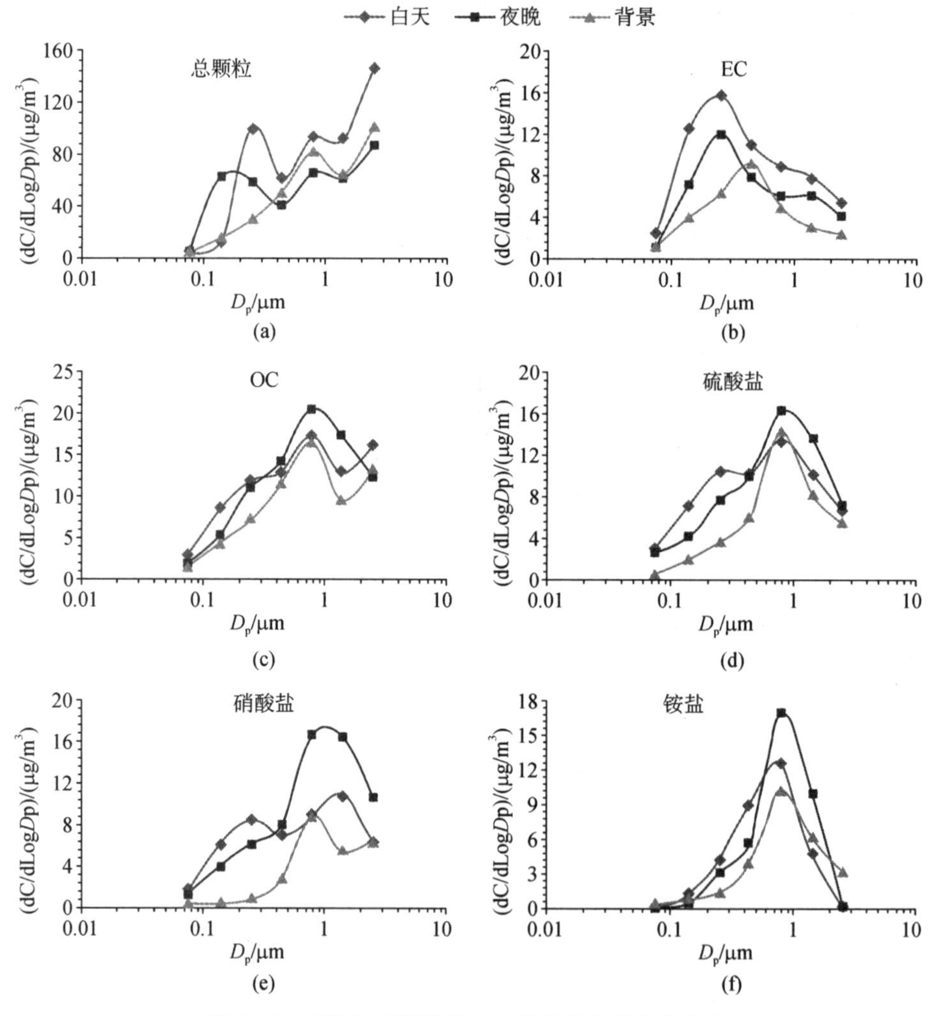

图 7-5　颗粒物质量及其主要成分的粒径分布特征

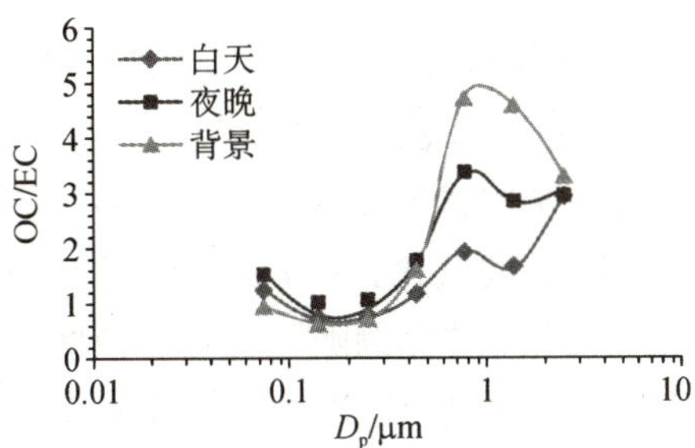

图 7-6　颗粒物样品中 OC/EC 的粒径分布特征

对比路边白天与夜间的颗粒物样品，由于白天机动车数量明显高于夜间，白天样品中 EC 质量浓度在每个粒径范围内均高于夜间样品。在聚集模态，夜间颗粒物样品中的 OC 质量浓度要高于白天，这主要是由于夜间较低的对流层高度对环境颗粒物的富集效果，这同时也进一步说明了机动车颗粒物排放对聚集态 OC 质量浓度的影响十分有限。

使用 IMPROVE 的热光反射分析法可将颗粒物中的碳成分进一步分为 OC1 - OC4，OP 和 EC1 - EC3 八种组分。根据不同的排放源特征，这八种组分可用以区分颗粒物的不同来源[5-7]。简单说来，OC1，OP 主要与生物质的燃烧相关，EC2，EC3 主要来源于柴油机排放，而 OC2，OC3，OC4，EC1 则主要来源于汽油机排放及煤的燃烧。图 7-7 为不同粒径的路边颗粒物样品中，八种碳成分在总碳排放中

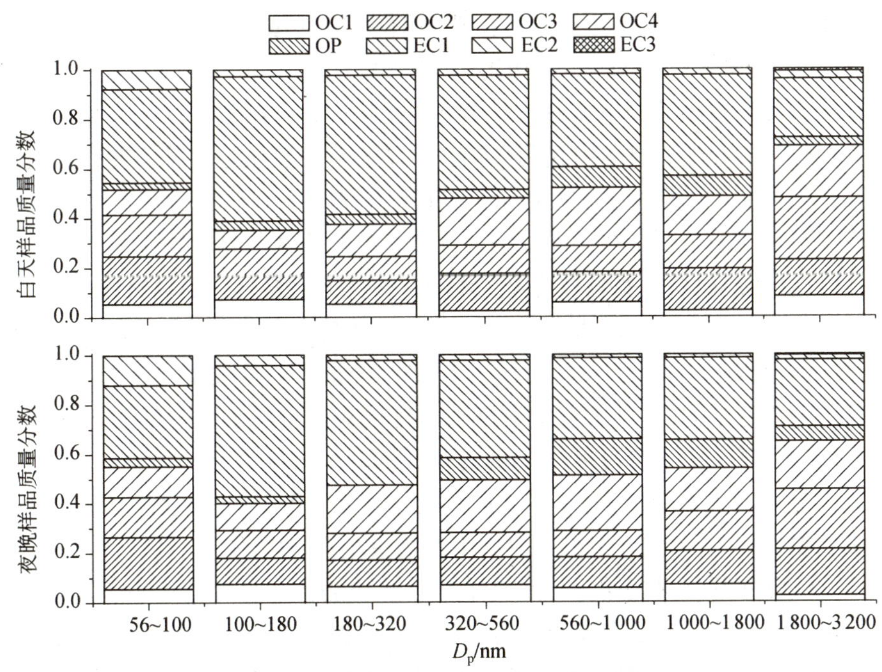

图 7-7　颗粒物样品中不同碳成分质量分数的粒径分布特征

所占的比例。如图所示,在不同的颗粒物样品中,EC1, OC2, OC3, OC4 均为颗粒物碳排放中最主要的成分。由于环境颗粒物中包含种类丰富的金属元素,金属元素可在碳烟的氧化过程中起到催化剂的作用,可能导致在热光反射法(TOR)分析过程中,元素碳在较低的温度下被氧化,这也是导致 EC1 比例较高的可能原因之一。在不同粒径的颗粒物中,EC2 的比例随颗粒物粒径增加而减少,这表明了柴油机碳烟排放在超细颗粒粒径范围内更加明显的作用效果。Zhu[8] 等在公路隧道环境下悬浮颗粒物的研究中发现,EC2 在小于 100 nm 的含碳颗粒物成分中占了 50%,而在小于 2.5 μm 的粒径范围内仅占了 1.65%。

7.5 颗粒物中水溶性无机离子的浓度及其尺寸分布特征

水溶性无机盐是大气颗粒物的重要成分之一,在路边白天,夜晚及背景样品中,水溶性无机盐分别占了细颗粒质量浓度的 37.7%, 45.4%和 40%。其中硫酸盐、硝酸盐及铵盐又是水溶性无机盐的最主要成分。

7.5.1 硫酸盐

图 7-5(d)为颗粒物中硫酸盐成分的粒径分布,与 OC 的分布相似,在背景样品中,硫酸盐呈现单峰分布,峰值出现在 0.56～1 μm 的聚集态范围内,而在路边样品中除聚集态出现峰值外,硫酸盐亦表现出凝结态分布。路边细颗粒物样品中,硫酸盐的质量浓度为 14.4 $\mu g/m^3$,而在背景样品中的浓度为 9 $\mu g/m^3$,在凝结态($PM_{0.05\sim0.56}$)和聚集态($PM_{0.56\sim1.8}$)硫酸盐的增幅分别为 130%和 30%,该结果表明机动车排放对环境颗粒物中硫酸盐的影响主要集中在凝结态。这一现象可从环境颗粒物中硫酸盐的形成过程中找到解释。凝结态中的硫酸盐成分主要是通过气相反应获得[9],如 SO_2 气体与大气中 H_2O_2 氧化生成 SO_3,进而与水作用生成硫酸,液态或气态的硫酸可凝结在已形成的大气颗粒物表面或与颗粒物中其他成分反应形成硫酸盐成分,而聚集态颗粒物需要经过一系列复杂的大气进程才能形成,如凝结,碰撞,合并等。在典型的大气 SO_2 和 H_2O_2 浓度条件下,Zhuang[9] 等人的研究表明,凝结态硫酸盐的形成时间,大约为 10 min,而聚集态硫酸盐的形成则需要 10 h 或更长。基于这个原因,本次实验中机动车排放对凝结态硫酸盐的明显作用可以得到合理的解释。由于路边采样点比较靠近机动车的排气管,因此机动车排气中的 SO_2 可通过与大气中的 H_2O_2 或 O_3 等成分的氧化作用形成硫酸盐成分,存在于凝结态颗粒物中,从而没有足够的时间生长为聚集态颗粒物。

与 OC 成分类似,在聚集态,夜晚样品中的硫酸盐成分要高于白天样品,这也表明了机动车排放对聚集态硫酸盐的有限影响。路边颗粒物样品中硫酸盐成分与 OC 成分类似的尺寸分布特征及昼夜变化规律表明硫酸盐与 OC 成分有着类似的大气演变过程。

7.5.2 硝酸盐

图 7－5(e)为硝酸盐质量浓度的粒径分布特征。与硫酸盐浓度的粒径分布类似，硝酸盐在路边样品中呈现双峰分布，而在背景样品为单峰分布，峰值出现在集聚模态。在细颗粒物中，硝酸盐的质量浓度为 12.5 $\mu g/m^3$，相比背景样品，其浓度增加了 155%，并且在所测量的全粒径范围内，均表现出明显的增加效果，这表明机动车排放对大气颗粒物在凝结态、聚集态均表现出了明显的影响效果。与硫酸盐类似，环境颗粒物中的硝酸盐成分很少直接来自于排放源，主要是通过 NO_x 排放转化而来。由于在大气进程中，NO_x 转化为硝酸盐的效率比 SO_2 转化为硫酸盐的速率快一个数量级[10]，因此在路边样品中硝酸盐的增加率要高于硫酸盐。颗粒物中硝酸盐与硫酸盐的比值可用来衡量移动源、固定源排放在环境颗粒物中的贡献程度[11]。固定源排放一般是指电厂燃煤排放，其较高的 SO_2 排放会导致环境颗粒物中的硫酸盐比例明显上升，而移动源即机动车排放，其中氮氧化物是其主要排放气体，也就是说移动源是环境颗粒物中硝酸盐的主要来源。在本次实验中，路边样品中的 NO_3^-/SO_4^{2-} 值为 0.90，明显大于背景样品中的 0.57，该结果表明了机动车排放对环境颗粒物中硝酸盐成分的明显影响。

对比路边白天和晚上的颗粒物样品，在细颗粒物中硝酸盐质量浓度分别为 11.4 $\mu g/m^3$ 和 13.6 $\mu g/m^3$，夜间样品中的硝酸盐浓度要明显高于白天。该结果表明除了车流量外，颗粒物中的硝酸盐成分仍受到其他因素的明显影响。环境颗粒物中的硝酸盐一般是以硝酸铵的形式存在的，由于其不稳定的化学特性，环境温度、湿度也是影响硝酸盐浓度的重要因素[12]。在较高的环境温度及较低的湿度条件下，硝酸铵易分解为气态的硝酸蒸汽及氨气。考虑到白天采样期间相对夜间较高的环境温度及较低的湿度，硝酸铵的分解可能是导致白天样品中较低的硝酸盐浓度的可能原因之一。

7.5.3 铵盐

图 7－5(f)为铵盐在不同样品条件下质量浓度的粒径分布特征。如图所示，在路边白天、夜间及背景样品中，硝酸盐均表现为单峰分布，峰值出现在 0.56～1 μm 的粒径范围内，其质量浓度分别为 7.9 $\mu g/m^3$，9.2 $\mu g/m^3$ 和 6.0 $\mu g/m^3$。

铵盐一般是由氨气通过与其他酸性物质的气相或液相反应生成，在颗粒物中常见的存在形式为 $(NH_4)_2SO_4$，NH_4NO_3 及 NH_4Cl。由于在路边环境下，受机动车排放的影响，气态的硝酸和硫酸有着较高的浓度，而氨气是用以中和酸性气体的最主要物质，通过考查 NH_4^+，SO_4^{2-}，NO_3^- 的摩尔数比例，即可粗略确定颗粒物酸性的强弱。当 $[NH_4^+]/(2\times[SO_4^{2-}]+[NO_3^-])$ (氨化率)的值等于 1 时，表明硫酸、硝酸被氨气完全中和，该值越趋近于 0 表明颗粒物的酸性越强[13]。图 7－8 为不同粒径范围内路边颗粒物样品的氨化率。在凝结态颗粒物中（$PM_{0.05\sim0.56}$），平均氨化率为 0.28，明显低于聚集态颗粒（$PM_{0.56\sim1.8}$）的氨化率 1.3，该结果表明随着颗粒物粒径的降低，颗粒物酸性增强。Grose 等[14]的研究表明，在超细颗粒中，由于氨气与硫酸的中和形式主要表现为亚硫酸铵，证明了硫酸与铵气的不完全中和。由于在路边样品中，凝结模态的颗粒物一般是来源于刚离开排气管的机动车排放，其中酸性物质（如液态的硫酸和硝酸）还没有足够的时间被氨气完全中和，从而导致凝结态颗粒物相对聚集态较强的酸性。

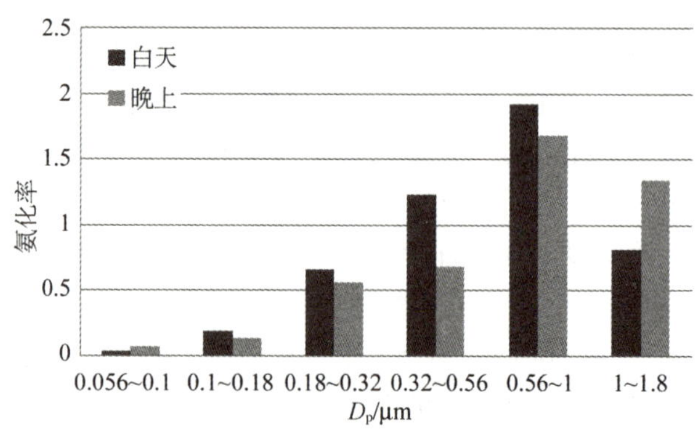

图 7－8　氨化率的粒径分布特征

7.5.4　氯离子和钠离子

表 7－2 列出了 $PM_{1.8}$ 及 $PM_{0.18}$ 中 Cl^- 和 Na^+ 的质量浓度。由于上海是海滨城市，当东南风盛行的时候，海盐是环境颗粒物中 Cl^- 和 Na^+ 的主要来源，在海盐中 Cl^- 和 Na^+ 质量浓度的特征比例为 1.8[15-17]。本次实验期间，东南风为主导风向，在背景细颗粒物中 Cl^-/Na^+ 的值为 1.6，接近于海盐中的 1.8，表明环境颗粒物中的氯盐和钠盐主要来源于海盐。而在路边样品中，该比例明显降低，比值在 0.5～0.9 的范围内。较低的 Cl^-/Na^+ 值表明了机动车排放对氯盐和钠盐的可能影响。由于在路边细颗粒物样品中 Mg^+ 和 Na^+ 的质量浓度比例为 0.09，接近海盐中的 0.12，表明 Cl^-/Na^+ 值的降低可归因于氯离子的消耗，而并非额外的钠盐富集造成。根据 Yao[18]等人的建议，本文通过 $[(Cl^-_{ss}-Cl^-_{meas})/Cl^-_{ss}]\times100\%$ 来计算氯离子的消耗程度。其中 $Cl^-_{ss}=1.8\times Na^+_{meas}$；$Cl^-_{meas}$ 和 Na^+_{meas} 为样品中 Na^+ 和 Cl^- 的质量浓度。在本次实验中，路边样品 $PM_{1.8}$ 中氯离子的消耗比例为 62%，在 $PM_{0.18}$ 中的消耗比例为 60%。在不同的粒径范围内，路边样品均表现出了明显的氯离子消耗，这主要可归因于机动车排放造成环境中较高硫酸或硝酸浓度。硫酸与硝酸可与海盐发生下列反应生成气态的盐酸挥发到大气中，从而导致环境颗粒物中氯离子

的消耗。

$$HNO_{3(g)} + NaCl = NaNO_3 + HCl_{(g)} \quad (7-1)$$

$$H_2SO_{4(g)} + 2NaCl = Na_2SO_4 + 2HCl_{(g)} \quad (7-2)$$

表 7-2　$PM_{1.8}$ 和 $PM_{0.18}$ 中部分水溶性离子的质量浓度

	白天		夜晚		背景	
	$PM_{0.18}$	$PM_{1.8}$	$PM_{0.18}$	$PM_{1.8}$	$PM_{0.18}$	$PM_{1.8}$
Cl^-	1.73	3.84	1.22	3.34	1.10	3.18
Na^+	1.85	4.91	2.43	5.98	0.58	2.13
K^+	0.25	0.75	0.20	0.76	0.18	0.76
Mg^{2+}	0.24	0.46	0.09	0.53	0.0033	0.039
Ca^{2+}	1.41	4.70	0.77	1.83	0.75	0.94

7.5.5　钾离子、镁离子和钙离子

在环境大气中钾离子一般来源于生物质的燃烧过程，在本次实验中路边细颗粒物样品中钾离子浓度与背景样品中十分接近。该结果表明，路边颗粒物样品没有受到额外的生物质燃烧源的影响。而如表 7-2 所示，镁离子与钙离子在路边颗粒物样品中的浓度要明显高于背景样品，路边样品中的镁离子和钙离子可能是来源于路边的扬尘。夜间相对较高的湿度可以解释路边夜间样品中相对白天较低的钙、镁离子浓度。

7.6　颗粒物中 PAHs 浓度及其尺寸分布特征

本次实验颗粒物成分检测包括了不同粒径的颗粒物中 PAHs 的质量浓度。图 7-9 为路边白天、夜晚及背景样品中 PAHs 的粒径分布特征。在所检测的 16 种 PAHs 中，DBA 的浓度在所有样品中均低于 GC/MS 的检测限，故图 7-9 为 15 种 PAHs 的检测结果。如图 7-9 所示，在路边的颗粒物样品中，大多数 PAHs 呈现双峰分布，两个峰值分别出现在 0.2 μm 和 1 μm 左右。之前的研究表明，在城市大气环境中，颗粒物中的 PAHs 大多呈单峰分布，峰值出现在 0.6～1.5 μm 的粒径范围内[19]。本次实验中背景颗粒物中较多的 PAHs 呈现单峰分布，峰值出现在 1 μm 左右，与之前的研究相符。路边样品中 PAHs 在 0.2 μm 左右出现的峰值为机动车排放影响的结果。一些发动机台架实验的结果也表明，颗粒物排放中 PAHs 大多聚集在小于 0.4 μm 的粒径范围内[3, 20]。

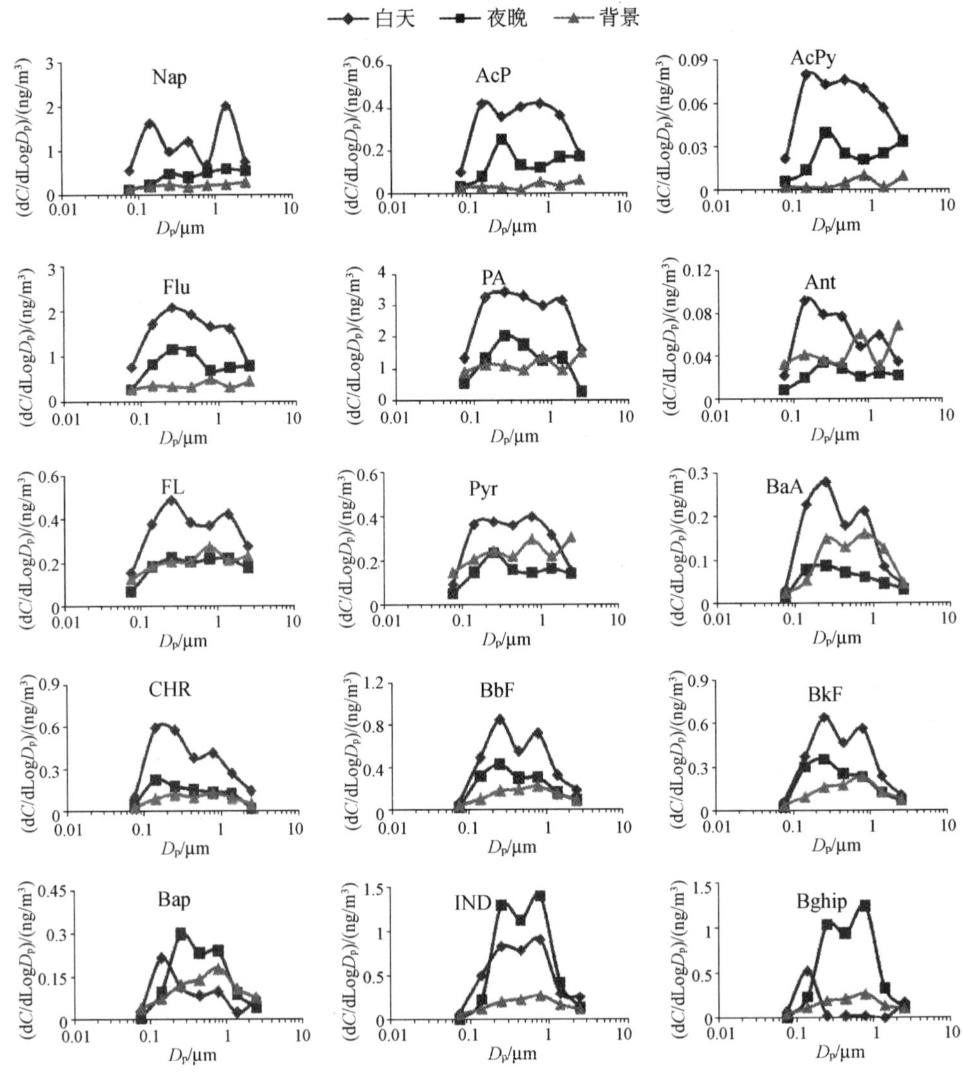

图 7-9 颗粒物中 PAHs 质量浓度的粒径分布特征

表 7-3 列出了细颗粒物中不同 PAHs 的质量浓度及其质量平均尺寸(MMD)。路边白天样品中的总 PAHs 浓度要明显高于夜间以及背景样品中的浓度,表明 PAHs 浓度与机动车数量呈现明显的相关性。路边白天样品中 PAHs 的 MMD 为 240.9 nm,该值与发动机台架实验的结果非常接近[3],并明显高于路边夜间及背景样品中的值,该结果表明在机动车排放的作用下,环境颗粒中的 PAHs 更集中于小尺寸的颗粒物中。由于分子量相似的 PAHs 拥有相似的理化特性,16 种 PAHs 被分为高、中、低分子量三组,分别记做 HMW PAHs, MMW PAHs 和 LMW PAHs。如表 7-3 所示,低分子量 PAHs 在总 PAHs 排放中所占的比例最

表 7－3　$PM_{1.8}$ 中 PAHs 质量浓度及其质量平均尺寸(MMD)　单位：μm

	白天		夜晚		背景	
	$PM_{1.8}$	*MMD*	$PM_{1.8}$	*MMD*	$PM_{1.8}$	*MMD*
Nap	2.33	267.8	0.76	321.2	0.70	332.0
AcPy	0.13	234.0	0.04	320.9	0.04	318.3
AcP	0.69	255.7	0.24	311.1	0.21	320.0
Flu	3.39	217.4	1.46	277.6	1.11	281.3
PA	5.97	229.2	2.63	267.2	1.96	278.8
Ant	0.13	240.4	0.04	286.1	0.04	296.4
FL	0.60	238.1	0.33	288.9	0.46	297.4
Pyr	0.60	283.7	0.28	280.6	0.20	309.9
BaA	0.29	282.7	0.10	307.2	0.09	328.1
CHR	0.71	267.3	0.25	279.5	0.22	302.6
BbF	0.86	342.1	0.44	341.4	0.29	375.9
BkF	0.67	330.5	0.36	320.0	0.24	356.2
BaP	0.16	210.3	0.27	404.2	0.10	367.1
IND	0.98	349.1	1.21	459.1	0.51	461.0
BghiP	0.24	116.0	1.02	454.2	0.30	364.3
∑LMW－PAHs	12.61	234.1	5.18	280.1	4.06	289.7
∑MMW－PAHs	2.40	238.5	0.97	281.4	0.97	292.4
∑HMW－PAHs	2.91	247.8	3.28	321.6	1.45	324.2
∑PAH	17.74	240.9	9.43	298.7	6.48	305.5

高。由于低分子量的 PAHs 主要来源于柴油发动机排放，而高分子量的 PAHs 则主要与汽油机排放相关[21]。较高比例的低分子量 PAHs 表明柴油车排放是路边颗粒物样品中 PAHs 的主要来源。而在本次实验中柴油车的车流量比例要明显低于汽油车，说明了柴油车的 PAHs 排放因子要明显高于汽油车的排放因子。Marr 等人[22]在交通隧道的实验研究中也发现了类似的结果，尽管汽油车流量是柴油车的两倍，隧道悬浮颗粒物中低分子量 PAHs 所占比例仍高于大分子量 PAHs。在 PAHs 的尺寸分布方面，之前的研究表明，由于低分子量 PAHs 具有较高的挥发性，所以更容易在大粒径颗粒物中被找到[23]。而在本次实验中低分子量 PAHs 拥有最低的 MMD，这是由于本次实验的路边采样点比较接近于机动车排放，低分子量 PAHs 没有足够的时间通过挥发、凝结等大气进程聚集到大尺寸的颗粒物中。

而小尺寸的颗粒物由于其较高的数量浓度导致较大的总表面积，更容易造成挥发性的 PAHs 的吸附。因此，刚排出排气管的颗粒物样品中，低分子量的 PAHs 更容易出现在小粒径范围内，导致较小的 MMD。另外，本次实验仅对尺寸小于 3.2 μm 的颗粒物进行分析，更大粒径的颗粒物没有被分析，这可能也是导致较低路边样品中较低 MMD 的原因之一。

一些特殊 PAHs 质量浓度比值可用于环境颗粒物中 PAHs 来源的判定，被称为诊断函数[24]。表 7－4 列出了不同粒径范围内路边颗粒物样品的诊断函数。在本次实验中，*FL*/(*FL*＋*Pyr*) 的值稳定在 0.5 左右，与机动车排放的特征值范围 0.4～0.5 十分吻合[25]，该结果表明在路边样品中，机动车排放是环境 PAHs 的最主要来源。与此类似，当 *PA*/(*PA*＋*Ant*) 值大于 0.7 时，表明润滑油及化石燃料对环境 PAHs 产生贡献[26]，在路边样品中，不同粒径范围内，该值稳定在 0.98 左右，进一步证明了路边大气悬浮颗粒物受机动车排放的影响。诊断函数 *IND*/(*IND*＋*BghiP*) 和 *Pyr*/*BaP* 可用于区分不同类型车辆(如柴油车或汽油车)对环境 PAHs 的影响[24, 27]。当 *IND*/(*IND*＋*BghiP*)的值在 0.35～0.7 范围内时，明显表明是柴油车的作用效果，在 0.18 左右时则对应更为强烈的汽油车影响。*Pyr*/*BaP* 对应柴油车和汽油车的特征值分别为 10 和 1。在本次实验的路边样品中，*IND*/(*IND*＋*BghiP*)值在 0.5～0.9 的范围内，表明柴油车是大气颗粒物中 PAHs 的最主要来源。而 *Pyr*/*BaP* 的值在最小和最大的尺寸范围内更接近柴油车排放的特征值，该结果表明了在这两个粒径范围内，柴油车的影响效果更明显。

表 7－4 路边颗粒物样品中 PAHs 诊断比率的粒径分布特征

	白天样品				夜晚样品			
颗粒直径 D_p/nm	*FL*/*Pyr*	*PA*/(*PA*+*ANT*)	*IND*/(*IND*+*BghiP*)	*Pyr*/*BaP*	*FL*/*Pyr*	*PA*/(*PA*+*ANT*)	*IND*/(*IND*+*BghiP*)	*Pyr*/*BaP*
50～100	0.46	0.99	0.52	14.43	0.57	0.99	0.53	4.63
100～180	0.51	0.98	0.49	10.34	0.58	0.98	0.55	3.33
180～320	0.51	0.99	0.49	1.53	0.46	0.97	0.49	1.70
320～560	0.46	0.98	0.56	0.78	0.50	0.98	0.97	3.38
560～1000	0.53	0.98	0.55	0.68	0.49	0.98	0.97	4.47
1000～1800	0.50	0.98	0.53	0.61	0.46	0.98	0.97	4.19
1800～3200	0.48	0.98	0.57	1.83	0.49	0.98	0.98	14.93

7.7　高速公路边大气颗粒物源解析

由于缺乏上海地区源排放细及超细颗粒物成分构成的有效数据，我们选取了PMF方法对高速公路边大气悬浮细及超细颗粒物进行源解析研究。PMF方法假设 $\boldsymbol{X}$ 为 $n\times m$ 矩阵，n 为样品数，m 为化学成分数目，那么 $\boldsymbol{X}$ 可以分解为 $\boldsymbol{X}=\boldsymbol{GF}+\boldsymbol{E}$。其中，$\boldsymbol{G}$ 为 $n\times p$ 的矩阵，$\boldsymbol{F}$ 为 $p\times m$ 的矩阵，p 为主要污染源的数目，$\boldsymbol{E}$ 为残数矩阵，定义如下：

$$e_{ij}=x_{ij}-\sum_{k=1}^{p}g_{ik}f_{kj} \tag{7-3}$$

$$(i=1,\ \cdots,\ n;\ j=1,\ \cdots,\ m;\ k=1,\ \cdots,\ p)$$

$$Q(\boldsymbol{E})=\sum_{i=1}^{n}\sum_{j=1}^{m}\left(\frac{e_{ij}}{s_{ij}}\right)^2 \tag{7-4}$$

式中，s_{ij} 为 $\boldsymbol{X}$ 的标准偏差，x_{ij}，g_{ik}，f_{kj} 和 e_{ij} 分别为 $\boldsymbol{X}$，$\boldsymbol{G}$，$\boldsymbol{F}$ 和 $\boldsymbol{E}$ 矩阵的元素。在 $\boldsymbol{G}$ 和 $\boldsymbol{F}$ 中的元素都为非负值，通过迭代最小化算法对 Q 求解，这样可以确定出 $\boldsymbol{G}$ 和 $\boldsymbol{F}$。通常认为 $\boldsymbol{G}$ 为源的载荷(各污染源受体样品的相对贡献)，$\boldsymbol{F}$ 为主要污染源的成分特征(污染源化学成分的相对浓度值)。

该方法除需要提供受体样品成分的浓度值，还需要提供其不确定度。当各个元素在每天的浓度小于或等于相应的MDL(方法检出限)时，不确定度的值为

$$Unc=\frac{5}{6}\times MDL \tag{7-5}$$

当各个元素在每天的浓度大于相应的MDL(方法检出限)时，不确定度的值为

$$Unc=\sqrt{(\sigma\times c)^2+MDL^2} \tag{7-6}$$

式中，σ 为样品成分的相对标准偏差，c 为样品成分浓度。

为获得更具有广泛意义的机动车颗粒物排放因子，路边颗粒物样品不区分白天、晚上。总计有8组MOUDI采集的颗粒物样品被用于源解析研究。细颗粒物所用结果为切割粒径1.8 μm以下MOUDI样品分析结果的加和，超细颗粒为0.18 μm以下分析结果的加和。由于不同颗粒物成分的可能来源数目不尽相同，本文将所测颗粒物成分分为两组分别进行PMF源解析计算。一组的颗粒物样品主要成分为OC(OC1～OC4)，EC(EC1～EC3)及多种水溶性离子，另一组为所测试的16种PAHs成分。

7.7.1　基于颗粒物主要成分的源解析

图7-10和图7-11分别为 $PM_{1.8}$，$PM_{0.18}$ 的排放源特征。表7-5列出了不

同来源对细及超细颗粒物主要成分的贡献率。根据文献建议及多次尝试比较，我们选定 $PM_{1.8}$ 颗粒物主要成分的来源因子数为 4，分别记为 F1，F2，F3，F4。在来源 1 中(F1)，水溶性无机离子硝酸盐，硫酸盐及铵盐等占据较大比例，且 OC/EC 的比值为 2.4，证明了大量二次有机气溶胶的存在，因此认为 F1 应为大气中的二次颗粒物，主要来源于背景气溶胶以及气体污染物在大气进程中的转变，如氮氧化物气体排放向硝酸盐的转变，SO_2 排放向硫酸盐的转变。F2 为四种来源中唯一一种 EC 含量高于 OC 的排放源。由于柴油机颗粒物排放中较高的 EC 比例，EC 被认为是柴油机颗粒物排放的源特征，因此 F2 应为柴油机车排放源。而 F2 中相对较高的 Ca^{2-} 浓度可能是由于包含了一定量路面扬尘及机动车润滑油中的钙离子成分。同时值得注意的是，F2 中 EC1 的含量明显高于其他几种碳成分，类似的现象在前文的柴油机台架实验中也有发现，这可能是由于颗粒物中的金属元素在碳

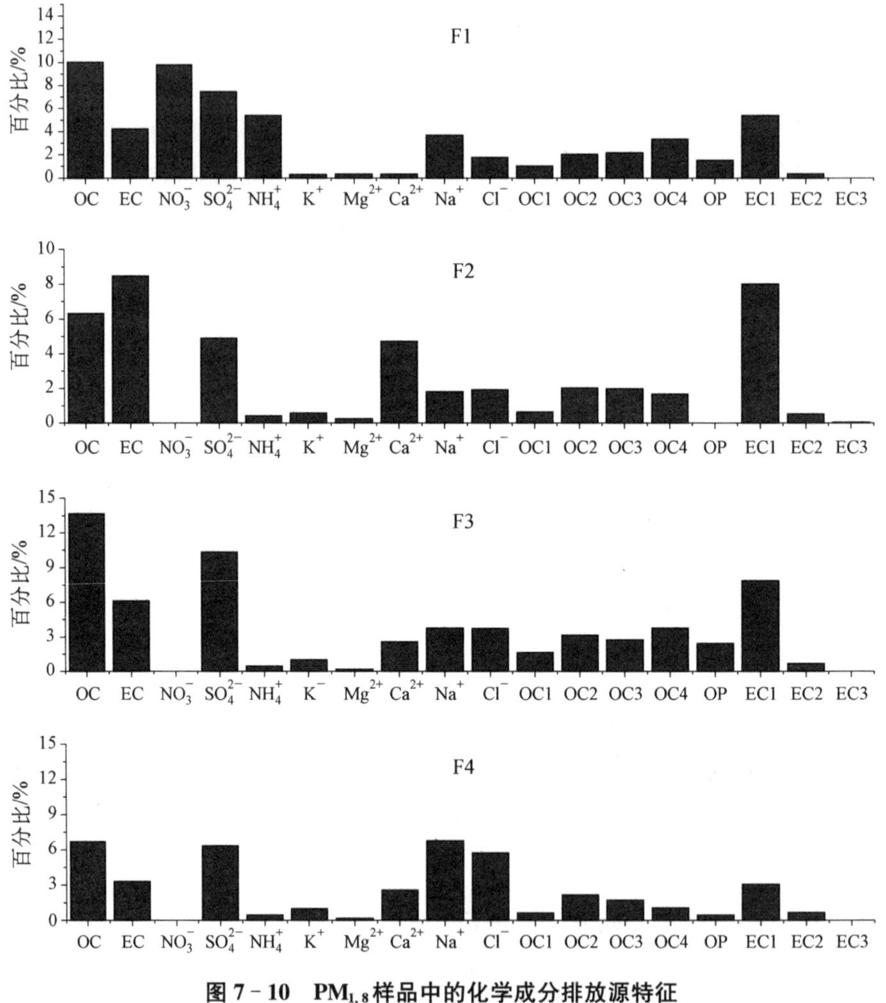

图 7-10　$PM_{1.8}$ 样品中的化学成分排放源特征

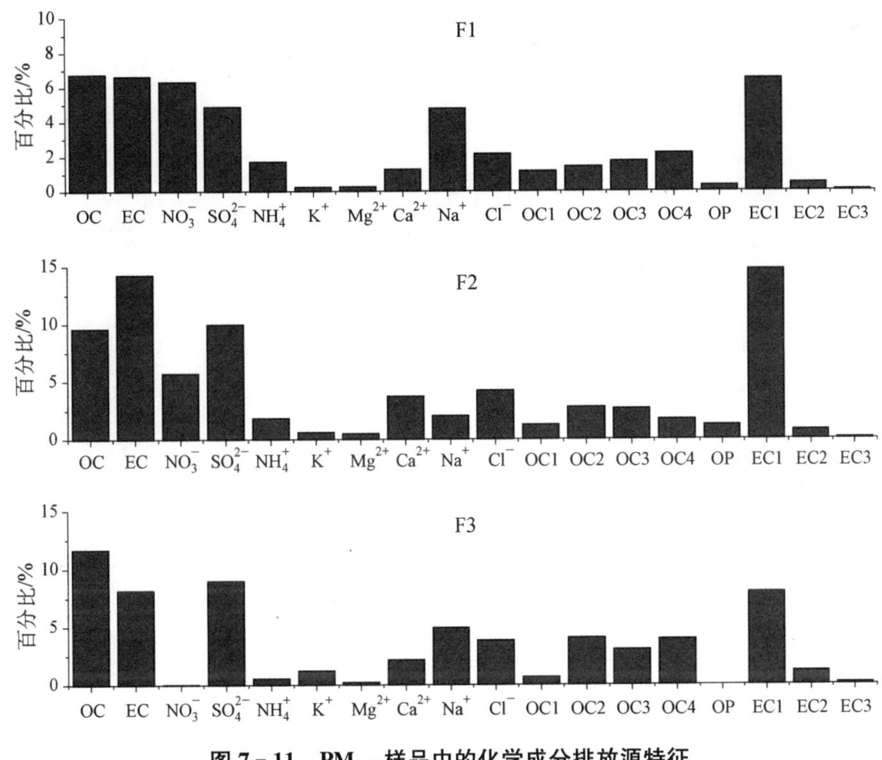

图 7-11　$PM_{0.18}$样品中的化学成分排放源特征

烟的氧化过程中起催化剂的作用，导致在 TOR 分析过程中，元素碳在较低的温度下被氧化，导致较高的 EC1 比例。F3 中 OC，EC 为主要排放源，水溶性无机离子含量较低，且 OC 所占比例大于 EC，因此 F3 可能为汽油机车排放。F4 排放源中相对较高的钠盐及硫酸盐成分，表明该排放源是海盐及其他排放源共同作用的结果。

表 7-5 中列出了四种排放源对$PM_{1.8}$及其主要成分的贡献率情况。结果表明柴油车颗粒物排放是高速公路边大气悬浮$PM_{1.8}$的最主要的贡献者，贡献率为 37.4%，其次分别为二次颗粒物、汽油车排放和海盐。柴油车亦为$PM_{1.8}$中 EC 成分的最主要贡献者，贡献率为 39%，值得注意的是，柴油车对 EC3 的贡献率高达 80.3%，这也进一步证明了 F2 主要为柴油车排放源。

表 7-5　不同污染源对$PM_{1.8}$，$PM_{0.18}$及其主要成分的贡献率(%)

	$PM_{1.8}$				$PM_{0.18}$		
	F1	F2	F3	F4	F1	F2	F3
总质量	25.2	37.4	24.2	13.2	12.9	60.6	26.5
OC	21.9	19.1	40.5	18.5	28.4	40.9	30.7

（续表）

	$PM_{1.8}$				$PM_{0.18}$		
	F1	F2	F3	F4	F1	F2	F3
EC	18.8	39.0	26.8	15.4	24.6	53.0	22.4
NO_3^-	53.3	20.3	20.6	5.8	60.5	39.4	0.1
SO_4^{2-}	21.6	19.5	40.4	18.5	32.4	32.5	35.0
NH_4^+	48.8	23.0	21.2	7.0	30.9	58.3	10.8
K^-	4.8	22.9	47.9	24.4	23.8	19.5	56.6
Mg^{2+}	32.5	31.4	24.5	11.7	39.5	41.2	19.3
Ca^{2+}	4.5	54.4	23.6	17.5	42.0	28.9	29.1
Na^+	27.0	19.9	36.8	16.3	11.3	55.3	33.4
Cl^-	13.5	20.3	44.7	21.6	31.9	33.3	34.8
OC1	18.9	16.2	44.6	20.3	28.4	53.7	17.9
OC2	19.0	24.3	38.2	18.5	29.7	30.9	39.4
OC3	22.3	25.9	35.0	16.9	30.7	41.1	28.2
OC4	25.4	18.8	38.6	17.2	17.9	45.9	36.2
OP	19.9	0.0	56.9	23.1	65.6	34.4	0.0
EC1	19.2	32.8	31.4	16.5	36.8	33.3	30.0
EC2	15.6	28.7	36.9	18.9	24.9	30.3	44.8
EC3	10.9	80.3	0.0	8.8	14.9	60.3	24.8

由于海盐粒子大多存在于大粒径颗粒物中，超细颗粒中海盐所占比例较小，因此假定 $PM_{0.18}$ 的来源数目为 3，三种来源成分特征如图 7－11 所示。比较三种排放源，F1 中硝酸盐所占比例最高，表明其为二次气溶胶的可能性最大，且 F1 中较高的 Na^+ 比例，说明 F1 中亦包含了一定程度海盐的影响。由第 4 章的结果可知，在 $PM_{1.8}$ 及 $PM_{0.18}$ 中各种碳成分所占的比例情况变化不大，EC 成分在 $PM_{0.18}$ 中依然为柴油机颗粒物的主要成分，因此 F2 中较高的 EC 比例说明 F2 主要来源为柴油车排放。F3 中较高的 OC 成分表明其来源主要为汽油车排放。

如表 7－5 所示，F2 对 $PM_{0.18}$ 的贡献率高达 60.6%，该结果表明柴油车是大气悬浮超细颗粒物最为重要的贡献者。与 $PM_{1.8}$ 中的结果类似，柴油车对 EC3 的贡献比例亦远高于其他两种排放源。二次气溶胶 F1 对超细颗粒物的贡献率仅为 12.9%，远低于细颗粒物（$PM_{1.8}$）中的 25.2%，表明在高速公路边大气悬浮超细颗粒物中来自机动车排放的一次气溶胶占统治地位。

7.7.2　基于 PAHs 的源解析

由于大气中多环芳烃排放基本均是由燃烧产生的，在高速公路边的大气悬浮颗粒物中机动车排放为唯一的燃烧源，因此设定 PMF 模型的因子数为 3，分别为柴油机排放、汽油机排放以及来源于背景颗粒物的其他排放源。图 7-12，图 7-13为 $PM_{1.8}$及 $PM_{0.18}$中 PAHs 的排放源特征，由前面的结果可知，柴油机细及超细颗粒物排放中小分子的多环芳烃均占统治地位，而汽油机排放中大分子多环芳烃为 PAHs 的主要成分，由此可以判断 $PM_{1.8}$中 F2 为汽油机排放，F3 为柴油机排放，F1 为其他未知的排放源，同样 $PM_{0.18}$中 F3 为柴油机排放，F2 为汽油机排放，F1 为其他排放源。表 7-6 为 $PM_{1.8}$，$PM_{0.18}$中三种排放源对总 PAHs 的贡献率。在 $PM_{1.8}$中柴油机对总 PAHs 排放的贡献率为 42.5%，在三种排放源中所占比例最高，可见柴油车为环境细颗粒物中 PAHs 的最主要贡献者，而汽油机车的贡献比例为 36.9%，仅次于柴油车。F1 所包含的来源可能为远距离传输过来的其他燃烧源的产物及二次有机气溶胶中所包含的 PAHs。如图 7-13 所示，$PM_{0.18}$中 PAHs 的柴油车与汽油车的排放的源特征更加明显。由第 5 章的分析可知，高速公路边大气中超细颗粒物受机动车排放影响最为显著，因此在 PMF 源解析模型中也表现出最为明显的排放源特征。在 $PM_{0.18}$所包含的总 PAHs 中，柴油车、汽油车的贡献率分别为 49.5%及 36.7%，其他排放源的影响仅为 13.8%。

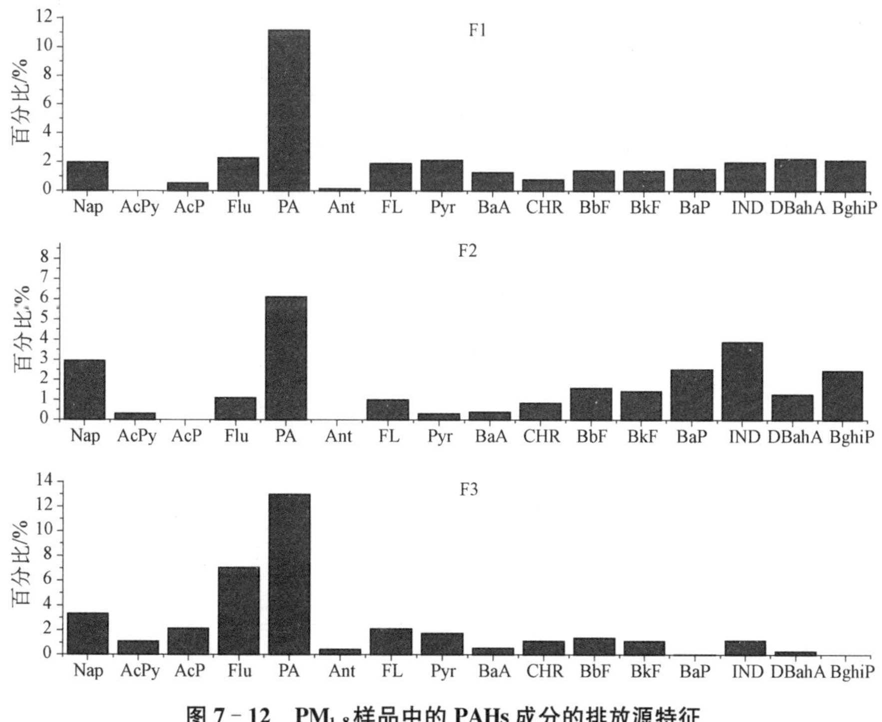

图 7-12　$PM_{1.8}$样品中的 PAHs 成分的排放源特征

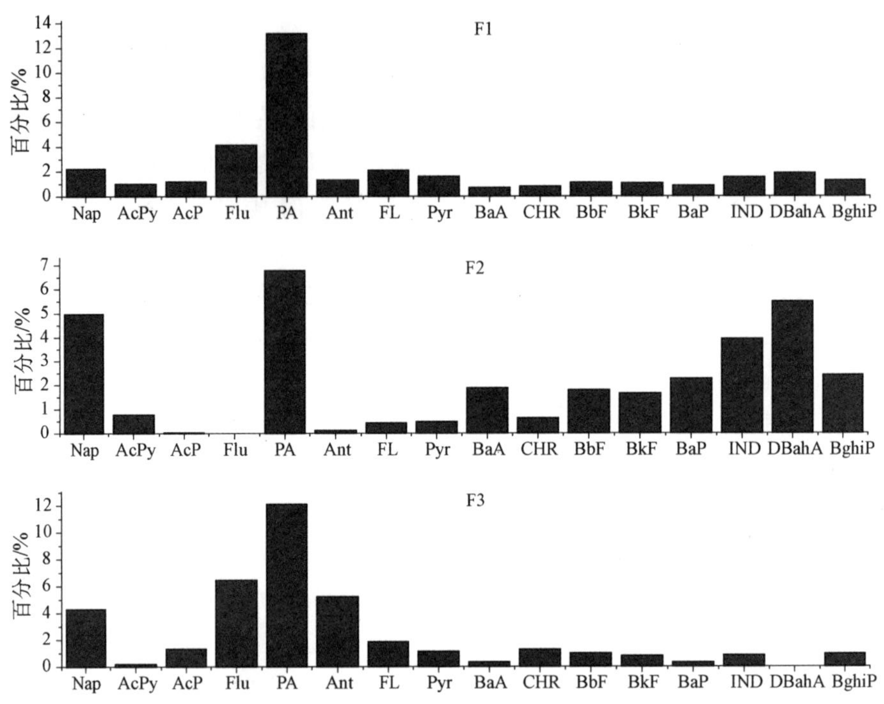

图 7－13　$PM_{0.18}$样品中的 PAHs 成分的排放源特征

表 7－6　$PM_{1.8}$，$PM_{0.18}$中三种排放源对 PAHs 的贡献率(%)

	$PM_{1.8}$			$PM_{0.18}$		
	F1	F2	F3	F1	F2	F3
Nap	23.2	28.1	48.8	20.4	47.0	32.6
AcPy	0	62.5	37.5	57.2	42.8	0
AcP	5.7	8.8	85.5	0	82.5	17.8
Flu	30.9	10.7	58.4	0.1	53.1	46.8
PA	43.6	16.3	40.1	8.2	37.2	54.7
Ant	67.5	0	32.5	6.9	33.2	59.9
FL	48.8	13.3	37.9	3.6	38.2	58.2
Pyr	52.2	9.9	37.9	5.6	32.6	61.7
BaA	49.5	31.5	19.1	35.8	18.5	45.7
CHR	30.5	21.1	48.4	9.2	49.0	41.8
BbF	32.4	22.2	45.4	21.7	31.5	46.8
BkF	36.5	22.8	40.7	22.1	28.7	49.2

（续表）

	$PM_{1.8}$			$PM_{0.18}$		
	F1	F2	F3	F1	F2	F3
BaP	48.7	36.5	14.9	37.2	14.5	48.3
IND	29.4	30.6	40.0	34.0	20.1	45.9
DBahA	50.1	49.9	0	45.1	1.9	53.1
BghiP	52.5	31.4	16.1	25.8	26.6	47.6
∑LMW - PAHs	36.0	16.9	47.0	8.5	43.6	47.9
∑MMW - PAHs	47.8	16.3	35.9	9.4	33.9	56.7
∑HMW - PAHs	38.4	32.2	29.4	31.5	19.5	48.9
∑PAH	20.6	36.9	42.5	13.8	36.7	49.5

7.8　机动车颗粒物排放因子

基于燃油消耗的机动车排放因子是指每消耗单位质量燃料所产生的污染物质量。根据燃料燃烧过程中的碳平衡，当燃料完全燃烧时，燃料中的碳原子完全包含在了所排出的污染物中。由于 CO_2，CO 为发动机排放中碳原子的最主要载体，假定燃料燃烧所产生的碳完全包含在了这两种排放物中，基于燃料消耗的机动车颗粒物排放因子则可由下列公式获得：

$$EF_{\mathrm{p}} = \frac{\Delta P}{\Delta[\mathrm{CO_2}] \times \dfrac{MW_{\mathrm{C}}}{MW_{\mathrm{CO_2}}} + \Delta[\mathrm{CO}] \times \dfrac{MW_{\mathrm{C}}}{MW_{\mathrm{CO}}}} \times W_{\mathrm{c}} \tag{7-7}$$

式中 EF_{p} 为污染物 P 的排放因子，ΔP，$\Delta[CO_2]$，$\Delta[CO]$分别为污染物 P，CO_2 及 CO 受体中的浓度与背景浓度的差，MW_i 为不同物质的分子量，W_{c} 为燃料中碳的质量分数，柴油 W_{c} 取 87.4%，汽油 W_{c} 取 84.0%[28]。

一般来说，基于燃料消耗的机动车排放因子可获得每消耗单位质量燃油机动车的平均排放因子，但难以在有多种类型车辆同时运行时，对某一车型的排放因子进行统计。根据 PMF 源解析结果，对基于燃料消耗的机动车排放因子的计算方法进行改进，计算公式如下：

$$EF_{\mathrm{p}} = \frac{C_i \times P_{\mathrm{a}}}{\left(\Delta[\mathrm{CO_2}] \times \dfrac{MW_{\mathrm{C}}}{MW_{\mathrm{CO_2}}} + \Delta[\mathrm{CO}] \times \dfrac{MW_{\mathrm{C}}}{MW_{\mathrm{CO}}}\right) \times f_i} \times W_{\mathrm{c}} \tag{7-8}$$

式中 C_i 为车型 i 对污染物 P 的贡献率，PMF 源解析方法获得；P_{a} 为污染物 P 在受体中的浓度；f_i 为车型 i 在总车流量中所占的比例。

本次测量中 CO_2，CO 浓度的测量采用 TSI 公司便携空气品质测量仪(型号 IAQ - CALA 8762)获得，在颗粒物样品采样期间，每 3 h 记录一次 CO_2，CO 气体浓度，并同时人工记录车流情况，记数时间为 10 min，区分柴油机车与汽油机车。表 7 - 7 列出了高速公路及背景采样点 CO_2，CO 平均浓度及其误差范围，车流量数据见表 7 - 1，在本次实验中柴油车、汽油车所占的比例分别为 24.2%和 75.8%。

表 7 - 7　路边及背景采样点环境 CO_2 及 CO 的平均浓度(ppm)

	CO_2	CO
路边	784±82	7.9±4.3
背景	414±16	0.5±0.2

表 7 - 8 列出了本实验所得到的柴油机车与汽油机车颗粒物主要成分的排放因子并与文献中的结果做了比较。如表所示，柴油车颗粒物排放因子远高于汽油车排放，亦高于 Ning[28] 等人在美国加州高速公路边所测的机动车颗粒物排放因子，尤其是颗粒物中 EC 排放因子。该结果表明，国内重型车的排放情况距发达国家仍有较大差距。在 PAHs 排放方面，柴油车颗粒物排放中低分子量的多环芳烃排放因子较高，而汽油车高分子量的多环芳烃排放因子较高，该结果与第 4 章以及文献[29]中的结果相符。$PM_{1.8}$ 中柴油车总 PAHs 排放是汽油车的 3.65 倍，$PM_{0.18}$ 中则为 4.25 倍，表明柴油车超细颗粒排放中的 PAHs 问题更加严重。

表 7 - 8　柴油车与汽油车 $PM_{1.8}$ 和 $PM_{0.18}$ 主要成分的排放因子

	柴油车		汽油车	
	$PM_{1.8}$	$PM_{0.18}$	$PM_{1.8}$	$PM_{0.18}$
质量/(mg/kg 燃油消耗)	379.8	107.8	187.2	56.3
OC/(mg/kg 燃油消耗)	104.4	49.9	30.6	11.8
EC/(mg/kg 燃油消耗)	174.5	47.6	17.4	14.8
∑LMW - PAHs/(μg/kg 燃油消耗)	80.5	32.4	4.9	0.7
∑MMW - PAHs/(μg/kg 燃油消耗)	11.9	7.2	7.2	1.4
∑HMW - PAHs/(μg/kg 燃油消耗)	17.5	6.0	19.5	9.3
∑PAH/(μg/kg 燃油消耗)	112.1	45.9	30.7	10.8

7.9　本章小结

本章对上海市典型高速公路环境下白天、晚上大气悬浮颗粒物做了分级采样，并对不同粒径颗粒物的形貌及主要成分做了分析，包括有机碳、元素碳、水溶性无机离子、多环芳烃。根据实验结果，使用 PMF 源解析模型对高速公路边大气悬浮细及超细颗粒物主要成分的来源贡献情况做了估算，并据此改进了基于燃料消耗的机动车排放因子的计算方法，对不同车型机动车细及超细颗粒物主要成分的排放因子做了统计，主要结论如下：

(1) 颗粒物形貌及质量浓度分布均表明，机动车排放对环境颗粒物有着明显的影响，并主要集中在小粒径范围内，随着颗粒物动力学尺寸的增加，颗粒物中所包含的金属元素种类也更加丰富。

(2) 对于路边颗粒物样品中的碳成分，机动车排放的影响主要表现在 EC 上，相比背景颗粒物样品，路边样品 EC 的峰值明显向小粒径方向迁移，而路边样品中 OC 成分的粒径分布特征与背景样品中类似，表明 OC 成分主要受背景颗粒物的影响。

(3) 路边样品颗粒物中硫酸盐成分的粒径分布特征与 OC 类似，表明硫酸盐与 OC 有着相似的大气变化过程。

(4) 对比背景颗粒物样品，在路边细颗粒物样品中硝酸盐成分增加了 155%，在各种颗粒物主要成分中，增加比例最为明显，表明机动车排放对颗粒物硝酸盐成分作用效果明显，并且这种影响不仅仅局限在<320 nm 的凝结态粒径范围，在<1800 nm 的整个细颗粒物范围内均有明显的增长。

(5) 颗粒物中的铵盐成分是用以中和颗粒物酸性的重要成分，对颗粒物氨化率的研究表明，颗粒物酸性随着粒径的减小而明显增加。并且由于机动车排放的酸性气体，使得颗粒物中氯盐成分比例相比背景样品出现明显的下降。

(6) 由于机动车排放的影响，颗粒物排放中的 PAHs 浓度有了明显的增加，并更趋向于集中在小尺寸颗粒物中。一些特殊 PAHs 的比值进一步说明了尽管柴油车在交通流量中占的比例低于汽油车，柴油车仍是颗粒物中 PAHs 成分的主要贡献者。

(7) 尽管在采样过程中高速公路柴油车流量仅为汽油车的三分之一，柴油车仍为路边大气悬浮细颗粒物的最主要贡献者，贡献率为 37.4%，而汽油车的贡献率为 24.2%。在超细颗粒物中柴油车的贡献率则更加明显，高达 60.6%。排放因子的计算表明柴油车 $PM_{1.8}$ 排放因子为 379.8 mg/kg，该结果明显高于文献中发达国家柴油车的排放因子，表明我国柴油车颗粒物污染问题仍十分严峻。

(8) 对于环境颗粒物中的多环芳烃成分，柴油车的贡献比例亦明显高于汽油车。排放因子的计算结果表明，柴油车颗粒态 PAHs 排放因子相对汽油车有明显增加，其增加比例在超细颗粒物中更加明显，此外柴油车颗粒物中低分子量 PAHs 排放因子大于高分子量 PAHs，而汽油车颗粒物中则相反。

参考文献

[1] Moldanova J, Fridell E, Popvicheva O, et al. Characterization of particulate matter and gaseous emissions from a large ship diesel engine [J]. Atmos. Environ., 2009, 43:2632 - 2641.

[2] John W, Wall S M, Ondo J L, et al. Modes in the size distributions of atmospheric inorganic aerosol [J]. Atmos. Environ., 1990, 24:2349 - 2359.

[3] Kleeman M J, Schauer J J, Cass G. Size and composition distribution of fine particulate matter emitted from motor vehicles [J]. Environ. Sci. Technol., 2000, 34: 1132 - 1142.

[4] Kerminen V M, Makela T E, Ojanen C H, et al. Characterization of the particulate phase in the exhaust from a diesel car [J]. Environ. Sci. Technol., 1997, 31:1883 - 1889.

[5] Watson J G, Chow J C, Lowenthal D H. Differences in the carbon composition of source profiles for diesel-and gasoline-powered vehicles [J]. Atmos. Environ., 1994, 28:2493 - 2505.

[6] Cao J J, Lee S C, Ho K F, et al. Characterization of roadside fine particle carbon and its eight fractions in Hon Kong [J]. Aerosol Air Quality Res., 2006, 6:106 - 122.

[7] Shen Z X, Han Y M, Cao J J, et al. Characteristics of traffic-related emissions: a case study in roadside ambient air over Xi'an, China [J]. Aerosol Air Quality Res., 2010, 10:292 - 300.

[8] Zhu C S, Chen C C, Cao J J, et al. Characterization of carbon fractions for atmospheric fine particles and nanoparticles in a highway tunnel [J]. Atmos. Environ., 2010, 44:2668 - 2673.

[9] Zhuang H, Chan C K, Fang M, et al. Size distribution of particulate sulfate, nitrate, and ammonium at a coastal site in Hong Kong [J]. Atmos. Environ., 1999, 33:843 - 853.

[10] Lin C C, Chen S J, Huang K L, et al. Water-soluble ions in nano/ultrafine/fine/coarse particles collected near a busy road and at a rural site [J]. Environ. Poll., 2007, 145:562 - 570.

[11] Arimoto R, Duce R A, Savoie D L, et al. Relationships among aerosol constituents from Asia and the North Pacific during PEM-West A [J]. J. Geophys. Res., 1996, 101:2011 - 2023.

[12] Yoshizumi K, Baron P A. Size distributions of ammonium nitrate and sodium nitrate in atmospheric aerosol [J]. Environ. Sci. Technol., 1985, 19:258 - 261.

[13] Ning Z, Geller M D, Sioutas C. Fine, ultrafine and nanoparticle trace organic

composition near a major freeway with heavy duty diesel fraction [C]. SAE paper, 2007,24:0108.

[14] Grose M, Sakurai H, Savstrom J, et al. Chemical and physical properties of ultrafine diesel exhaust particles sampled downstream of a catalytic trap [J]. Environ. Sci. Technol., 2006,40:5502-5507.

[15] Zhang L, Vet R, Wiebe A. Characterization of the size-segregated water-soluble inorganic ions at eight Canadian rural sites [J]. Atmos. Chem. Phys., 2008,8:7133-7151.

[16] Yao X H, Chan C K, Fang M, et al. The water-soluble ionic composition of $PM_{2.5}$ in Shanghai and Beijing, China [J]. Atmos. Environ., 2002,36:4223-4234.

[17] Ye B M, Ji X L, Yang H Z, et al. Concentration and chemical composition of $PM_{2.5}$ in Shanghai for a 1-year period [J]. Atmos. Environ., 2003,37:499-510.

[18] Yao X, Fang M, Chan C K. The size dependence of chloride depletion in fine and coarse sea-salt particles [J]. Atmos. Environ., 2003,37:743-751.

[19] Sheu H L, Lee W J, Tsai J H, et al. Particle size distribution of polycyclic aromatic hydrocarbons in the ambient air of a traffic intersection [J]. J. Environ. Sci. Health, Part A, 1996,31:1293-1316.

[20] Oliveira C, Martins N, Tavares J, et al. Camõs F. Size distribution of polycyclic aromatic hydrocarbons in a roadway tunnel in Lisbon, Portugal [J]. Chemosphere, 2011,83:1588-1596.

[21] Miguel A H, Kirchstetter T W, Harley R A, et al. On-road emissions of particulate polycyclic aromatic hydrocarbons and black carbon from gasoline and diesel vehicles [J]. Environ. Sci. Technol., 1998,32:450-455.

[22] Marr L, Kirchstetter T, Harley R, et al. Characterization of polycyclic aromatic hydrocarbons in motor vehicle fuels and exhaust emissions [J]. Environ. Sci. Technol., 1999,33:3091-3099.

[23] Allen J O, Dookeran N M, Smith K A, et al. Measurement of polycyclic aromatic hydrocarbons associated with size-segregated atmospheric aerosols in Massachusetts [J]. Environ. Sci. Technol., 1996,30:1023-1031.

[24] Ravindra K, Sokhi R, Van Grieken R. Atmospheric polycyclic aromatic hydrocarbons: source attribution, emission factors and regulation [J]. Atmos. Environ., 2008,42: 2895-2921.

[25] Rogge W, Hildemann L, Mazurek M, et al. Sources of fine organic aerosol. 3. Road dust, tire debris, and organometallic brake lining dust roads as sources and sinks [J]. Environ. Sci. Technol., 1993,27:1892-1904.

[26] Alves C, Pio C, Duarte A. Composition of extractable organic matter of air particles from rural and urban Portuguese areas [J]. Atmos. Environ., 2001,35:5485-5496.

[27] Ravindra K, Bencs L, Wauters E, et al. Seasonal and site-specific variation in vapour and aerosol phase PAHs over Flanders (Belgium) and their relation with anthropogenic activities [J]. Atmos. Environ., 2006, 40: 771 - 785.
[28] Ning Z, Polidori A, Schauer J J, et al. Emission factors of PM species based on freeway measurements and comparison with tunnel and dynamometer studies [J]. Atmos. Environ., 2008, 42: 3099 - 3114.
[29] Palmgren F, Wahlin P. Characterisation of particle emissions from the driving car fleet and the contribution to ambient and indoor particle concentrations [J]. Phys. Chem. Earth, 2003, 28: 327 - 334.

附录　部分彩图

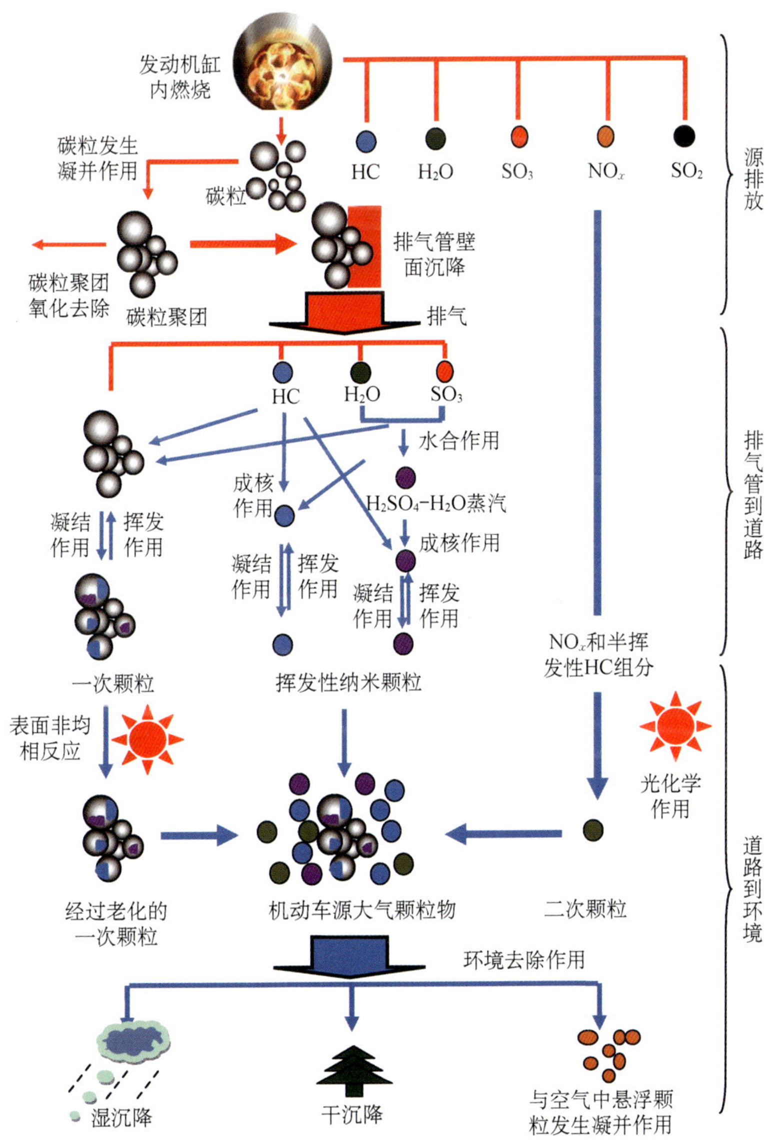

图 1-2　发动机缸内燃烧到大气 $PM_{2.5}$ 的整个变化过程

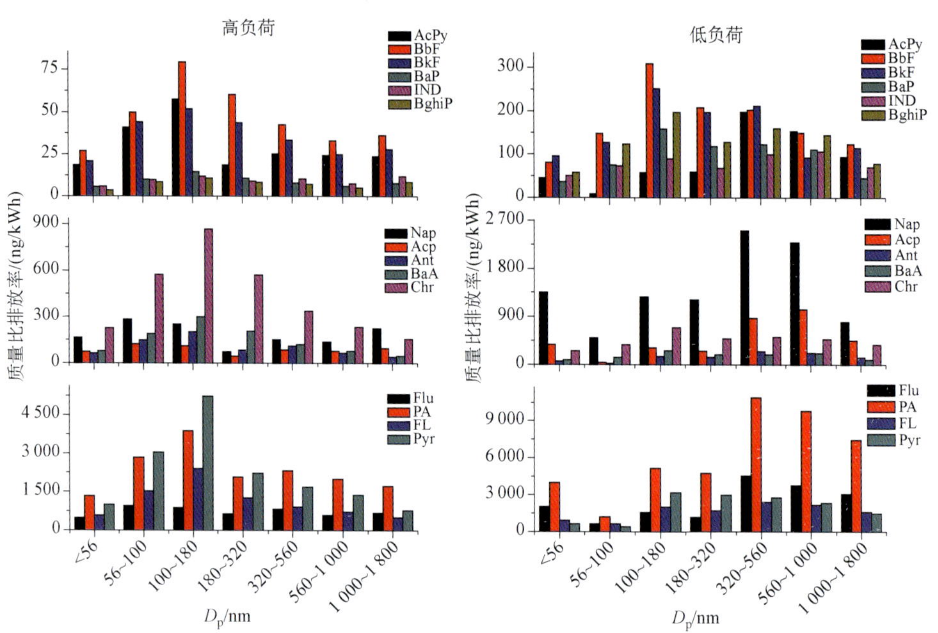

图 4-15　燃用生物柴油排气颗粒中 PAHs 的粒径分布特征

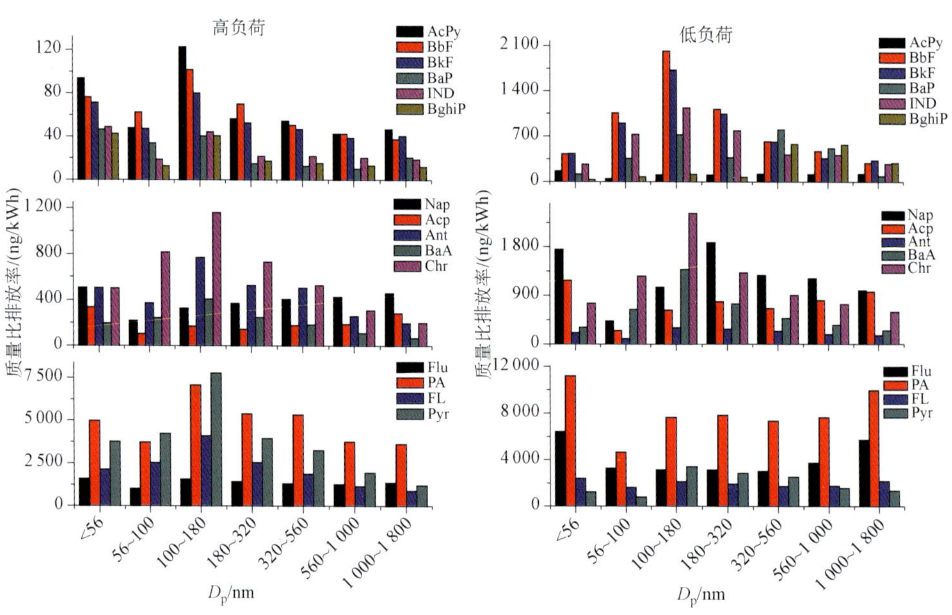

图 4-16　燃用低硫柴油发动机排气颗粒中 PAHs 的粒径分布特征

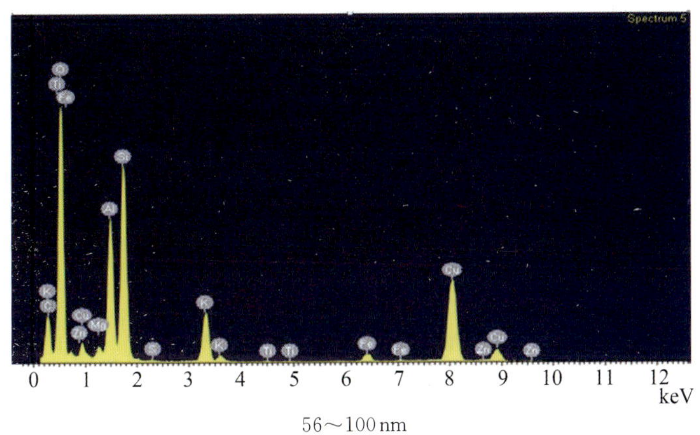

56～100 nm

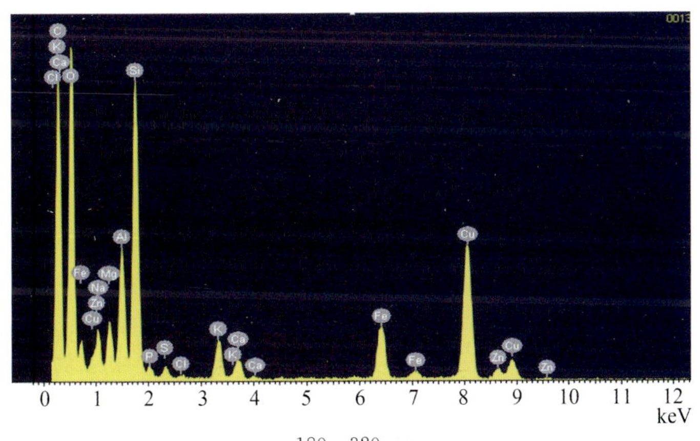

180～320 nm

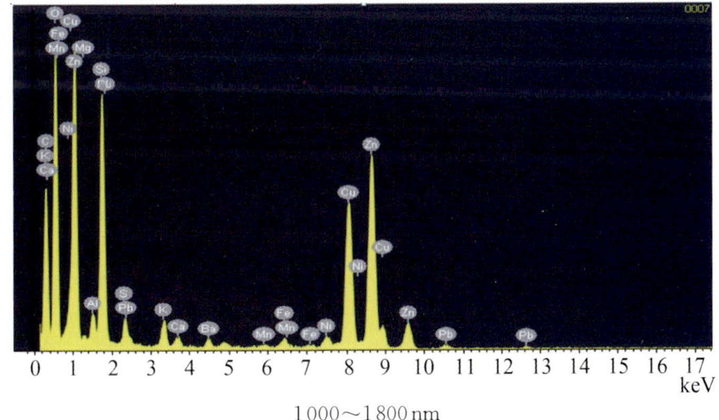

1 000～1 800 nm

图 7－4 高速公路边不同粒径颗粒物样品 EDS 结果